abuso sexual

ACONSELHANDO SOBREVIVENTES

DIANE LANGBERG

abuso sexual

ACONSELHANDO SOBREVIVENTES

2ª edição

Tradução: Werner Fuchs

Curitiba/PR
2019

Diane Mandt Langberg
Abuso sexual
Aconselhando sobreviventes

Coordenação editorial:	Claudio Beckert Jr.
Revisão e diagramação:	Josiane Zanon Moreschi
Capa:	Sandro Bier
Tradução:	Werner Fuchs
Título original:	Counseling Survivors of Sexual Abuse

1ª edição: 2002

Dados Internacionais de Catalogação na Publicação (CIP)
(Câmara Brasileira do Livro, SP, Brasil)

Langberg, Diane Mandt
 Abuso sexual : aconselhando sobreviventes / Diane Langberg ; tradução Werner Fuchs. - 2ª ed. - Curitiba, PR : Editora Esperança, 2019.
 p. 280

 Título original: Counseling Survivors of Sexual Abuse
 ISBN 978-85-7839-268-0

 1. Adultos vítimas de abuso sexual quando crianças - Aconselhamento pastoral I. Título

00-4141   CDD-262

Índices para catálogo sistemático:

1. Aconselhamento pastoral : Adultos vítimas de abuso sexual quando crianças : Teologia pastoral   259.4

Salvo indicação, as citações bíblicas foram extraídas da Bíblia na versão Nova Almeida Atualizada © Sociedade Bíblica do Brasil, 2017.

Todos os direitos reservados.
É proibida a reprodução total e parcial sem permissão escrita dos editores.

Editora Evangélica Esperança
Rua Aviador Vicente Wolski, 353 - CEP 82510-420 - Curitiba - PR
Fone: (41) 3022-3390
comercial@editoraesperanca.com.br - www.editoraesperanca.com.br

A palavra dos profissionais sobre este livro

"Desconheço um livro que corresponda mais às expectativas no tratamento do abuso sexual. Finalmente alguém não está centrado apenas na técnica ou no horror de tudo isso. Diane Langberg entra na vida de pessoas sexualmente abusadas com grande humildade e respeito, cuidando de seus problemas com o mais apurado equilíbrio de percepção e preparo que conheço em uma perspectiva cristã.

Enfocando a estrutura do trauma como o melhor caminho para tratar do abuso sexual, este livro fornece uma visão sumamente inovadora sobre o assunto. Sua ênfase em maneiras especiais de ajudar é útil para todo profissional cristão. Despertou em mim a vontade de estudar aos pés da Dra. Langberg para aprender mais.

A visão de Diane sobre Deus nos ter criado como seres humanos e sobre como a personalidade é destruída pelo abuso sexual construiu um referencial rico em reflexão e biblicamente perspicaz. Acredito que o capítulo 'A pessoa do terapeuta' deveria ser lido por todo terapeuta cristão!

Por fim, Diane é uma filósofa da experiência humana de sofrimento. O que este livro afirma sobre a natureza do mal, do sofrimento e de Deus transformou meu modo de pensar – transformou a mim! A partir de agora quero ser o que Diane chama de 'testemunha' do trauma do sofrimento humano. Todos nós seremos enriquecidos pelo que a Dra. Langberg escreve em seu excelente livro."

> ***David Gatewood***, diretor executivo dos Centros de Aconselhamento Cristão da Califórnia e do Colorado; supervisor dos serviços de aconselhamento centrados na família; membro do Comitê de Lei e Ética da AACC – American Association of Christian Counselors.

"Todo terapeuta cristão e pastor deveria ler este livro. A Dra. Langberg incorporou um saudável referencial teológico em um enfoque de tratamento cuidadoso e abrangente de sobreviventes de abuso sexual violento e crônico. Ela apresenta uma perspectiva equilibrada sobre questões atuais controversas e emite um necessário apelo a todos os terapeutas cristãos para que se atenham a um padrão mais elevado de ser modelos à semelhança de Cristo para os clientes."

Dra. Miriam Stark, presidente do Departamento de Aconselhamento Pastoral e professora adjunta de aconselhamento pastoral e psicologia na Trinity Evangelical Divinity School.

"Uma preciosa e necessária aquisição para a biblioteca de todos os que trabalham com sobreviventes de abuso sexual. O capítulo sobre a síndrome da falsa memória é excepcionalmente bem elaborado, justo, honesto e informativo."

Dra. Rosemarie Hughes, decana da Regent University School of Counseling and Human Service.

"Este é um livro excelente, que revela uma compreensão genuína dos sobreviventes de abuso sexual e de seu processo de cura, bem como do impacto sobre os conselheiros que ouvem o trauma. Ele é equilibrado, apresentando uma breve sinopse das questões controvertidas nesse campo."

Dra. Arlys Norcross McDonald, autora de *Repressed Memories: Can You Trust Them?* [Recordações Reprimidas: Você Pode Confiar nelas?] e diretora do Centro McDonald de Terapia.

"Um dos mais poderosos livros de aconselhamento cristão que já li. Desde o começo você sente a horrível dor dos que sofreram abuso, porém também sente como o amor e o poder do Senhor, atuantes na e por meio da vida de uma conselheira engajada, são capazes de trazer cura e restauração. O tratamento informativo, profissional e compassivo desses tópicos por Diane Langberg é leitura obrigatória para todos os líderes cristãos leigos e profissionais."

Dr. Joseph A. Kloba, diretor do Programa de Pós-Graduação em Psicologia e Aconselhamento; professor de psicologia no Palm Beach Atlantic College.

Dedicatória

Para Linny,
cuja coragem inabalável para enfrentar verdades duras e se curvar diante da obra da redenção me revelou a face de Jesus. Com eterna gratidão.

Sumário

Prefácio..11

Agradecimentos..13

SEÇÃO I - FUNDAMENTAÇÃO DO TRATAMENTO DO ABUSO SEXUAL................15
1 A razão pela qual escrevo...17
2 A história de Meeka..23
3 Entendendo a natureza da individualidade.....................................35
4 Entendendo a natureza da terapia...41
5 Entendendo a natureza do trauma...47
6 Entendendo a natureza do desenvolvimento da criança................57
7 Definições, frequência e dinâmica familiar.....................................67
8 Sintomas e sequelas do abuso sexual na infância...........................75
9 Continuação da história de Meeka...81

SEÇÃO II - O TRATAMENTO: PRIMEIRA FASE..91
10 Ajudando clientes a se sentirem seguros......................................93
11 Alívio de sintomas...103
12 Recuperação da memória...107

SEÇÃO III - O TRATAMENTO: SEGUNDA FASE......................................125
13 Encarando verdades sobre o passado..127
14 Encarando verdades sobre o presente...139
15 Principais problemas da segunda fase...153

SEÇÃO IV - O TRATAMENTO: TERCEIRA FASE.....................................179
16 Relacionamentos...181
17 Recuperando o corpo..191

18 Refazendo a vida..195
19 Término do tratamento...199

SEÇÃO V - CONSIDERAÇÕES ESPECIAIS..**203**
20 Transtornos dissociativos...205
21 A Síndrome das Falsas Memórias...213
22 Sobreviventes do sexo masculino..223

SEÇÃO VI - A PESSOA DO TERAPEUTA..**227**
23 O impacto do trabalho de trauma no terapeuta......................................229
24 Estratégias que promovem a perseverança..241
25 A vida espiritual do terapeuta...245

SEÇÃO VII - PERFIL DE UMA IGREJA COMPASSIVA..**253**
26 A comunidade da igreja..255
27 Como a igreja pode ajudar sobreviventes de abuso sexual?....................263

Sugestão de bibliografia..**277**

Sobre a autora..**279**

Prefácio

Este livro é um desafio e um apoio para aqueles na comunidade cristã que trabalham com sobreviventes adultas de abuso sexual. Embora atualmente o abuso sexual seja debatido e abordado com frequência, não surgiu um material que especificamente enfocasse um plano de tratamento disponível para conselheiros cristãos. Tenho a esperança de que este livro possa, de algum modo, preencher a lacuna.

Qualquer trabalho que fazemos no campo do aconselhamento precisa ser cotejado com a verdade da Palavra de Deus. Também, como cristãos, temos o compromisso de seguir os mais elevados princípios éticos, servindo nossas aconselhadas de uma forma acima de qualquer reprovação. Pelo fato de que o assunto do abuso sexual e seu tratamento estão carregados de emoção, e de que o treinamento nessa área constitui um fenômeno novo, muitos se tornaram reféns de práticas não sábias, pouco éticas e antibíblicas. Espero que estas páginas sirvam para conclamar todos nós a uma criteriosa reflexão e uma vivência de compaixão, de prática e de vida agradável a Deus. Minha oração é para que este livro nos desafie a guardar *firme a confissão da esperança, sem vacilar*, estimulando-nos *no amor e na prática de boas obras* (Hb 10.23s).

Igualmente almejo que este livro sirva como um subsídio para muitos que trabalham longa e arduamente para ajudar sobreviventes. Quando falo em conferências e seminários sobre o assunto do abuso sexual, muitas vezes fico abismada diante do grande número de pessoas fiéis e compassivas que trabalham nessa área. Importam-se profundamente com as pessoas a cujo serviço Deus as chamou. Anseiam por treinamento e apoio no trabalho que estão fazendo. Novamente, espero que este livro comece a preencher essa lacuna.

Enquanto você estiver lendo, tenha em mente duas coisas. A primeira é que, quando falo de sobreviventes de abuso sexual, refiro-me, de um modo geral, ao abuso crônico que ocorreu na infância. Há muitos tipos de abuso sexual, de modo que é óbvio que nem tudo sugerido nestas páginas se aplicará a todas as sobreviventes. Situações que não eram crônicas ou que aconteceram em fases posteriores do desenvolvimento requererão modificações do enfoque aqui apresentado. O livro demanda que você tenha em mente que cada sobrevivente é um indivíduo sem igual, e por essa razão você deve aplicar com cuidado o que aprendeu.

A segunda coisa a ser observada é que optei por usar pronomes femininos ao me referir a sobreviventes. Estatísticas atuais indicam que uma porcentagem muito maior de sobreviventes é do sexo feminino, e meus anos na prática o corroboraram. As histórias e exemplos usados no livro (todos são verdadeiros) estão baseados nas experiências de várias mulheres. Lidei com homens em minha prática, e o livro contém uma seção especificamente relacionada às lutas próprias deles. Contudo, acredito que o tratamento seja muito semelhante para ambos os grupos. Também penso que as estatísticas mudarão quando mais homens se sentirem livres para admitir uma história de abuso sexual.

Este livro é o resultado de vinte e cinco anos na cadeira de terapeuta. Foram anos ricos e inestimáveis. Meu desejo é que aquilo que coletei com o passar do tempo resulte em que cada um de meus leitores tenha iluminados *os olhos do coração de vocês, para que saibam qual é a esperança da vocação de vocês, qual é a riqueza da glória da sua herança nos santos e qual é a suprema grandeza do seu poder sobre nós, os que cremos* (Ef 1.18s). Despeço este trabalho com a mesma oração com a qual Amy Carmichael publicou um de seus livros:

> Toma este livro nas mãos feridas,
> Ó Jesus, Senhor do Calvário.
> Deixa-o seguir sob teu comando,
> Usa-o para o teu agrado.
>
> Pó da terra, mas teu, Senhor.
> Mero capim, em tuas mãos uma espada.
> Nada, nada será, se não for
> Limpo e avivado, por ti, Senhor.[1]

---
1 Amy Carmichael, *Gold Cord* (Cordão de ouro). (Fort Washington, PA: CLC Publications, 1982.)

Agradecimentos

Quanto mais vivo, mais me conscientizo de que tudo o que fazemos de significativo consiste nas fibras de muitas vidas tecidas em conjunto. Este livro não é uma exceção. A influência e o apoio de muitas pessoas estão por trás das palavras que escrevi. É um privilégio agradecer-lhes publicamente.

Trabalhei com sobreviventes de abuso sexual durante mais de vinte anos. Falei, chorei e lutei com muitos homens e mulheres cuja vida foi devastada pelos pecados de outras pessoas contra eles. Eles me confiaram suas histórias, seus medos e seus sonhos. Muitos deles oraram por mim diariamente enquanto eu escrevia este livro. Sua coragem em me deixar entrar na verdade de sua vida, bem como sua busca de redenção para *as desolações que se arrastam de geração em geração* (Is 61.4 – TEB), me enriqueceu de forma imensurável. Cada um deles, à sua maneira, é parte deste livro. Cada um deles também é um testemunho do poder redentor de Cristo. Somente na eternidade hão de saber com quantas preciosas bênçãos e lições eles agraciaram minha vida.

Aprendi, há muito tempo, que o trabalho na área do abuso sexual representa uma incursão em território inimigo. Foram indelevelmente marcadas em mim a sabedoria e a necessidade de fiéis guerreiros de oração. Cerca de vinte pessoas se comprometeram a orar diariamente por mim ao longo do tempo em que trabalhei neste projeto. Recentemente encontrei uma delas e fui saudada com a pergunta: "Como está indo nosso livro?" Que pergunta maravilhosa foi essa, porque é verdadeiramente "o nosso livro". Repetindo: somente na eternidade hão de ser conhecidos os frutos de sua fidelidade.

Sou extremamente grata a meus colegas pelas orações, pela leitura e edição deste material, bem como por seu apoio. Dr. Phil Henry, Dra. Ruth Palmer e Dra. Barbara Shaffer, seu humor, suas perguntas e seus corações compassivos sempre encantam e desafiam. Agradeço a Deus a honra que ele me deu em conhecer e trabalhar ao lado de cada um de vocês.

Isabelle Henard, minha gerente de consultório, perseverou com bravura. Seu amor e apoio sempre são um presente. Foi inestimável sua administração do telefone e de outras "coisas burocráticas".

Tem sido um prazer trabalhar com o pessoal da Tyndale House. Agradeço a Ken Petersen a visão dele para este livro. Lynn Vanderzaim me propiciou encorajamento constante e excelentes ideias. Representou uma experiência deliciosa trabalhar com ela.

Dr. Gary Collins e Dr. Tim Clinton, colegas e amigos, não apenas me encorajaram, mas também ajudaram a criar um fórum, através da AACC, para muitas das ideias deste livro. O contínuo chamado à excelência e unidade entre conselheiros cristãos me estimula.

Tenho grande dívida com Bev Ingelse, uma amiga fiel em vários sentidos. Ela me cedeu sua casa como um lugar sossegado para escrever, lembrou-me de que devia comer, orou comigo e por mim e administrou meu relacionamento com o computador dela. Eu, que muitas vezes consigo que pessoas reservadas falem sobre coisas que preferem não recordar, posso, facilmente, levar computadores a se esquecerem do que lhes peço para gravar.

Como sempre, meu marido, Ron, foi esteio e encorajamento. Gentilmente assumiu parte de minha carga no front de trabalho doméstico, permitindo-me também perseguir meus sonhos na área profissional. Nossos filhos adolescentes, Josh e Dan, são uma grande alegria para mim. Seu entusiasmo pela vida, seus corações gentis e sua ânsia de aprender constituem, muitas vezes, o exato antídoto de que preciso quando a carga se torna pesada.

Todos vocês, e muitos outros não mencionados, são parte de minha vida e, portanto, contribuíram para este trabalho. Em decorrência, eu, e os que o lerem, ficaremos mais ricos.

SEÇÃO I

FUNDAMENTAÇÃO DO TRATAMENTO DO ABUSO SEXUAL

1

A razão pela qual escrevo

Quando falo sobre o tópico do abuso sexual, sou perguntada com frequência: "Quais foram as experiências que formaram a base de seu pensamento sobre esse assunto?" É uma pergunta justa a ser dirigida a qualquer pessoa que apresente ideias sobre determinado tópico. Penso que a área do abuso sexual deriva de, ou diz respeito a, tantos tópicos maiores que é especialmente importante entender de onde uma pessoa está vindo quando você a ouve palestrar.

O pensamento para este livro foi formulado durante uma vida inteira. Em um nível muito importante e prático, este é um livro acerca do tratamento de sobreviventes adultas de abuso sexual. Atendi sobreviventes por mais de vinte anos, e por intermédio de meus encontros com essas pessoas corajosas e maravilhosas, aprendi muitas coisas. Sem dúvida isso constitui um tópico muito próximo e querido em meu coração.

Quando, nos anos setenta, comecei pela primeira vez a ouvir mulheres falarem de suas experiências de sofrer violência sexual, fiquei triste e chocada. Tive o privilégio de crescer em uma família intacta e saudável. Embora histórias de abuso sexual de meninas me abalassem até o âmago, nunca me ocorreu não acreditar nelas. Muitas vezes os conselheiros eram advertidos a não se deixar "fisgar" acreditando em mulheres histéricas. Optei por não seguir o conselho.

Naquele tempo, o tema do abuso sexual ainda permanecia muito debaixo dos panos. Havia pouco ou nada sobre ele nos livros disponíveis sobre terapia e/ou desenvolvimento da criança. O abuso sexual nem sequer era discutido nas faculdades. Não havia seminários, oficinas ou artigos disponíveis. Aprendi com minhas clientes. Elas me ensinaram o que é ser molestada quando criança, como se sentiam sendo adultas com essas recordações, como "funciona" a dissociação, o que "ganhavam" quando maltratavam a si mesmas e o que elas precisavam de mim para começar a se curar. Vieram a mim buscando ajuda, e eu me tornei estudante delas. Cometi muitos erros. Perdi muitas pistas. Por consequência, elas sofreram desnecessariamente. Eu e também minhas clientes subsequentes temos uma grande dívida com elas. Em parte, este livro é um tributo à sua coragem e à disposição de me ensinar.

Minhas clientes e sua determinação para lidarem com a verdade de sua vida são parte daquilo de que trata este livro. Além disso, houve três outras influências transformadoras da vida que estão manifestas tanto em meu trabalho quanto ao longo deste livro. Minha compreensão do sofrimento de outros e minha resposta a ele foram profundamente marcadas pela luta de trinta anos de meu pai contra uma doença debilitadora. Aprendi com ele o que é o sofrimento. Sua vida me ensinou que a saúde e a integridade física muitas vezes estão fora do nosso controle e, seguramente, não valem nossa adoração. Viver neste mundo é enfrentar sofrimento, tanto o nosso próprio quanto o de outras pessoas. Ao mesmo tempo, meus pais me ensinaram que, embora o sofrimento seja inevitável, não nos cabe responder a ele com passividade. Fomos chamados para combater o pecado e seus efeitos com força e coragem. Aos pés de meus pais aprendi a lição paradoxal de que, às vezes, o modo de lutar contra o pecado e o sofrimento é esperar. Destruímos a dignidade de outros quando nos recusamos a esperar por eles – independentemente de precisarem amarrar os próprios sapatos ou estarem lutando para encontrar palavras para o indescritível. Concedemos honra ao outro quando o consideramos digno de espera.

A vida de meu pai também me ensinou que, embora o sofrimento seja horrível e jamais tenha sido planejado por Deus, há um quadro mais amplo. Enquanto somos convocados para encarar diretamente o sofrimento e confrontá-lo com coragem e compaixão, ele não deve nos dominar. Independentemente de sermos a pessoa em uma cama de enfermaria que nunca tornará a se levantar, ou alguém que cuida de um cliente destroçado por soluços por causa da perda de um filho, nosso propósito é sempre e ininterruptamente glorificar a Deus. Sim, cumpre-nos lutar contra o sofrimento, a enfermidade e a morte, mas às vezes eles parecerão vitoriosos. O Espírito do Senhor está sobre nós para que liguemos e curemos. Porém, no final das contas a meta não é simplesmente a cura, porque até mesmo quem experimenta a cura há de continuar sofrendo de outras maneiras. Cumpre-nos curar, pensar ferimentos e confortar, *de tal modo que* Deus seja glorificado (Is 61). Qualquer que seja o pano de fundo de uma vida, honrar o nome de Jesus é o alvo final.

No contexto da minha compreensão desse alvo fundamental, a vida de meu pai também me ensinou que Deus usa a fragilidade. Estar fragilizado não torna alguém inevitavelmente inútil. Deus é o Deus da vida, aquele que redime. Nossa fé nos ensina que do sofrimento, da perda e da morte Deus gera a vida. Não importa a extensão da fragilidade, não importa a profundidade da cova, o Deus do impossível pode embelezar e pode usar o que a nós parece inútil. A vida de meu pai lançou o alicerce de meu trabalho com sobreviventes.

Tenho também uma grande dívida com Elie Wiesel, sobrevivente do Holocausto e contador de histórias. Quando comecei a trabalhar com mulheres que eram vítimas de incesto, procurei desesperadamente por literatura que me ajudasse a ajudá-las. Quando não encontrei nada específico para o tópico do incesto que fosse útil ou acessível, fui em busca dos escritos de pessoas que haviam suportado aflição e opressão. Um deles foi Elie Wiesel. Estou em dívida com ele por me ajudar a aprender como o trauma e a atrocidade afetam vidas humanas.

Wiesel cresceu no Leste europeu, onde a vida era tão segura quanto os judeus do Leste europeu a conheciam. A ocupação pelos soldados alemães, o confisco da propriedade privada, a estrela amarela e, finalmente, a deportação esmagaram seu mundo. Wiesel se descobriu em um dos campos de concentração, descendo de uma carreta de gado e observando como um caminhão despejava uma carga de bebês nas chamas. Depois de solto, ele impôs a si próprio um voto de dez anos de silêncio, mas constatou que não podia abafar sua necessidade de expressar o que havia experimentado. Wiesel descobriu que não basta ser um sobrevivente; também é preciso ser uma testemunha.

Elie Wiesel experimentou as profundezas da depravação humana. Não se esquiva de suas revelações horríveis, e não nos deixa agir assim. Desafia-nos a enfrentar a vida como ela é, de fato, neste nosso mundo sombrio. Exige que qualquer voz que emprestamos às verdades da redenção leve imperiosamente em conta a realidade de eventos como o Holocausto, ao invés de estar apoiada na negativa de que os eventos aconteceram. Nós, que nos chamamos de cristãos, blasfemamos contra o nome de Cristo quando fingimos que os males do Holocausto ou o estupro de meninas e meninos são menos do que realmente são. Qualquer redenção que deixa de levar em conta um tormento desses não é redenção alguma.

Outra verdade que aprendi com Wiesel é que, embora haja males que desafiam qualquer descrição, ainda assim temos que testemunhá-los. Embora a linguagem seja inadequada para a tarefa, Wiesel diz que "não transmitir uma experiência é traí-la".[2] Por longo tempo, porém, eu sentia que não tinha o direito de falar. Afinal, eu não era uma sobrevivente de abuso sexual. Como eu poderia ousar levantar a voz e dizer como era ser molestada quando criança? E quem era eu para dizer a pessoas abusadas o que ajudaria a curá-las? Parecia algo arrogante e presunçoso.

Wiesel desafiou meu silêncio, porque indica que, embora haja um silêncio apropriado quando alguém é inadequado para uma tarefa, há também um silêncio que constitui traição ou uma opção de ignorar a realidade porque é muito dolorosa. Ficar calado é abusar novamente da vítima, é permitir que outros apaguem o trauma dela de suas mentes. E por isso escrevo – não porque eu saiba, mas porque ouvi. Escrevo – não porque tenha palavras adequadas para descrever o sofrimento de meninas e meninos estuprados por pais, mães, tios ou avós, mas porque ficar calado é encobrir e negar. Escrevo – não porque tenha respostas para a razão de existir esse sofrimento, mas porque é a verdade das coisas como elas são, e é uma verdade que clama para ser dita.

Este livro me proporciona um espaço para falar a verdade como a presenciei. Certamente não é toda a verdade, pois isso não poderia ser dito. Falar do estupro de meninas e meninos também é falar de principados, potestades, leis das trevas deste mundo, poderes invisíveis que desafiam a descrição humana. Escrever sobre incesto é escrever sobre as maquinações de um inimigo além de nossa compreensão. Porém tenho que escrever, e faço-o por duas razões. A primeira é pelas numerosas sobreviventes que conheci. Com profundo amor por elas e respeito por sua grande coragem escrevo para proporcionar-lhes mais um espaço para falarem por si próprias. Tenho a esperança de que, por meio deste livro, a igreja de Deus preste atenção no que estamos fazendo contra nossas crianças e se levante para gritar seriamente contra um mal desses, bem como para pensar as feridas das que foram tratadas assim.

---
2 Elie Wiesel, in: *Confronting the Holocaust: The Impact of Elie Wiesel*, de Alvin H. Rosenfeld e Irving Greenberg. (Bloomington, Ind.: Indiana University Press, 1979): p. 200.

A segunda razão pela qual tenho que escrever é a influência dominante e mais poderosa em tudo o que faço – conheci o Redentor. Ele é um Homem de Dores e íntimo da aflição. Foi deixado só, tratado com desprezo. Foi estigmatizado para toda a eternidade. Seu sofrimento deixou cicatrizes em seu semblante. Suas mãos e pés trazem as marcas da violência cometida contra ele. Foi açoitado, golpeado, esmagado, despido e oprimido. Como você sabe, é o sofrimento que faz isso: deixa sua marca integralmente nos que precisam suportá-lo.

Não apenas conheci esse Redentor; também presenciei sua obra. Observei-o consolar, curar, libertar, reconstruir e consertar "as desolações que se arrastam de geração em geração" (Is 61.4 – TEB). Eu o vi escolher com ternura os rejeitados, fortalecer o fraco, carregar o quebrado e destruir os que guerreiam contra a alma. Vi-o fazer a sobreviventes o que fez em prol do Israel oprimido: *Todos aqueles que os levaram cativos os retêm e não querem deixá-los ir embora. Mas o Redentor deles é forte;* S*enhor dos Exércitos é o seu nome. Certamente defenderá a causa deles, para aquietar a terra...* (Jr 50.33s).

Conhecendo Cristo e vendo sua obra, tive o agridoce privilégio de me curvar ao seu trabalho de redenção dentro de minha própria vida e pessoa. Descobri que, quando ajo assim, ele, em consequência, se inclina maravilhosamente para me usar como cooperadora de sua obra em outros. É ele quem está me ensinando como consolar, restaurar e libertar. Se existe qualquer vida e verdade neste livro, é por causa dele. Se existe qualquer vida e verdade no trabalho que realizo, é por causa dele. Quanto mais o conheço e vejo seu agir, tanto mais me torno o que Amy Carmichael descreve como "uma adoradora a seus pés".

Em decorrência, pago tributo aos que conheci, amei e li, que me ensinaram lições inestimáveis: as sobreviventes, meus pais e Elie Wiesel. Sem eles, o trabalho que faço e este livro não seriam possíveis. Acima de tudo estou eternamente em dívida com o nosso Redentor, Jesus Cristo, cujo próprio sofrimento me concedeu vida para que eu possa doá-la a outros.

A testemunha

Elie Wiesel diz que, quem *não esteve lá*, nunca o entenderá verdadeiramente, e quem *esteve*, nunca conseguirá comunicá-lo. Eu não estive lá, e reconheço que não posso entender plenamente como é ser uma criança pequena abusada. Porém, Wiesel oferece duas outras possibilidades. Uma é que, embora jamais devamos tentar falar *pelos* sobreviventes e nunca tentar falar *em lugar* dos sobreviventes, podemos proporcionar um espaço em que as sobreviventes possam falar por si mesmas. Por isso tenho esperança de usar este livro como um espaço em que o sofrimento, o árduo trabalho da terapia e as glórias da redenção na vida de sobreviventes possam ser relatados.

A segunda possibilidade que Wiesel oferece é que podemos aceitar o papel de testemunha. Ser uma testemunha é saber, pela presença e percepção pessoal, o que aconteceu. Estive presente durante mais de duas décadas junto ao sofrimento de muitos adultos que foram abusados sexualmente quando eram crianças. Por isso posso testemunhar. Provérbios 14.25 diz: *A testemunha verdadeira salva vidas...* Meu propósito é falar com veracidade sobre o que presenciei em mais de vinte anos passados. Almejo que a verdade gere o fruto da libertação na vida de sobreviventes e dos que trabalham com elas.

Isaías fala que *o Senhor terá um altar no meio da terra do Egito*. Ele diz que o altar *servirá de sinal e de testemunho ao Senhor dos Exércitos na terra do Egito. Quando eles clamarem ao Senhor por causa dos opressores, ele lhes enviará um salvador e defensor que os há de livrar* (Is 19.19s). Ao falar com veracidade sobre o que vi, ofereço-o ao Deus todo-poderoso na terra do inimigo, esperando que o Senhor o usará para apontar o caminho, tanto para conselheiros quanto para clientes, em direção do Salvador e o Defensor.

Wiesel diz que o papel da testemunha é "perturbar, alertar, despertar, advertir contra a indiferença diante da injustiça – qualquer injustiça – e acima de tudo contra a complacência diante de qualquer carência e quaisquer pessoas".[3] Que a história a seguir perturbe e desperte os que aconselham sobreviventes, até mesmo a igreja toda, de maneira que o resultado seja uma resposta que se ajuste tanto à verdade do sofrimento quanto à do Redentor.

---

3   Elie Wiesel. "A Personal Response", in: *Face to Face: An Interreligious Bulletin 6* (1979): p. 36.

2

A história de Meeka

O relato a seguir é uma história verídica que vai chocar e perturbar muitos que a lerem. Deixará aflitos todos os que estiverem dispostos a se ligar a ela. Antes que você a leia, é importante que saiba por que escolhi essa história em particular.

Primeiro, acredito que essa história é uma professora poderosa. As trevas nos ensinam sobre a luz. Na área física, todos nós experimentamos o contraste de sair de uma sala ou de um teatro na penumbra para o brilho de uma sala iluminada ou para o ar livre. Muitas vezes a luz não mudou; estava lá antes de entrarmos no teatro. Mas, depois de termos experimentado a escuridão, e até mesmo nos acostumado a ela, ficamos espantados com a luz. É intensificada a realidade da luz, bem como tudo o que ela significa para nós. Captamos a claridade da luz por causa de seu contraste com a escuridão que acabamos de deixar para trás.

Na área espiritual, constatei que, muitas vezes, Deus usa a escuridão para me ensinar sobre a luz. Ao salientar isso, não pretendo sugerir que devamos procurar a escuridão para apreciar melhor a luz. Isso parece semelhante a pecar para que possa abundar a graça. Paulo afirma: *De modo nenhum!* (Rm 6.2). Não obstante, escuridão e luz nos ensinam que nosso Redentor pode usar, e frequentemente usa, o que foi projetado para o mal, a fim de, ao contrário, gerar o bem.

A história subsequente e muitas outras iguais aumentaram tanto a minha compreensão da luz quanto meu amor por ela, de duas maneiras. Quando presenciamos ou ouvimos falar de manifestações flagrantes do mal, nós nos distanciamos com sentimentos de choque, aversão e superioridade. Pensamos que essas coisas têm pouco a nos dizer porque são muito extremas. Porém, a Bíblia nos ensina que pecado é pecado. Uma das coisas que me perturbam quando leio os Evangelhos é uma consciência de que Jesus, com frequência, expressa uma reação muito forte diante do que você e eu julgaríamos pecados "menores" – hipocrisia, orgulho, egocentrismo. Sua linguagem mais áspera é usada contra os líderes religiosos por sua arrogância (Mt 12.34; Jo 8.42-47). As respostas de Jesus nos ensinam como somos enganadores.

Jesus nos ensinou que Deus é tão plenamente santo que não faz distinção alguma entre o mal de um coração arrogante e o mal descrito na história a seguir. A história de Meeka ilustra corajosamente para nós a natureza do mal. A história demonstra dramaticamente do que é capaz o coração humano separado da graça preventiva de Deus. Oro para que, ao lermos, não permitamos que o choque ou a aflição nos ceguem para a verdade de que nosso Deus é tão santo que nossos pecados "secundários" são mais ofensivos à natureza dele do que os pecados dos abusadores de Meeka são ofensivos para nós. Que a história também nos lembre de que nada que encontramos em nossas próprias vidas ou na de outros está fora do alcance do poder redentor de Deus.

Outra maneira pela qual histórias como essa me fortaleceram para andar na luz, e capacitaram outros a fazer o mesmo, vem de um princípio que qualquer terapeuta que trabalhou com psicose entende. Quando éramos estudantes, muitos de nós lemos sobre as diversas psicoses, mas nossos estudos não resultaram automaticamente em uma consciência perspicaz da psicose em pessoas. Muitas vezes é somente depois que gastamos tempo em uma clínica com psicóticos internados que começamos a reconhecer rapidamente a psicose. Não apenas isso, mas tão logo captamos como se manifesta a psicose, como é sentida e que sons emite, descobrimos que somos mais aptos para ver as anormalidades mais sutis em outros. Compreender a psicose muitas vezes pode nos levar a não apenas captar mais claramente a neurose, mas também a normalidade.

Quando estudei o abuso sexual descobri esse mesmo princípio em funcionamento. Quando pessoas vitimadas por abuso sexual violento crônico me ensinaram como ele era e como as afetou, tornei-me muito mais consciente dos efeitos sutis sobre outras cuja experiência era comparativamente menos extrema. Ocorrem traços dos mesmos efeitos prejudiciais sobre a pessoa e os relacionamentos, embora não sejam tão intensos. Na realidade, presenciei muitas vezes que quem nunca experimentou qualquer forma de abuso sexual, mas sofreu profunda negligência e privação emocional, traz consigo muitas das mesmas cicatrizes que as sobreviventes. Com muita frequência essas clientes hão de minimizar ao máximo o impacto de sua infância, porque, afinal, não tiveram nada semelhante ao abuso sexual acontecendo com elas. Obviamente muitas vezes chegam à mesma conclusão aquelas cuja experiência de abuso sexual foi "apenas" verbal ou "apenas" física.

Se permitirmos, a história a seguir poderá nos ensinar que o pecado, *qualquer* pecado, é uma agressão a Deus e à pessoa e, por isso, o pecado de qualquer espécie deveria nos perturbar e afligir. Você também precisa saber que, por mais perturbador que seja esse relato, nem sequer é a história inteira daquilo que Meeka sofreu. Ela nos ensinará que o pecado é tão sério que *qualquer* maldade praticada contra uma criança em desenvolvimento violentará essa criança. A história nos encherá de compaixão pelos que vêm a nós quebrados pelos pecados de outros. Se o deixamos, essa história nos porá de joelhos e nos chamará para examinar nossos próprios corações e vidas, para que não pequemos de maneira alguma contra um Deus santo ou uma de suas criaturas. Por fim, essa história fará com que nos levantemos em temor perante Deus quando reconhecemos a dignidade do Cordeiro que foi imolado *de receber o poder, a riqueza, a sabedoria, a força, a honra, a glória e o louvor* (Ap 5.12).

> Minha família cresceu em uma fazenda na Dakota do Sul. Originalmente era de 110 hectares, sendo que, mais tarde, boa parte dela foi vendida, reduzindo-a a apenas 42 hectares. Havia numerosos galpões, dois celeiros grandes, uma casa de leite, depósitos de cereal e um silo. Em um dos barracões estavam todas as nossas serras, ferramentas e bancadas de trabalho, e os outros guardavam quase todo o nosso grande maquinário.
>
> Eu era uma de doze crianças. A sequência das crianças era menino-menina-menino-menina-menina-menina-menino-menina-menino-menina-menino-menina. Eu era a quinta criança. Se eu fosse um menino, teria sido bem mais fácil organizar o lugar de dormir, como também muitas outras coisas. Então a sequência de filhos teria sido menino-menina de alto a baixo. Isso nos teria dado seis meninas e seis meninos, em vez de sete meninas e cinco meninos.
>
> Vivíamos a cerca de dois quilômetros e meio de uma pequena cidade com uma população de quase quinhentas pessoas. O vilarejo era conhecido por ser uma comunidade cristã. Considerando que havia apenas quinhentas pessoas na cidade, havia duas igrejas grandes, uma presbiteriana e outra

católica. Todos na cidade iam à igreja, e esperava-se que qualquer pessoa que fosse alguém viesse aos cultos no domingo de manhã e de noite.

Meus pais procediam assim também. Eram bem respeitados na comunidade e muito ativos na vida da igreja. Não pensaríamos em faltar à igreja. Alguém sempre estava lá, até mesmo quando as crianças eram bem pequenas. Logo que se achava que nós, crianças, tínhamos idade suficiente para sentar quietas, éramos levadas para a igreja, e nos sentávamos quietas.

Meus pais sempre pareciam estar vivendo no limiar da pobreza. Nunca conseguíamos progredir e as contas simplesmente pareciam continuar se empilhando. Todos os anos tínhamos uma horta enorme e fazíamos conservas ou congelávamos boa parte de sua produção para guardar comida para o inverno. Produzíamos nossa própria carne de boi e fazíamos nossa própria geleia e manteiga. Éramos muito independentes e não dependíamos de outros para nos ajudar. Sabíamos nos virar.

Tínhamos um jardim amplo para brincar e as crianças da família sempre gastavam muito tempo fora de casa. Tínhamos cavalos para montar e uma lagoa que nos proporcionava nossa própria pista de patinação no inverno. Sempre tínhamos muitos gatinhos e dois ou três cães como parte de nossa fazenda.

Trabalhávamos juntos. Brincávamos juntos. Até nos saíamos muito bem no beisebol e basquete com times formados somente por nossa família.

Poucas vezes eu sentia que ganhava atenção suficiente, porque eu era uma de tantas crianças e estava espremida em algum lugar no meio da lista da família. Ansiava por ser abraçada. Quando era muito pequena, descobri uma maneira de obter os abraços de que precisava. Aos quatro anos, caí de propósito da escada. Notei que quando eu caía, alguém vinha e verificava se eu estava bem e me dava colo. Muitas vezes era mamãe, e era isso o que eu queria. Eu queria um abraço da mamãe.

A pobreza deixou suas marcas na família. Quanto mais filhos chegavam, tanto mais difícil ficava a vida. Na época em que quatro haviam nascido, mamãe e papai tinham um número mais que suficiente de filhos e já estavam muito aquém de proporcionar-lhes um apoio adequado. Não queriam mais filhos. Mas logo eu estava a caminho. Como abortos estavam fora de questão, fui mantida, mas ficou claro que, já que eu nasceria, seria melhor se eu fosse um menino, porque precisariam de mim para ajudar a cuidar da fazenda. Mais uma menina não significaria um ganho para a família. Eles já tinham meninas demais. Na realidade, uma menina seria um encargo. Meus pais não me amaram. Não fui desejada, contudo eu estava aí. Eu fazia parte dessa família, embora eles desejassem que não.

No mesmo dia em que fui trazida do hospital para casa começou o abuso. Minha família conta a história de que, como protesto de que eu era uma menina, papai usava os calcanhares de meus delicados pés para apagar o toco de seus cigarros.

Tínhamos uma porção de diferentes animais em nossa fazenda: vacas, cavalos, cachorros, galinhas, coelhos e alguns porcos. Todos nós passávamos muito tempo ao ar livre. Tínhamos um pátio grande, muitas construções para ficar dentro ou fora, atrás ou em volta delas. Uma das construções era uma excelente casa para brincar. Tinha um telhado, janelas, uma porta – era realmente uma pequena casa. Eu costumava brincar muito dentro dela. Levava comigo minha boneca e, juntas, entrávamos na casa de brincar. Às vezes eu entrava lá simplesmente para ficar sozinha. Às vezes eu sentia como se fosse um esconderijo especial de tudo que o que acontecia. Às vezes as outras crianças brincavam comigo, e nós brincávamos de casinha.

Certa vez eu estava sozinha na casa de brincar. Tudo estava quieto. Papai veio e olhou pela janela e então bateu na porta. Eu lhe disse que podia entrar. Ele se sentou perto de mim, pôs seu braço ao redor de mim e me abraçou por instantes; então saiu. Foi maravilhoso. Então, quando eu tinha quatro anos, ele veio e bateu na porta. Eu lhe disse que podia entrar. Ele se sentou perto de mim, puxou-me para seu colo e me deixou sentar ali por um momento. Então ele mudou e começou a me machucar. Disse que me amava. Disse que se importava comigo. Mas em seguida levantou as mãos e bolinou o meu corpo. Depois que ele fez isso, eu já não ia sozinha à casa de brincar porque, quando ouvia passos ou o ranger da porta, eu pensava que fosse ele e me assustava.

Meus avós viviam em outra fazenda, distante cerca de quinze quilômetros da nossa. Mesmo quando eu era bem pequena eles eram chamados frequentemente como babás. De fato, éramos levadas para lá a fim de ser pajeadas. Lembro-me de uma ocasião em que fui colocada na cama e adormeci, mas acordei várias horas depois. Não podia me lembrar onde estava. Chamei por mamãe e papai, mas ninguém veio me ver. Eu estava muito amedrontada e estava muito escuro. Vovô entrou e me pegou. Segurou-me durante um segundo, depois me deitou na cama e começou a mexer com meu corpo. Abriu suas calças e brincou com o corpo dele como brincava com o meu. Isso aconteceu algumas vezes, e toda vez que era levada escada acima eu começava a ficar assustada. Normalmente era meu pai quem me levava à casa deles. Quando papai me deixava lá, eu lhe pedia que não fizesse isso. Eu não queria ir para lá. Eu não queria nunca mais ficar na casa deles. Eu chorava, mas ele não me atendia. Não importava. Quando ele me levava até lá, eu tinha que ir e "obedecer".

A situação progrediu ao ponto de que, sempre que eu ia à casa deles e ouvia uma porta bater ou passos próximos de mim, ficava nervosa. Eu me encolhia no canto do quarto e esperava que eles não me achassem. Quando me encontravam, isso geralmente significava mais dificuldades. Às vezes eles entravam e começavam a me aprontar para ir a outro lugar – normalmente o porão.

Vovô e vovó usavam de ameaças para nos manter na disciplina. Diziam que nos esconderiam nos armários e trancariam as portas se nós não nos comportássemos. Isso, em si, não era tão ruim, mas nos falavam que ratos e cobras moravam nesses armários. Como criança pequena e indefesa, eu acreditava neles.

Então chegou a primeira vez em que me prenderam no armário. Eles me chutaram para pressionar as pernas para dentro do armário. Bateram a porta e eu ouvi a fechadura sendo virada. Fiquei contente que ela estava trancada, mas então fiquei aterrorizada por causa dos ratos e cobras. A verdade é que havia muitos ratos nos armários. Meus avós me prendiam lá quando eu não havia feito nada de errado. Às vezes quando eles vinham, destrancavam o armário e me deixavam sair, me colocavam sobre a mesa do porão, me faziam deitar nela e tiravam todas as minhas roupas. Eles também tiravam suas próprias roupas e me obrigavam a brincar com os corpos deles, e eles brincavam com o meu.

Quando entrei na escola, percebi que não me ajustava ali. Minhas roupas sempre haviam sido repassadas a mim por minhas irmãs mais velhas, e as crianças riam de mim por causa disso. Era difícil fazer amigos, e o lugar simplesmente parecia me dizer que, conforme eu já havia experimentado em casa, era assim que as coisas eram. Eu não me enquadrava. Não era desejada nem amada.

Todos nós, filhos, tínhamos que cumprir nossa parte das tarefas da casa a fim de fazer a vida funcionar. Papai estava em casa quando chegávamos da escola, e ele chamava todos para ajudar no trabalho. Basicamente, não importava quão pequenos éramos, sempre havia algo que podíamos fazer para ajudar no trabalho da fazenda. Talvez fosse um balde pequeno em vez de um grande, mas não importava o que, todos nós tínhamos que ajudar.

Papai me dava meu pequeno balde, e lá íamos nós. Eu gostava de fazer isso. Era o "nosso tempo", um tempo especial para nós dois. Ordenhávamos as vacas juntos. Ordenhávamos algumas delas à mão, e eu conseguia me sentar no colo dele enquanto trabalhávamos. Ele me deixava tentar ordenhar a vaca, mas era difícil para mim. Minhas mãos eram pequenas demais. Mas algumas das ocasiões no colo dele não eram divertidas. Quando mostrava o úbere da vaca e falava sobre os seios de mamãe, ele tocava no meu e me dizia que um dia os meus cresceriam a ponto de serem suficientemente grandes para que homens chupassem. Ele disse que era bom e correto e que Deus nos fez dessa maneira. Ele também colocava suas mãos em minhas calcinhas, especialmente quando eu usava um vestido. Comecei a não gostar mais de sentar no colo dele e não queria fazer tarefas com ele. Mas ele sempre me obrigava a fazer isso.

Quando eu estava sentada em seu colo, ele me fazia apalpar o bolso de sua calça. Na extremidade do bolso dele havia um caroço. Ele me dizia que era um pirulito especial só para mim. Eu o implorei pelo pirulito. Eu tinha quatro anos e adorava pirulitos. Eu queria especialmente um de chocolate. Finalmente ele me deixou ter o pirulito. Quando começou a tirá-lo do bolso, ao invés disso abaixou as calças. O pênis dele era o pirulito de que ele havia falado.

Construí um "forte" no sótão de feno. Era um lugar onde podia me esconder e ficar sozinha. Eu tinha aquele gatinho de que eu realmente gostava. Ficava ali deitada com o gatinho sobre minha barriga, ele ronronava, e eu amava isso. Um dia, papai me achou abraçando meu gatinho. Ele disse que era serviço *dele* me abraçar e que, se eu contasse a alguém sobre nossos "momentos especiais", ele mataria meu pequeno gatinho.

Papai tinha seu próprio lugar especial no celeiro onde ele gostava de me levar. Ninguém podia nos ver quando estávamos lá. Às vezes ele simplesmente me segurava com firmeza. Outras vezes ele me abraçava primeiro, depois manipulava meu corpo, e em seguida me abraçava de novo, dizendo como eu era extraespecial. Às vezes ele simplesmente me enviava para lá e vinha depois que eu havia ficado ali por alguns minutos. Quando isso acontecia, ele esperava que eu "estivesse pronta" para ele. Isso significava que minhas roupas tinham que ser tiradas para que ele pudesse "brincar comigo". Eu tinha que fazer tudo que ele me mandava. Muitas vezes isso significava que ele colocava seu pênis ou outros instrumentos dentro de mim. Se eu fosse "boazinha", então a situação ia melhor. Se eu não fizesse as coisas exatamente como ele queria, ele urinava em mim. Até me fez comer o excremento dele quando eu não era boazinha. Mas descobri que, à medida que o tempo passava, eu nunca conseguia ser suficientemente boazinha. Muitas vezes ele abusava de mim de todas as maneiras possíveis e depois ia embora, deixando-me para que "me limpasse" a fim de poder entrar novamente em casa.

Às vezes até mesmo nos domingos quando estávamos na igreja, ele me levava até a sala da caldeira e me violentava ali. Ele me dizia que Deus lhe ordenara que fizesse isso, que era correto, que era isso o que eu precisava para aprender a ser uma verdadeira mulher. Ele me disse que Deus lhe ordenara que me ensinasse sobre essas coisas.

À noite eu chorava no travesseiro. Clamei a Deus para que parasse com tudo. Lembro-me do dia na escola dominical em que nosso professor nos disse que, se orássemos, Deus responderia nossas orações. E eu orei. Orei arduamente. Mas o abuso nunca parou. Na realidade, eu até orava quando ele estava fazendo aquilo comigo, mas isso não o detinha. Parecia que ficava pior. Quem era Deus? Com certeza não era um Deus de amor, e ele certamente não me amava. Ele amava mais meu pai, era o que parecia. Papai sempre conseguia o que queria.

Se eu era travessa quando criança, minha mãe dizia que eu tinha que esperar por papai e ele me disciplinaria. Ele me levava para fora até o celeiro, me espancava – mas também me violentava como parte do castigo.

Eu costumava pensar que algum dia – talvez da próxima vez – as coisas seriam diferentes, que papai deixaria de fazer essas coisas comigo. Eu pensava que talvez da próxima vez ele, de fato, me amaria. Mas nunca parecia haver mudança. Em um dia de verão, quando eu tinha sete anos, estava trabalhando na cozinha com mamãe. À minha maneira tentei dizer a mamãe que papai estava me ferindo. Mas ela não se preocupou. Gritou comigo por pensar qualquer coisa má sobre papai e disse que jamais queria ouvir outra palavra de mim. Ela simplesmente esquivou-se, dando de ombros. Ela não me amava. Não se importava com o que acontecia comigo, e isso me arrasou. Ninguém se importava. Ninguém me amava. Ninguém me queria. Eu desejava morrer. Já não havia nenhuma razão para ter esperança porque, se mamãe não podia ajudar, então quem poderia?

Papai tinha uma porção de jogos que fazia conosco em casa, especialmente à noite quando nos colocava na cama. Brincávamos de esconde-esconde com ele. Nós nos escondíamos debaixo dos lençóis, atrás da porta, debaixo da cama ou no armário. Quando ele nos achava, ganhávamos dele um carinho. Muitas vezes tentei me esconder – realmente me esconder – dele, porque quando ele me dava o carinho, colocava as mãos dentro de minhas calças.

2 - A história de Meeka

O abuso continuou, e com o passar do tempo se tornou pior. Aumentou de intensidade. Até quando eu estava doente, ele fazia isso. Ele me levava para "tarefas especiais" com ele. Isso apenas lhe dava mais oportunidades para abusar de mim.

Já bem cedo suspeitei que estava grávida. Fui levada a um "médico especial" para descobrir se era verdade. Era. Quando eu estava no caminho de retorno a esse mesmo médico para um aborto, meu pai estacionou o carro a certa distância e me bateu numerosas vezes no estômago porque eu não devia ter ficado grávida. Tentei fugir, mas ele era grande e rápido demais para mim. No consultório do médico ficou claro que meu pai não podia pagar pelo aborto. Assim eu fui "vendida" para o médico. Enquanto ele usava meu corpo, papai estava em pé e assistia com um sorriso na face.

Tempos depois havia um grupo de homens que sempre se revezava comigo. Enquanto acontecia, eu os observava dando dinheiro a meu pai. Papai os deixava usarem meu corpo para que ele pudesse pagar nossas contas.

O abuso era muito severo, e durante um período de tempo eu abortei ou dei à luz e perdi quatro bebês. Isso me deixou completamente esgotada. Somado às coisas que meu pai sempre me falava, isso me convenceu de que eu era completamente inútil. Não tinha mais esperança nenhuma por coisa alguma. Minha vida estava morta. Saí de casa quando eu tinha dezessete anos. Às vezes tinha que voltar e, mesmo nessas ocasiões, o abuso prosseguia.

Jamais tive pessoas que eu realmente pudesse chamar de amigas. Quando eu tentava fazer alguns amigos na escola, acabava perambulando por aí com as outras crianças que não tinham ninguém com quem ficar. Muitas vezes zombavam de mim e me ridicularizavam. Fazia sentido para mim que isso tivesse que acontecer. Papai me dizia que eu não era boazinha, não valia nada, e que tudo que eu teria a oferecer a alguém era sexo. Mas nem mesmo o sexo era suficientemente bom.

Na faculdade eu encontrava homens para ficar com eles, mas o foco era sempre o uso do meu corpo. Depois de uma noite ou algo assim, eles desapareciam também. Igualmente encontrei uma mulher para amar. Sexo com ela significava tudo, mas com o passar do tempo também isso acabou. Nada permanecia. Nada era verdadeiro.

Formei-me na faculdade, estabeleci-me em uma profissão e, aos olhos das pessoas ao redor de mim, eu tinha sucesso e era competente no que fazia. Mas, periodicamente, eu entrava e saía dos consultórios de terapeutas.

Algo perturbava a minha vida. Porém nada parecia produzir mudanças significativas em mim. Nada dramático estava errado, mas nem tudo parecia certo.

Em meados dos anos 80 eu fazia parte de um projeto de evangelização de centros urbanos na Califórnia. Um dia, quando estávamos nas ruas, envolvi-me em uma conversa com uma jovem mulher que me perguntou: "Que faço para perdoar alguém que me estuprou?" Fiquei confusa e me senti extremamente despreparada para responder uma pergunta dessas. Mas fiquei mais chocada e perturbada com a resposta que lhe dei: "É uma das coisas mais difíceis que você terá de fazer. Eu sei, porque também fui estuprada".

Fiquei chocada com minha resposta, porque eu nunca havia sido "estuprada", ou pelo menos pensava assim. Durante os próximos dias, fui tomada de uma recordação após a outra acerca de meu próprio passado e do abuso que sofri. Àquela altura, minha vida inteira pareceu desmoronar. Eu chorava o tempo todo. Não conseguia me concentrar no trabalho. Não queria ir a lugar algum. Não queria me lembrar de mais nada, embora tudo estivesse bem diante de mim o tempo todo. Tentei repelir tudo, como fiz quando era criança. Tentei novamente "colocar na caixa e guardar na estante", mas parecia que a caixa continuava caindo da estante e derramava para todo lado. Tentei negar tudo: não aconteceu. Ele não fez isso. Não podia ter acontecido. Àquela altura da minha vida, explodiu tudo. Nada era o mesmo. Nada e ninguém merecia confiança. Perguntava-me quem de fato eu era. Não sabia se conseguiria prosseguir. Como eu superaria? A vida não parecia mais valer a pena.

Alguns de vocês estão transtornados com essa história. Talvez alguns queiram dizer que uma coisa dessas não pode ser verdade ou, pelo menos, que é altamente improvável. Essa história não apenas é completamente verdadeira, mas é apenas a metade da história. Algumas partes são devastadoras demais para ser impressas.

Amy Carmichael o expressou de modo eloquente quando falou das pequenas meninas indianas que ela salvou dos templos hindus: "Os que conhecem a verdade desses fatos saberão que nós os atenuamos, necessariamente harmonizamos com cuidado, porque não podem ser escritos por extenso. Não poderiam ser publicados nem lidos. Não podem ser escritos nem publicados nem lidos, porém... tiveram que ser vividos! *E o que você nem sequer pode ouvir, teve que ser suportado por pequenas meninas*" (ênfase dela).[4]

---
4 Amy Carmichael, *Things As They Are*. (Londres: Marshall, Morgan & Scott, 1903): p. 228.

A experiência de Meeka pode ser mais extrema do que a experiência das pessoas que vêm a você em busca de ajuda, ou mais moderada em comparação com algumas das histórias que suas clientes compartilharam com você. Como sugeri nos parágrafos iniciais deste capítulo, embora a intensidade do abuso que marcou nossas clientes, sem dúvida, seja importante, a questão maior é o fato de que elas sofreram o abuso. Permitamos que a história de Meeka – e as histórias de todas as nossas clientes – nos ensinem sobre trevas e luz, sobre como pecado e trauma afetam as pessoas, e sobre o mal em nossos próprios corações. Você não será deixado a sós com o que acaba de ler. O capítulo 9 compartilhará mais da história de Meeka e demonstrará o poder tremendo de Deus para nos resgatar da escuridão e nos restaurar para a luz.

O Deus que adoramos, o Deus da verdade, disse que *o mundo inteiro jaz no Maligno* (1Jo 5.19). Se acreditamos no que ele diz, então me parece que a história de Meeka não nos deveria chocar. Pelo contrário, devemos nos surpreender que essas histórias não sejam muito mais comuns.

Lembre-se também de que, embora a história seja verdadeira e atenuada, João prossegue dizendo: *Também sabemos que o Filho de Deus já veio* (v.20). É por causa dessa verdade que a vida de Meeka é agora uma vida redimida. É por causa dessa verdade que este livro foi escrito. Trabalhar com abuso sexual é enfrentar o poder do maligno. Conhecer o Deus da verdade é dar testemunho do fato de que o Filho de Deus veio e a redenção está à mão!

3

Entendendo a natureza da individualidade

Este é um livro sobre o tratamento de sobreviventes adultas de abuso sexual na infância. Suponho que a maioria das pessoas, ao pegar um livro desses, espera ler imediatamente uma descrição de abuso sexual, bem como recomendações para a terapia. Obviamente essas expectativas são justificadas, e espero corresponder a elas. Porém, antes de definir o problema e lhe dar uma resposta efetiva, precisamos olhar para quatro elementos fundamentais que o assunto nos propõe.

Inicialmente, este é um livro sobre sobreviventes adultas, o que significa que precisamos ter um entendimento básico da individualidade para que o tratamento possa trazer ajuda. Em segundo lugar, o livro é sobre tratamento, e isso indica que temos que lançar a base para uma compreensão de terapia. Em terceiro, estamos enfocando o abuso sexual que, antes de tudo, é um trauma. Qualquer enfoque terapêutico que não for alicerçado sobre uma compreensão básica da natureza do trauma e do que ele causa em seres humanos será ineficaz e, possivelmente, prejudicial. Por fim, estamos discutindo algo que aconteceu na infância. Em decorrência, precisamos captar a experiência e o desenvolvimento de uma criança para ter clareza sobre o impacto desse sofrimento.

Pessoa

Começaremos a discussão considerando a natureza das pessoas como foram criadas para ser. É mais fácil compreender o estrago de algo quando vemos um quadro de sua integridade original. Você terá uma avaliação maior da tristeza de alguém diante da destruição de um vaso Ming se o tiver visto em sua beleza original e conhecido sua história. A profundidade do nosso esfacelamento como pessoas somente pode ser captada à luz de nossa integridade criada.

Em Gênesis 1.26-28 nos é dito: *E Deus disse: – Façamos o ser humano à nossa imagem, conforme a nossa semelhança [...] Assim Deus criou o ser humano à sua imagem, à imagem de Deus o criou; homem e mulher os criou. E Deus os abençoou e lhes disse: – Sejam fecundos, multipliquem-se, encham a terra e sujeitem-na. Tenham domínio sobre os peixes do mar, sobre as aves dos céus e sobre todo animal que rasteja pela terra.* Foram escritos muitos livros sobre a imagem de Deus no gênero humano. Para o propósito de nosso estudo sobre abuso sexual e seus efeitos, eu gostaria de considerar três aspectos dessa imagem: voz, relacionamento e poder.

Voz

Pela própria existência das Escrituras e pela entrada do Filho de Deus no tempo aprendemos que a verdadeira natureza de Deus é falar, comunicar seus pensamentos – seu próprio eu – para outros. O fato de Jesus ser chamado o Verbo indica que se expressar é inerente à divindade. Deus busca eternamente falar de si para sua criação. Em Gênesis 1 lemos várias vezes: *E disse Deus...* Por natureza, Deus é perpetuamente comunicativo. O salmista nos diz: *A voz do SENHOR é poderosa [...] é cheia de majestade [...] produz chamas de fogo [...] faz tremer o deserto* (Sl 29.4-8). A voz de Deus é. Somos criados à imagem de alguém cuja voz não esteve calada desde a aurora da criação. O que significa ser criado à imagem de alguém que fala? Significa que você e eu, como criaturas, também recebemos uma voz. Precisamos entender qual foi o desígnio para nossas vozes a fim de compreender sua perda. O conceito de voz está definido para nós nas Escrituras: *Antigamente, Deus falou, muitas vezes e de muitas maneiras, aos pais, pelos profetas, mas, nestes últimos dias, nos falou pelo Filho [...] que é o resplendor da glória de Deus e a expressão exata do seu Ser...* (Hb 1.1-3).

A segunda pessoa da divindade é o Verbo. Ele é Deus falando, e ele é Deus falando na carne. A pessoa de Cristo é aquela que representa Deus com exatidão e ainda é aquele que você e eu podemos entender. *Ninguém jamais viu Deus; o Deus unigênito [...] é quem o revelou* (Jo 1.18).

A voz é o que articula a individualidade. É a representação exata da pessoa. É a pessoa falando, ela própria, ao mundo. A voz explica a pessoa a outros com palavras que podem ser entendidas. A voz é uma extensão do "si-próprio".[5]

Você e eu somos criados à imagem de Deus que fala eternamente. Deus fala; nós falamos. A Palavra de Deus o torna acessível; nossa palavra nos torna acessíveis. A Palavra de Deus cria; nossa palavra cria. A Palavra de Deus o explica para nós; nossa palavra nos explica para outros. A essência de Deus é encontrada na Palavra; nossa essência se expressa em nossa voz. Ser criado à imagem de Deus é ter uma voz e proferir essa voz no mundo. Tudo o que distorce a voz de Deus resulta na destruição da pessoa. Tudo o que silencia a voz destrói a imagem de Deus no ser humano. Declarando seu sofrimento na aflição, o salmista diz, no Salmo 88, que um dos resultados foi: *... estou preso [calado] e não vejo como sair [me pronunciar]*" (Sl 88.8). Fomos originalmente criados para ouvir a voz de Deus e, a partir desse ouvir desimpedido, mostrar nossa própria voz no mundo.

A queda provocou a destruição da voz. A Palavra de Deus foi distorcida e a distorção obteve crédito. A humanidade foi esfacelada, e uma parte desse esfacelamento evidenciou-se na voz. O fracasso de ouvir a voz de Deus resultou em esconder-se, mentir, ocultar e silenciar. E assim continua. Toda vez que um ser humano se recusa a atentar para a voz de Deus, o resultado é ocultação, mentiras, sigilos e silêncio na própria vida da pessoa, como também na vida de outras. A opressão, a crueldade, a violência e o abuso sexual de uma criança silenciam a voz de alguém criado à imagem de um Deus que fala.

Relacionamento

Um segundo aspecto da imagem de Deus, evidente na história da criação, é o relacionamento: *E Deus disse: –* **Façamos** *o ser humano à* **nossa** *imagem, conforme a* **nossa** *semelhança* (Gn 1.26, ênfase acrescentada). Desde os primórdios vemos que o relacionamento é parte do que Deus é. Deus fala de si como alguém que está se relacionando eternamente. Uma vez que ele nos fez para ser como ele, podemos supor que nós também somos relacionais.

---

5 O "si-próprio" é tradução do inglês "the self" [Cf. *Dicionário de Psicanálise Larousse*. (Porto Alegre: Artes Médicas, 1995.) (N. de Tradução)

Deus nos deu uma figura do relacionamento perfeito. Ele é exemplificado para nós no relacionamento entre o Pai e o Filho. Dois elementos desse relacionamento perfeito são importantes para nossa compreensão da natureza do ser humano e de como o trauma o afeta. Primeiro, Jesus conhecia o Pai e era conhecido por ele (conhecimento recíproco). Segundo, o Jesus amava o Pai e era amado por ele (amor recíproco). Na essência, portanto, o relacionamento, como foi previsto, inclui tanto o conhecimento quanto o amor recíproco.

Jesus conhecia o Pai e era conhecido por ele. Conhecer outros significa vê-los claramente como são, conhecê-los de verdade, possuir informação correta sobre eles. Conhecer outros também encerra a noção de compreendê-los. Significa que temos tanta percepção de sua essência que podemos predizer suas respostas e sentimentos perante diferentes eventos. Conhecemos sua mente e seu coração.

Jesus conhecia o Pai. Ele não tinha dúvida alguma sobre quem era o Pai. Tinha captado sua essência, seu coração. Não tinha nenhuma ideia vaga, nenhuma concepção equivocada, nenhuma meia-verdade. O que ele sabia do Pai e o que falava sobre ele estava em perfeita consonância com o que o Pai é.

Jesus também era conhecido pelo Pai. Ele diz em João 10.15: *"... o Pai me conhece..."* Há reciprocidade no relacionamento. Um é plenamente acessível ao outro. Um não é distanciado, escondido, disfarçado ou distorcido para com o outro. Não há cantos ou fendas em um que não sejam conhecidos do outro. A cada um se responde em verdade ou de acordo com a realidade de quem ele é. O Pai sempre é o Pai – santo, majestoso, poderoso, justo, amoroso e misericordioso. O Filho sempre é o Filho – não faz nada sem o Pai, é obediente ao Pai, ama o Pai e tem certeza da natureza imutável do Pai.

Jesus também amava o Pai e era amado por ele. Ele declara em João 14.31 que age *"para que o mundo saiba que eu amo o Pai"*. Demonstrou o amor ao Pai cumprindo sempre o que ele ordenava. Ele sabia o que estava no coração do Pai e tinha prazer em cumpri-lo. Saber quem era o Pai em verdade permitiu-lhe amá-lo livremente. Quando não conhecemos verdadeiramente as pessoas, *não as amamos*. Pelo contrário, amamos algo que pensamos que elas sejam. Foi o amor pelo Pai que motivou cada pensamento e ação de Jesus. Jamais fez algo que não fosse alicerçado no amor pelo Pai. A vida de Jesus foi uma demonstração viva de seu amor pelo Pai.

3 - Entendendo a natureza da individualidade

O Pai também amava o Filho. Jesus diz em sua oração ao Pai: *"... me amaste antes da fundação do mundo"* (Jo 17.24). O Pai amou o Filho antes da alvorada do tempo. O Pai amava o Filho de modo perfeito quando estava na beira do céu e deu adeus ao Filho. O Pai o amou quando o Filho suou grandes gotas de sangue no Getsêmani. O Pai amou primorosamente o Filho quando presenciou sua morte no Calvário. Jamais houve um instante ou lugar em que o Pai e o Filho não amassem perfeitamente um ao outro. Nenhum deles jamais agiu de um modo que contradissesse seu amor mútuo.

Como criaturas feitas à imagem de Deus, fomos planejados para ter uma voz que fale ao mundo, e fomos projetados para viver em relacionamento como pessoas conhecidas e amadas. A queda, essa nefasta opção de agir contra a voz de Deus e em oposição ao nosso relacionamento com ele, não somente silenciou a voz, mas também rompeu o relacionamento. A primeira resposta da humanidade ao pecado foi sentir-se tão amedrontada e cheia de vergonha que esconder-se e cobrir-se parecia ser o único recurso. Foi destruída a experiência de conhecer e ser conhecido, amar e ser amado.

Poder

O terceiro aspecto da individualidade, ou da imagem de Deus no gênero humano, se constata no fato de que Deus deu aos seres humanos poder para influenciar pessoas e eventos. Quando Deus, pela primeira vez, abençoou as criaturas que havia criado, sua ordem original para elas foi: – *Sejam fecundos [...] encham a terra e sujeitem-na. Tenham domínio [...] sobre todo animal que rasteja pela terra* (Gn 1.28). Fomos feitos para ouvir e falar, conhecer e ser conhecidos, amar e ser amados. Igualmente fomos feitos para exercer um impacto sobre o mundo e uns sobre os outros. Nós fomos criados para ter influência, controlar, criar, governar. Foi-nos dada importância. O propósito foi que vivêssemos de um modo que o mundo ficasse sabendo que estivemos aqui. Deus queria que deixássemos nossa marca. Não fomos projetados para ser pessoas invisíveis, ineficazes ou desamparadas. Quando nos criou, Deus deixou seu selo no mundo e em suas criaturas. Sendo semelhantes a ele, nós também devíamos exercer um impacto sobre o mundo e as pessoas em nosso redor.

Ser criado à imagem de Deus é ter voz, é estar em um relacionamento e exercer poder ou impacto. Todos os três aspectos da individualidade somente são experimentados plenamente quando vivemos como criaturas corretamente relacionadas com Deus. Todos os três foram destroçados na queda do pecado. A fonte da destruição de nossa individualidade foi o arqui-inimigo de Deus, que é a falsificação de tudo o que Deus quis que fôssemos. Jesus nos fornece uma viva descrição desse inimigo em Jo 8.44: *"Vocês são do diabo, que é o pai de vocês, e querem satisfazer os desejos dele. Ele foi assassino desde o princípio e jamais se firmou na verdade, porque nele não há verdade. Quando ele profere mentira, fala do que lhe é próprio, porque é mentiroso e pai da mentira"*.

Satanás queria o que era proibido: *... serei semelhante ao Altíssimo* (Is 14.14). A individualidade é destroçada sempre que buscamos o que usurpa a Deus ou é proibido por ele. Tentar ocupar o lugar de Deus é desvirtuar o poder e usá-lo para nossos próprios fins. O desfecho é a destruição de nós próprios e de outros.

Satanás é um assassino. Ele é o destruidor do relacionamento. Ele é alguém que odeia e não alguém que ama. A individualidade é destruída sempre que não preservamos o relacionamento de amor e de verdade. Deixar de amar é destruir o relacionamento, é assassinar.

Satanás é um enganador, um desertor do que é bom e verdadeiro. Ele é mentiroso, silenciador da verdade. A individualidade é destroçada, desfigurada toda vez que enganamos ou distorcemos. O engano, chamar o bem de mal e manipular a verdade. Tudo isso silencia a voz.

Quando Adão e Eva se recusaram a atender à voz de Deus, cessaram de alicerçar-se em um relacionamento com Deus e tentaram arrancar o poder de Deus para si próprios, a individualidade foi corrompida. A voz foi silenciada e distorcida. O relacionamento foi quebrado e os humanos foram alienados. O poder, originalmente destinado para ser uma força para o bem, tornou-se destrutivo e nocivo. Ao longo da história, toda vez que um ser humano age com outro de uma maneira não arraigada na verdade de Deus, acontecem os mesmos resultados: silêncio, isolamento e desamparo. Essa devastação pode ocorrer em formas mais amenas, como quando uma pessoa fala áspera ou criticamente com outra. Todos nós conhecemos a experiência de ser silenciados diante de um comentário contundente. A destruição severa acontece sempre que um ser humano perpetra uma atrocidade contra o outro. É aqui, em nosso entendimento da natureza da individualidade, que podemos começar a captar o mal perpetrado na vida de um ser humano quando acontece o trauma. Um trauma é, por definição, um estrago causado à individualidade.

4

Entendendo a natureza da terapia

A terapia é antes e acima de tudo um relacionamento. É um tipo particular de relacionamento realizado em um contexto específico. Como todos os relacionamentos, implica o encontro de duas pessoas que se conectam com um propósito peculiar. À medida que interagem, essas duas pessoas causam impacto uma sobre a outra. A palavra latina para "relacionar" é *referre*, que literalmente significa "carregar de volta". O relacionamento é interativo por natureza, e nele cada pessoa continuamente carrega algo para lá e para cá. Estão incluídos a reciprocidade e o impacto.

Em vista de nossa discussão anterior sobre a individualidade, podemos dizer que o relacionamento terapêutico refere-se, em parte, a conhecer e amar o outro em verdade. Embora a natureza da terapia seja tal que diretrizes muito específicas, necessárias e úteis são definidas quanto à extensão do conhecimento e do amor, ambos continuam sendo facetas do relacionamento. A pessoa do terapeuta torna-se conhecida do cliente. Para que a terapia seja proveitosa, a pessoa do terapeuta deve ser considerada fiel, segura e verdadeira. Quando essas qualidades não são demonstradas, o relacionamento terapêutico fracassa como espaço em que a cliente pode expor a verdade sobre si. Muitas vezes isso traz consigo uma verdade que ela teme expressar, ou até mesmo enfrentar, no contexto dos relacionamentos cotidianos. O "conhecimento" pessoal que a cliente precisa empreender, ou a exposição do indizível, somente pode ocorrer em um contexto de segurança.

Poucas discussões sobre terapia falam de amar a cliente. Palavras como *solicitude*, *empatia* e *preocupação* são usadas com frequência, mas o amor geralmente não é considerado um componente necessário para a boa terapia. Contudo, como pessoas que conhecem Cristo, você e eu somos chamados a amar. Amar não é uma opção, nem pode ser excluído do recinto da terapia. Afinal, como pessoas que não conhecem nosso Senhor poderão ver como ele é amoroso quando sua concepção a respeito dele está tão danificada por meio de um trauma? Eles o verão olhando para nós. Toda vez que houver uma falha em nosso amor, tornamos mais difícil para eles ver e apreender o grande amor de Deus. O caminho do amor está exposto para nós em 1 Coríntios 13, e as qualidades ali descritas tão somente servirão para melhorar a terapia. Se não for um amor *paciente*, que mais poderá colocar-se com fidelidade ao lado das cicatrizes do trauma? É essencial *um amor que não procura seus interesses*. Pessoas que sofreram abuso foram usadas cruelmente para satisfazer as necessidades de seu abusador, que muitas vezes era a própria pessoa que devia ensinar-lhes o caminho do amor. *O amor não se ressente do mal que sofreu*. Quantas vezes a terapia envolve nossa reação quando clientes trazem ao relacionamento as piores partes de si e lutam contra elas ali! O amor *protege*, *espera* e *persevera*. Essas qualidades, demonstradas com fidelidade, são vitais para uma terapia eficiente.

A voz obviamente constitui um componente vital da terapia. A expressão do "si-próprio", tanto por terapeutas quanto por clientes, é necessária para que a cura aconteça. Quando os terapeutas expressam seu "si-próprio" no relacionamento, compartilham não apenas a si mesmos, mas também fornecem aos clientes um modelo de como fazer o mesmo. Simultaneamente, os terapeutas estão ajudando cognitiva e emocionalmente a criar um ambiente de cura.

Dissemos antes que Deus nos deu a voz com a finalidade de criar, governar e comunicar. Ser silenciado é ser menos do que Deus planejou. A voz pode ser expressa de muitas maneiras. Ela é simplesmente pensamentos, palavras e sentimentos articulados de algum modo. Essa expressão pode ser falada, escrita, pintada, cantada ou dançada. É uma representação da pessoa que está sentada diante de nós. De muitas maneiras, a terapia simplesmente é a voz de uma pessoa interpelando outra, insistindo em que essa pessoa dê expressão a si própria.

A terapia é um relacionamento que, continuamente, desperta a voz do outro. Ter a capacidade de despertar a voz de alguém que foi silenciado por muitos anos é ter muito poder. Poderíamos definir poder como a capacidade de produzir certos efeitos desejados. Como pessoas capazes de ajudar a soltar a voz de outra e trazer ao relacionamento componentes que estimulam a cura, os terapeutas têm muito poder.

4 - Entendendo a natureza da terapia

Por outro lado, ter sido silenciado significa sentir-se impotente. As experiências pessoais das clientes como impotentes ficaram profundamente arraigadas pelo abuso. Pessoas com as quais se agiu continuamente de maneira prejudicial muitas vezes assumem um modo de ser vulnerável, receptivo e, por consequência, são colocadas de uma maneira que outros abusam do poder que têm sobre elas. Clientes ingressam na terapia procurando ajuda. Veem os terapeutas como pessoas que têm o poder de ajudar. Clientes se consideram pessoalmente como alguém que não tem escolha e para quem tudo acabou. As clientes veem os terapeutas como aqueles que determinam o relacionamento, colocam limites e têm um conhecimento maior. A partir desses componentes, é muito curto o passo até o abuso do poder. Obviamente repousa sobre o terapeuta a responsabilidade de usar o poder unicamente para o bem das clientes e com a finalidade de ajudá-las a encontrar sua própria voz e exercitar o poder que Deus lhes concedeu.

Quando consideramos a terapia como um relacionamento destinado a fomentar a expressão da voz e o exercício do poder dados por Deus, temos, claramente, uma ferramenta potencialmente poderosa que pode ser usada para o bem ou para o mal. Relacionamentos podem trazer grandes danos aos outros. Vozes podem ser silenciadas ou usadas para proferir mentiras. O poder facilmente pode vir a ser uma força para o mal. O que é governar tal ferramenta de maneira que aqueles de nós que a manuseiam não causem destruição quando deveríamos trazer vida?

Creio que, se a terapia não for encarnada e redentora, no processo e no propósito, nós, que nos chamamos de conselheiros, não traremos a nossos clientes vida verdadeira como foi concretizada na pessoa de Cristo. O que pretendo dizer quando falo da terapia como necessariamente encarnada e redentora?

A cura, ou a vida, não pode acontecer no isolamento. Constatamos isso nos registros do início dos tempos. O Deus trino, que é a vida, relaciona-se eternamente. Esse Deus afirmou: – *Não é bom que o homem esteja só* (Gn 2.18). O relacionamento foi central na criação de todas as coisas. Em nossa verdadeira essência somos relacionais. Como criaturas, nossa vida depende de mantermos o relacionamento com Deus em seu lugar apropriado. Quando esse relacionamento deixar de ser central, o resultado será a morte.

Quando o relacionamento foi rompido originalmente pelo pecado de Adão e Eva, Deus abriu o caminho da restauração tornando-se igual a nós. Ao se tornar carne e sangue, Deus entrou não apenas em nosso mundo, mas também em nossa experiência de vida. Caminhou ao nosso lado, tocou, chorou, alimentou-se, entristeceu-se. Chegou tão perto de nós como alguém consegue chegar em um relacionamento – entrou em nossa pele.

Quando Jesus veio restaurar o relacionamento, ele foi chamado o Verbo. Ele era Deus falando, Deus explicando-se às suas criaturas em palavras que elas podiam entender. Ele também era a Verdade. Deus é um Deus de integridade. Não pode falar diferentemente de quem ele é. Suas palavras sempre estão em harmonia com seu caráter. Tudo o que ele demonstrou em Jesus é uma representação verídica de Deus. Ele não pode mentir, nem fingir, nem enganar. Logo Jesus é Deus na carne, Deus que se relaciona e Deus falando. Ele chegou dessa maneira porque você e eu, como criaturas, precisamos de pele e palavras para que a cura e a vida aconteçam.

O Jesus encarnado também é o poder distribuído de Deus: *"... eu vim para que tenham vida"* (Jo 10.10). Não há poder algum maior que o de criar vida. O gênero humano buscou esse poder durante anos sem sucesso. Não podemos criar a vida. No máximo podemos sustentar a vida criada por Outro. Jesus é o Doador da vida, e o poder dele não pode ser superado. Dele é o poder que derrotou morte e inferno. Dele é o poder capaz de tomar uma vida destroçada de maneira irreconhecível pelo mal e pelo abuso, restaurando-a de maneira que espelhe a beleza dele.

No entanto, Jesus é o poder de Deus demonstrado de uma maneira surpreendente. Por um lado, todas as forças do inferno têm que obedecer a seu comando. Por outro, ele é um bebê – dependente, vulnerável e carente de proteção diante de pessoas más. Ele, que veio como o Verbo de Deus para viver no relacionamento com suas criaturas e conceder o poder da vida a todos os que se aproximarem dele, fez isso de um modo misterioso. O ápice desse grande mistério pode ser visto na Cruz de Cristo, o ponto central de toda a redenção. É na Cruz que vemos a voz do Verbo sem resposta e, por um tempo, silenciada na morte. É na Cruz que vemos um relacionamento perfeito destruído quando o Pai abandonou o Filho. E é na Cruz que vemos o incrível poder do céu restrito, enquanto Deus, o Filho, morria e o inferno parecia vitorioso. A encarnação envolveu tanto o exercício de um poder incompreensível quanto, simultaneamente, uma enorme restrição desse poder. Jesus foi Deus tomando de assalto os portões do inferno, até mesmo quando se dobrou à nossa finitude e fragilidade.

4 - Entendendo a natureza da terapia

Como cristãos, somos chamados a vivenciar o mistério da encarnação. Jesus se encarnou com a finalidade de explicar o Pai a outros. Também nossas vidas devem explicitar a natureza do Pai. A essência da encarnação foi fazer descer para a realidade de carne e sangue a natureza verdadeira do próprio Deus. Também nós, como pessoas reais, devemos viver a mensagem de quem Deus é, até mesmo quando nos dobramos para carregar os fardos de outros e penetrar em sua experiência de vida. Sem dúvida isso implica dizer o que é a verdade, mas é algo muito maior do que apenas dar palavras à verdade. Viver em conformidade com a encarnação significa que *toda* a vida, pública e privada, é uma ilustração viva do próprio Deus. Reduzir vida ou terapia a mera verbalização da verdade é ficar devendo muito à nossa vocação de cristãos. Uma terapia encarnada significa que a pessoa do terapeuta, fora do recinto de aconselhamento e desconhecida pela cliente, é tão importante quanto as palavras ditas durante a hora da terapia. Viver de maneira encarnada também significa entrar na comunhão dos sofrimentos de Cristo quando nós, que somos carne e sangue nos movemos para dentro da angústia e escuridão da vida de outros. Não se trata simplesmente de dizer a verdade sobre uma vida (embora seja parte disso), mas de entrarmos na humanidade de outros. Demonstrar quem é Deus significa conformar-se à imagem de seu Filho em todas as coisas. Esses conceitos serão tratados com mais detalhes quando, em uma seção posterior, discutirmos a pessoa do terapeuta. Por ora, digamos simplesmente que tudo o que o terapeuta faz ou diz, e que comunica menos do que a verdade de quem Deus é, constitui uma falha em viver encarnacionalmente.

A encarnação, Deus em carne, aconteceu com o propósito de consumar a redenção. Jesus veio para explicar o Pai, mas também para redimir aquilo que estava perdido. Veio para restaurar o que havia sido quebrado, para trazer vida da morte, luz em lugar da escuridão. A encarnação trouxe a presença de Deus para afetar todos os males, todas as doenças, todas as feridas, com a finalidade de tornar novas todas as coisas. O propósito de Deus é sempre o mesmo – cumpre-nos viver de maneira encarnada para que, por nosso intermédio, a vida de Deus possa resgatar o que está perdido.

Uma das verdades que aprendemos desde o começo dos tempos é que a vida gera sua própria semelhança. Deus nos criou à imagem dele. Isso torna os humanos tanto portadores da imagem quanto transmissores da imagem. O princípio foi demonstrado quando Deus disse que as criaturas vivas deveriam procriar segundo sua própria espécie. Esse princípio torna-se visível novamente quando Deus diz que ele visita *a iniquidade dos pais nos filhos até à terceira e quarta geração* (Êx 20.5). Nós produzimos em outros o que somos e, ao mesmo tempo, carregamos conosco a imagem daquele que nos possui. A redenção é Deus carregando o pecado e a morte que a humanidade produziu e reproduziu para, mais uma vez, criá-la conforme sua própria semelhança. A encarnação aconteceu com a finalidade de redimir os seres humanos de maneira que possam espelhar, uma vez mais, a imagem de Deus.

A terapia com sobreviventes de abuso sexual significa trabalhar com pessoas que trazem em si próprias a imagem destrutiva do abusador. O terapeuta tem o privilégio de levar a presença de Deus para que afete os resultados do mal que foi praticado, assim que todas as coisas sejam feitas novas. Então a terapia se torna a concretização da redenção em uma vida esfacelada e estigmatizada pelo mal. Quando os terapeutas entram na experiência de vida dos clientes, levando em sua pessoa a imagem do Senhor Jesus Cristo, veem a obra da redenção se revelar. E quando os terapeutas se curvam diante da concretização da redenção em sua própria vida, descobrem que a vida de Deus neles se reproduz, segundo sua própria semelhança, em suas clientes.

5

Entendendo a natureza do trauma

Experimentar uma atrocidade é vivenciar algo indizível. É indizível primeiramente porque sua natureza de horror é tão arrasadora que as palavras são terrivelmente inadequadas para comunicar o que aconteceu. Em segundo lugar, as palavras são falhas porque uma experiência dessas silencia, isola e deixa impotente. Como, então, será possível para alguém que foi calado, alienado e deixado desamparado, falar, quando a própria natureza do evento monstruoso torna essa fala impossível? Obviamente o paradoxo é que para, de fato, se curar de uma violência dessas, a pessoa tem que aprender a dizer o indizível. Aquilo que é muito aterrorizante para ser guardado na mente por longos momentos tem que ser lembrado e refletido. Aquilo que é absolutamente impossível de formular em palavras finalmente precisa ser falado muitas vezes. Não apenas é preciso descrever o indescritível, mas aquilo que isola tão poderosamente um ser humano de outros tem que ser proferido em um contexto de relacionamento para que a cura, um dia, possa acontecer. Por que é assim? Porque essas coisas que a atrocidade esmagou – voz, relacionamento e poder – constituem a essência da individualidade. Se não forem restauradas, a pessoa que foi tão horrivelmente esmagada permanece silenciosa, sem relacionamentos e impotente – uma grave distorção da imagem de Deus na humanidade.

Os humanos cometem muitos atos cruéis contra outros humanos. Um dos mais horríveis e inexprimíveis deles é o abuso sexual de uma criança. Agir com violência contra uma criança de qualquer modo é praticar uma grande maldade. Por definição uma criança ainda não é formada, está em desenvolvimento. O abuso sexual de crianças destroça e violenta todos os aspectos de seu ser – seu mundo, sua identidade, sua fé e seu futuro. Ser pequena, vulnerável e dependente em um mundo de pessoas grandes que devem proporcionar proteção e se importar com ela e, então, se descobrir violada em corpo, mente e alma, significa sofrer um trauma indizível. Experimentar um trauma repetido no processo de desenvolvimento é ser moldada e impactada por terror e medo em lugar de amor e segurança. É desnecessário dizer que as cicatrizes calam fundo.

O tratamento dessas cicatrizes, a cura dessas feridas, requer um conhecimento da natureza do trauma e de suas consequências, assim como uma compreensão do desenvolvimento da criança. Um trauma repetido cometido contra uma criança tem um impacto diferente do trauma experimentado por um adulto já formado. O trauma repetido na vida do adulto ataca estruturas de personalidade já formadas e frequentemente os corrói. A mesma experiência na infância tem o poder de configurar de maneiras nefastas e distorcidas o potencial de desenvolvimento da criança. Por causa da natureza violenta do ambiente, a criança, muitas vezes, é forçada a se adaptar a formas que são desajustadas no mundo mais amplo. O tratamento dessas reações à vida, consolidadas e de longa data, será ineficaz, a menos que o fato de o abuso ter acontecido a uma criança imatura permaneça sempre presente na mente do terapeuta.

Trauma

O trauma abrange "medo intenso, desamparo, perda de controle e ameaça de aniquilamento".[6] Esse medo, desamparo e ameaça de inexistência silencia a pessoa, aliena e a torna impotente. O estupro de uma criança é um dano violento à individualidade. É uma ferida que repercute por todo o âmago de um ser humano, frequentemente durante anos.

No livro *Trauma and Recovery* [trauma e recuperação], Judith Herman diz: "Eventos traumáticos são extraordinários não porque acontecem raramente, mas porque destroçam as adaptações humanas comuns à vida".[7] Quando a pessoa é confrontada com dor e sofrimento, uma resposta humana normal é pedir ajuda. O abuso sexual repetido de uma criança, tão frequentemente acompanhado de ameaças à vida e ao bem-estar, deixa a criança sem fala. Até mesmo as que tentam, muitas vezes se deparam com ouvintes incapazes ou pouco dispostos a ouvir, porque as consequências da mensagem são devastadoras demais.

---

6   N. C. Andreasen, "Posttraumatic Stress Disorder", in: *Comprehensive Textbook of Psychiatry*, H. I. Kaplan and B. J. Sadock (eds.), 4ª ed. (Baltimore: Williams and Wilkins, 1985): p. 918-924.

7   Judith Lewis Herman, *Trauma and Recovery*. (Nova Iorque: Basic Books, 1992): p. 33.

5 - Entendendo a natureza do trauma   **49**

Uma segunda adaptação ao sofrimento e à dor é encontrar consolo e conforto no relacionamento. Quando lamentamos a morte de uma pessoa amada, buscamos conforto nas pessoas que nos conhecem e amam. O conforto encontrado nesses relacionamentos serve como um bálsamo para o nosso espírito ferido. O estupro de uma criança, particularmente quando ocorre dentro da família nuclear, com grande frequência acontece em um contexto de negligência e privação emocional. Normalmente a criança vive em uma rede de relacionamentos que, na realidade, são apenas de fachada, porque a criança não é verdadeiramente conhecida ou amada. Segurança e conforto nos braços fortes de outra pessoa não estão acessíveis. A criança é um membro aceito do sistema familiar somente enquanto permitir ser abusada por alguém e fingir para outro que nada está errado.

Uma terceira resposta possível para a dor terrível é lutar contra ela. Quando somos atacados, muitas vezes sobrevivemos atacando de volta ou, em último caso, fugindo para nos proteger. Nossa atenção e percepções são aguçadas quando entramos em estado de alerta. Somos mobilizados para lutar ou fugir sempre que sentimos perigo contra nossa pessoa. Ser uma criança abusada sexualmente significa descobrir que nossas ações não têm utilidade alguma. A criança é pequena; o abusador é grande. O conhecimento da criança é limitado; o conhecimento do perpetrador é comparativamente vasto. A criança é frágil; o abusador é forte. A credibilidade da criança é questionável porque, afinal, o que sabem as crianças? A credibilidade do abusador é alta porque enganar se tornou seu modo de vida.

Molestar repetidamente uma criança é um mal perpetrado contra a individualidade. É uma agressão ao âmago da obra de Deus ao nos criar masculino e feminino. É violência cometida contra a criação de Deus, porque silencia, isola e deixa a pessoa impotente. O abuso sexual pega a imagem de Deus em um ser humano e a esmaga. O estupro de uma criança pega duas esferas nas quais Deus pretendia que sua imagem e seu caráter fossem refletidos e demonstrados – o indivíduo e a família – e deturpa horrivelmente o que foi planejado como belo. Um mal desses tem que causar um calafrio que traspassa o coração de Deus. Qualquer minimização de um mal como esse reflete um fracasso em captar o que Deus planejou quando nos criou à sua própria imagem. Qualquer resposta de cura a um mal desses será eficaz tão somente se essas verdades forem compreendidas. Não estamos tratando de feridas superficiais quando falamos do estupro de uma criança; estamos nos referindo a golpes contra a individualidade.

Quando a individualidade é esfacelada e a ação se torna sem sentido, acontece uma reação traumática. A criança é incapaz de parar ou escapar do abuso, de modo que as respostas previstas para se proteger e se defender se tornam desajustadas. Ocorrem mudanças profundas na emoção, cognição, recordação e fisiologia. Além disso, os aspectos do "si-próprio" que foram previstos para funcionar de uma maneira integrada ficam segregados um do outro. Normalmente, em estado de alerta, tudo funciona de maneira coordenada, de modo que a pessoa fica protegida. Porém, quando uma pessoa é subjugada por medo e desamparo, as funções como estímulo máximo, percepção aguçada e impulsos agressivos podem ficar desligadas de sua fonte e podem, aparentemente, assumir vida própria. O resultado de um trauma desses tem sido conhecido como transtorno de estresse pós-traumático.

Transtorno de estresse pós-traumático

O transtorno de estresse pós-traumático é definido no *Manual Diagnóstico e Estatístico de Transtornos Mentais (DSM-IV)* como "o desenvolvimento de sintomas característicos subsequentes à exposição a um estressor traumático extremo, envolvendo a experiência pessoal direta de um evento que implica morte possível ou ameaçada, dano sério ou outra ameaça à integridade física da própria pessoa; o testemunho de um evento que significa morte, dano ou ameaça à integridade física de outra pessoa; ou a informação de morte inesperada ou violenta, injúria grave ou ameaça de morte ou dano experimentados por um membro da família ou outro parente. A resposta da pessoa ao evento tem que abranger medo intenso, desamparo ou horror (ou, em crianças, a resposta tem que abranger comportamento desorganizado ou agitado)".[8]

Para obter o diagnóstico de transtorno de estresse pós-traumático é preciso:

1. continuar reexperimentando o trauma por episódios como interferência de recordações, pesadelos, retrospecções (lembranças sensórias recorrentes, em que a pessoa sente como se o evento estivesse acontecendo no presente) e angústia psicológica e fisiológica quando exposta a dicas interiores ou exteriores que rememoram o trauma.

---

8 *Diagnostic and Statistical Manual of Mental Disorders IV.* (Washington, D.C.: American Psychiatric Association, 1994): p. 424-429.

2. experimentar um "entorpecimento geral da capacidade responsiva" ou evitar estímulos associados ao trauma, como reclusão, afeto restrito, dissociação, amnésia e perda de interesse nas atividades diárias.

3. experimentar sintomas contínuos de estimulação intensificada, como perturbações de sono, dificuldade de concentração, supervigilância, explosões de raiva, bem como uma resposta exagerada ao susto.[9]

Consideremos os critérios de diagnóstico acima com base na história de Meeka.

Um estressor traumático extremo

Meeka tem quatro anos e gosta de sorvete e gatinhos. Ela gostaria de ser maior porque, quando você é maior, pode ir à escola. Ela costumava gostar de brincar sozinha lá fora, perto do paiol. Era divertido sentar-se ao sol e acariciar seu gatinho. Gostava também da hora de dormir. Era um tempo sossegado para aconchegar-se debaixo das cobertas.

Papai mudou tudo isso. Agora Meeka vigia para ver se ele está por perto antes de sair de casa. Quando vai para a cama à noite, ela sente medo e fica deitada escutando, sempre tentando ouvir passos. Muitas vezes ela se enrola nas cobertas como uma múmia, em uma tentativa de assegurar proteção para si. Mas alguém com quatro anos é pequeno, e papai é muito grande. Por mais que ela tente, não consegue encontrar uma maneira de se livrar dele. Ele a confunde e amedronta. Ele a toca e lhe diz que é o segredo deles e que ela não deve contar a ninguém, nem mesmo à mamãe. Às vezes as coisas que ele faz a machucam. Ele põe coisas dentro dela. Ela não entende e quer que pare. Ela diz a ele, mas ele responde que é isso que pais fazem com suas filhas e que é para o bem dela. Ele diz que matará seu gatinho se ela contar. Também lhe diz que é culpa dela por seduzi-lo. Que significa isso? Certa noite ela tenta dormir no armário, mas ele sempre a encontra. Nada que ela tente funciona.

Às vezes ela pensa em contar à mamãe, mas sente medo. Papai disse que não devia, e que a castigaria se ela não obedecesse. Quando papai castiga, ele a machuca. Talvez mamãe saiba de qualquer forma. Ela sempre lhe diz que ela deve correr e ficar com papai. Não parece que mamãe tenha bastante tempo para ela. Sempre tem coisas "mais importantes" em mente. Uma vez mamãe

---

9 Ibid., p. 424.

flagrou papai tarde da noite no quarto dela, mas ele disse que Meeka havia tido um pesadelo e que ele a estava tranquilizando. Mamãe acreditou nele.

Agora quando o pai a machuca, ela começa a imaginar que é realmente pequena e pode se esconder debaixo das flores do papel de parede. É engraçado, porque se sente como se estivesse observando a si própria de longe. Crava as unhas na palma das mãos e às vezes puxa o cabelo com tanta força que o arranca. A dor dessas coisas afasta sua mente do que papai está fazendo. Às vezes, depois que papai sai e tudo está doendo, ela conversa com seu "amigo". Mamãe fica irritada e lhe diz que deve parar porque seu "amigo" não é real, apenas imaginação. Mamãe não parece compreender que seu amigo é o único ao qual pode falar sobre papai, e que seu amigo é um grande consolo para ela.

Papai parece ficar cada vez mais furioso, até quando ela se esforça para fazer o que ele diz, para que ele não fique furioso. Ele a chama de nomes feios e lhe diz como é má por levá-lo a fazer isso. Será que ele não entende que ela não quer que ele faça isso? O que será que ela está fazendo para ele agir assim? Então, depois que ela faz exatamente o que ele quer para que não fique bravo, ele fica mesmo assim. Isso simplesmente não faz sentido algum. *Nada* que ela possa imaginar funciona para que ele pare com isso.

O estupro de Meeka sem dúvida é "um estressor traumático extremo, envolvendo a experiência pessoal direta de um evento que implica morte possível ou ameaçada, dano sério ou outra ameaça à integridade física da própria pessoa". Medo intenso, desamparo e horror constituem nitidamente respostas a um abuso desses. A voz da criança é silenciada, são rompidos seus relacionamentos e ela é deixada totalmente indefesa. São esmagadas a integridade e a saúde de seu corpo, de sua mente e de sua alma.

O mundo de Meeka já não é seguro. Qualquer ilusão de segurança ou esperança de proteção é destroçada quando o trauma se repete um número suficiente de vezes. Toda tentativa de evitar o terror constante é inútil. Ser boazinha, ser má, esconder-se, mentir, parecer bonita, ficar suja, orar – nada disso parece fazer diferença alguma. O terror vem sempre, como as ondas do mar. É impossível barrá-lo.

Qualquer fé incipiente que Meeka possa ter é destruída. Repetidamente ela implora a Deus que a proteja. Repetidamente ele parece ser incapaz de fazê-lo, ou talvez não se importe. Ela conclui que ele não está lá, que é impotente ou cruel, ou que ela não merece ser amada (uma conclusão provável, uma vez que papai pensa assim).

O "si-próprio" de Meeka está esfacelado. Seus pensamentos são irrelevantes para outras pessoas, seus sentimentos não importam e suas palavras não fazem sentido. Qualquer expressão de sua verdadeira identidade precisa ser feita em segredo, pois não há lugar algum no qual tal expressão seja valorizada ou obtenha credibilidade. Ela não pode dizer que não quer o abuso de maneira que seja ouvida. Ela não pode contar a ninguém que está sendo abusada e ver que isso importa. Quem ela é realmente não é reconhecido. Ela é reduzida a uma falsa aparência.

Também são destruídos para Meeka qualquer esperança e um futuro. O potencial é parte da própria essência das crianças. Elas trazem dentro de si a esperança pelo futuro, o potencial para uma vida nova e descobertas novas. O que poderia ter sido, jamais será nessa criança. Em latim, *victima* é "um animal oferecido em sacrifício". Realmente, uma criança vítima de abuso sexual é uma pessoa oferecida para satisfazer a avidez do ídolo que é cultuado – o "si-próprio", o "eu" do perpetrador.

Reexperimentando o trauma

Quando Meeka crescer, ela perceberá que seu passado aparecerá continuamente em seu presente. Verá o trauma repetidamente interrompendo sua vida. Ela se sentirá como se o presente e o futuro fossem engolidos pelo passado. Ele invadirá, sem advertência, as lembranças quando ela está acordada e os pesadelos quando está adormecida. Gatilhos em forma de cheiros ou ruídos são capazes de evocar recordações que retornam com toda a força emocional e com as reações fisiológicas que acompanharam o evento original. Seus sonhos, muitas vezes, consistirão em fragmentos de recordações reais, de maneira que, nas palavras de uma mulher, "tenho medo de dormir porque simplesmente significa que ele virá novamente para me pegar". Até mesmo os pesadelos que não são remanescentes de recordações reais trarão consigo os sentimentos extremos de medo e desamparo, sendo repetidos inúmeras vezes.

Às vezes o trauma é experimentado reiteradamente em reencenações. Elas podem tomar a forma de comportamento arriscado, de escolhas de autodestruição como álcool e uso de drogas, de relacionamentos violentos, de prostituição ou automutilação. Há uma característica orientada nessas reencenações, como se a sobrevivente estivesse tentando, repetidamente, encontrar uma maneira de controlar o incontrolável. Todos esses aspectos de reexperimentar o trauma original tendem a trazer consigo a intensidade emocional do horror sofrido quando criança. Em razão disso, a sobrevivente se sente permanentemente subjugada por desamparo e temor, vivendo em um estado permanente de trauma. Ela continua, por toda a vida, tendo a experiência de que não tem voz, está isolada e é desamparada. Experimenta a si própria como eternamente incapaz de escapar ao indizível.

Entorpecimento geral da capacidade de reação

Meeka estará eternamente se afastando de outros, apesar de seu desejo por intimidade. Muitas vezes ela se sentirá isolada de outros, distante e diferente. Sua gama de emoções será severamente reduzida e, quando as pessoas lhe perguntam como se sente, responderá muitas vezes com uma palavra imprecisa, como *chateada*.

Como criança repetidamente abusada e impotente para interromper o fato, ela aprendeu maneiras psicológicas de "ir embora". As sobreviventes falam em "cair fora", "ir para dentro de si mesmas", "distanciar-se" ou "desligar a mente". Porque nada mais funcionava, essa defesa muitas vezes se generaliza para todas as experiências adversas e causadoras de ansiedade na vida posterior. A forma mais dramática desse "cair fora" é a dissociação, definida como "uma ruptura das funções normalmente integradas da consciência, recordação, identidade ou percepção do ambiente".[10] Sempre que acontece uma recordação ou um evento real que contenha elementos abusivos, a sobrevivente pode recorrer à dissociação como uma maneira de se distanciar daquilo que ela teme. As sobreviventes que não se apegam à dissociação usarão, frequentemente, álcool, drogas ou comida para se entorpecer.

Outra sequela do trauma do abuso sexual é que a sobrevivente experimenta depressão. Seu distanciamento, limitação de afetos e perda de interesse nas atividades diárias pode indicar um transtorno de depressão. As teorias quanto à etiologia da depressão salientam uma variedade de fatores, incluindo uma perda precoce e o abandono, bem como cognições de inculpação própria, desenvolvidas na infância e experiências crônicas de desamparo quando confrontadas com condições adversas. Obviamente todos

---
10 Ibid., p. 477.

esses fatores são relevantes para a experiência de vítimas de abuso sexual. Na realidade, não é incomum que sobreviventes se apresentem para tratamento de depressão em vez do tratamento de incesto.

Sintomas contínuos de estimulação intensificada

É muito provável que Meeka esteja sendo perseguida por distúrbios fisiológicos contínuos muito depois que o abuso cessou. Ela se assustará com facilidade, dormirá precariamente e reagirá com irritação a pequenos contratempos. Embora o estressor que originalmente causou as reações fisiológicas já tenha cessado há muito tempo, o estado de estimulação excessiva com frequência persiste. Pode demorar mais tempo para adormecer do que a maioria das pessoas, dormir sem descansar, sofrer pesadelos e ficar acordada no meio da noite ou muito cedo de manhã. Seus temores e seu senso de desamparo, muitas vezes, são intensificados à noite; o abuso pode ter ocorrido com frequência à noite, e o estado de sono pode ser percebido como mais vulnerável. Pesadelos apenas aumentam seus medos e sua tensão (revelando-se claramente como contraproducentes para o descanso), porque dormir é ser "encontrada" uma vez mais pelo perpetrador.[11]

Muitas sobreviventes têm grande dificuldade de concentração. São, em geral, extremamente alertas, prevenindo-se incessantemente contra sinais de perigo. Uma mente que sempre está vigilante diante do ambiente em redor não fica livre para enfocar com atenção um assunto específico, para que essa concentração não a leve a ignorar um indício de perigo.

O sono não é o único estado físico que é interrompido pela estimulação intensificada crônica. Na fase do crescimento, o corpo da criança vítima não foi dela própria, mas era usado conforme os caprichos de seu abusador. Em geral, seu uso por ele era totalmente imprevisível, mantendo-a constantemente em estado de alerta, ou o abuso acontecia regularmente durante as ocasiões que normalmente consideramos confortantes, como a hora de dormir, a hora da refeição, o momento do banho. Isso pode conduzir a perturbações crônicas de sono, distúrbios de alimentação, problemas gastrintestinais, comportamento de automutilação e estimulação sexual transtornada,

---

11 Herman, *Trauma and Recovery*, p. 108.

por exemplo, a incapacidade de se sentir segura em relações sexuais amorosas, ou a estimulação que acontece no contexto da dor.

Compreendermos as reações, citadas acima, a um estressor traumático extremo é vital. Com grande frequência a sobrevivente é vista por si mesma e por outros como "maluca", "louca" ou "esquisita", a menos que suas reações sejam compreendidas dentro do contexto do trauma. Uma reação de estresse traumático consiste em emoções e comportamentos *naturais* como resposta a catástrofes, a sua consequência imediata ou a recordações delas. Essas reações podem acontecer a qualquer momento depois do trauma, até mesmo décadas mais tarde. As estratégias de enfrentamento usadas pelas vítimas somente podem ser entendidas no contexto do abuso de uma criança. A importância do contexto ficou bem clara para mim muitos anos atrás, quando visitei o lar de uma sobrevivente do Holocausto. A casa da mulher estava dentro dos limites urbanos de uma grande área metropolitana. Toda vez que soava uma sirene de polícia ou de ambulância, ela ficava aterrorizada, corria e se escondia em um armário ou debaixo da cama. Enfiar-se no armário ao som de uma sirene distante sem dúvida é um comportamento realmente estranho – fora do contexto da possibilidade de ser enviado a um campo de extermínio. Dentro daquele contexto, ele faz perfeito sentido. A menos que, como terapeutas, tenhamos uma boa compreensão dos efeitos do trauma, corremos o risco de entender mal os sintomas que nossas clientes apresentam e, consequentemente, responder de modo impróprio ou prejudicial.

6

Entendendo a natureza do desenvolvimento da criança

O trauma do abuso sexual causa efeitos de longo alcance na vida de um adulto. O abuso crônico na vida de uma criança em desenvolvimento tem consequências que são ainda mais profundas, porque a experiência é desdobrada ao longo do desenvolvimento do "si-próprio". A criança traumatizada cresce em uma família na qual são rompidos severamente os relacionamentos normais de cuidado parental. Os relacionamentos primários destinados a nos ensinar sobre nós mesmos e os outros de maneira sustentável acabam forçando a criança a erguer barreiras defensivas que alteram profundamente o "si-próprio" em desenvolvimento. O trauma molda cada faceta do "eu". A criança sentirá o impacto do trauma fisiológica, afetiva, cognitiva e espiritualmente.

Os seres humanos, de fato, foram formados *de modo assombrosamente maravilhoso* (Sl 139.14). A obra das mãos do Deus do Universo não é, de maneira alguma, simples ou de fácil compreensão. Apesar de todos os nossos esforços, ainda lutaremos para captar o funcionamento interno do corpo, da mente e do coração da humanidade. Nossa complexidade excede a compreensão. Tomar uma criatura complexa dessas, que foi destinada para Deus e foi destruída por meio do pecado, e tentar entender como o desenvolvimento dessa criatura pode ser afetado por um trauma revoltante é empreender o impossível. Contudo, tem que ser feito até certo ponto. Não fazê-lo é minimizar a glória da obra das mãos de Deus, bem como a profundidade do pecado cometido contra ela. Deixar de fazê-lo é arriscar-se a cair em abordagens desrespeitosas, superficiais e paliativas em relação às vítimas sentadas diante de nós.

Analisaremos o impacto do abuso sexual crônico em uma criança em desenvolvimento primeiramente olhando para fases de Erikson e suas respectivas tarefas. Em um segundo momento, verificaremos como as defesas que as crianças usam tipicamente contra o trauma arrasador também afetam o desenvolvimento do "si-próprio" e, em terceiro lugar, revisaremos o que o trauma causa à voz, ao relacionamento e ao poder.

As fases de Erikson

Para avaliar o impacto do abuso sexual crônico, é crucial que entendamos o desenvolvimento intelectual, verbal e emocional que é normal para uma criança na idade em que o trauma acontece. Não é apenas o impacto do trauma que depende da idade da criança, mas também a forma que a recordação do trauma assume.

Erik Erikson, considerado o pai da psicologia do desenvolvimento, dividiu o ciclo da vida em oito fases psicossociais. Cada fase sucessiva está relacionada a uma crise específica que a criança tem que solucionar em sua busca de identidade antes de passar para a próxima fase. Quando as crises da infância não são controladas satisfatoriamente, a pessoa continua travando batalhas da infância na vida posterior. Erikson acreditava que cada fase é construída sobre as fases prévias e também influencia as posteriores. Usaremos as fases de Erikson, não como estágios absolutos ou cientificamente comprovados, mas como esquema que nos ajuda a captar como o abuso sexual pode afetar uma criança em desenvolvimento. Como sempre ao longo deste livro, todos os exemplos são verdadeiros.

Fase 1: Confiança versus desconfiança (Bebê: nascimento até um ano)

Nessa fase, a tarefa básica da criança é desenvolver um relacionamento com alguém em quem ela possa confiar para atender suas necessidades. Quando o equilíbrio se inclinar para a confiança, a criança terá uma chance melhor de resistir a crises posteriores. Crianças com uma atitude de confiança constatam que seus pais as alimentarão quando tiverem fome e as confortarão quando estiverem com dor ou medo.

Exemplo de trauma: Sara cresceu sabendo que não era desejada. Contava-se repetidas vezes a história de que o pai dela impedia o acesso da mãe ao quarto de Sara durante horas e, às vezes, por dois dias. "Afinal, de qualquer modo, eu nunca quis essa filha."

Fase 2: Autonomia versus vergonha e dúvida
(Primeira infância: dois a três anos)

O foco da criança nessa fase é a necessidade de estabelecer que aceitável ser uma pessoa independente com algum grau de controle sobre si mesma. Ao mesmo tempo, a autonomia aumenta a ansiedade diante da separação e do risco de fracassar. A vergonha e a dúvida ocorrem quando a confiança básica nunca foi estabelecida ou quando as tentativas da criança para se tornar independente são supercontroladas, ridicularizadas ou castigadas.

Exemplo de trauma: o pai de Sara controlava o lar com sua ira. Quando a mãe não era suficientemente ágil para responder às necessidades de Sara no aprendizado do uso do banheiro, qualquer acidente era disciplinado pelo pai, que agarrava a criança e enfiava o rosto dela na privada em que ele havia defecado. A mãe não fazia nada.

Fase 3: Iniciativa versus culpa
(Pré-escolar: quatro a cinco anos)

Nessa fase a criança precisa ser encorajada a fazer o maior número de escolhas possível. A tarefa básica é estabelecer competência e iniciativa. A criança toma iniciativa investigando tudo com curiosidade, falando sem parar e movendo-se constantemente.

Exemplo de trauma: Sara estava amedrontada e falava pouco. Raramente tinha permissão para sair de casa, de modo que não desenvolveu relacionamentos com iguais. Tinha ordens para ficar na cama ou no quarto durante horas para não "se atravessar no caminho do papai". Quando papai não estava em casa, ela tinha permissão para administrar a casa sem supervisão, sendo muitas vezes obrigada a preparar sua própria comida. Qualquer sinal de sujeira nos balcões da cozinha (os quais ela era pequena demais para enxergar sem a ajuda de uma cadeira) era castigado severamente.

Fase 4: Construtividade versus inferioridade
(Idade escolar: seis anos até a puberdade)

A infância intermediária refere-se a fazer coisas e entrar no mundo do conhecimento e do trabalho. A criança se esforça por fazer bem as coisas e obter o reconhecimento e elogio por realizações pessoais. Quando a criança tem êxito, sente-se competente. O fracasso traz um sentimento de inutilidade, de inferioridade.

Exemplo de trauma: Sara gostava da escola porque lhe proporcionava uma fuga de casa. Ela era brilhante e, periodicamente, conseguia bom desempenho, dependendo do que estivesse acontecendo em casa. Foi durante esses anos que o abuso do pai se tornou sexual, bem como físico, e a consequente dor no corpo a impedia, muitas vezes, de ouvir o que a professora estava dizendo. Toda vez que suas notas refletiam isso, os pais a castigavam por ser estúpida. O lado negativo da escola era os relacionamentos com iguais. Sara tinha pouca ou nenhuma experiência em relacionar-se com iguais e, muitas vezes, era enviada à escola descabelada e/ou suja. Sua aparência, combinada com sua inabilidade social, resultou em gozação e isolamento.

Fase 5: Identidade versus confusão de identidade
(Adolescência)

Todas as fases anteriores contribuíram para a identidade da criança em desenvolvimento. Na quinta fase, porém, essa preocupação alcança um clímax. Os adolescentes estão tentando determinar quem eles são separados dos pais. Mudanças fisiológicas rápidas fazem com que seus corpos lhes pareçam estranhos. Podem sentir-se muito confusos sobre quem eles são durante esse período em que tentam desenvolver uma percepção clara de si próprios.

Exemplo de trauma: o abuso sexual do pai de Sara se intensificou durante essa época e vinha acompanhado, com maior frequência, de episódios de violência. Às vezes ela sentia o corpo respondendo às coisas que ele fazia, o que tão somente confirmou em sua mente que algo estava terrivelmente errado com ela, porque ela obviamente gostava do que ele fazia e, de algum modo, o levava a agir dessa maneira. O ódio dele por ela somente parecia crescer. Alcançou o auge quando descobriu que ela estava grávida. Surrou-a severamente, em uma tentativa de forçar um aborto. Quando isso não aconteceu, ele a levou a um médico, que fez o aborto, apesar dos argumentos contrários dela. A mãe ficou calada.

Sara conseguiu se formar no ensino médio e saiu de casa aos dezoito anos de idade, alcoólica e fumando maconha diariamente. Encontrou um emprego de salário mínimo e um homem com quem viver. Ele a maltratava severamente e a expulsou de casa quando ela engravidou.

Fase 6: Intimidade e solidariedade versus isolamento (Jovem adulto)

Quando jovens adultos emergem razoavelmente saudáveis da fase 5, intensificam a formação de relacionamentos íntimos com outros, sem medo de que seu próprio senso de identidade seja ameaçado.

Exemplo de trauma: obviamente, Sara não teve o privilégio de desenvolver confiança em sua própria identidade. Suas tentativas de intimidade fracassaram, e ela esconde a dor e solidão nas drogas e no álcool. Vive da assistência social, é altamente promíscua, tenta educar um filho e está cheia de crescente desespero. À idade de vinte e três, a vida lhe parece sem esperança, e ela toma uma overdose.

Fase 7: Produtividade versus estagnação e egoísmo (Meia-idade)

Essa fase está centrada no interesse em guiar a próxima geração através da educação de filhos ou esforços criativos e produtivos.

Exemplo de trauma: está claro que uma pessoa tão traumatizada quanto Sara não pode ser outra coisa além de egoísta. Ela será incapaz de criar com eficácia a próxima geração. Sua vida será vivenciada no nível da sobrevivência, não da produtividade. Ela continuará desse modo a menos que consiga obter auxílio eficaz de longo prazo para trabalhar o severo dano causado à sua pessoa.

Fase 8: Integridade versus desespero (terceira idade)

Quando uma pessoa tem o privilégio de avançar na vida com relacionamentos razoavelmente saudáveis, essa fase final traz consigo uma sensação de realização e o sentimento de que foi vivida uma vida que valeu a pena. Do contrário a pessoa é deixada em desespero – pesar, medo e autoaversão.

Exemplo de trauma: sem uma intervenção radical e a graça de Deus, Sara terminará a vida cheia de desespero, acreditando que ela, de fato, foi o que seus pais lhe ensinaram – inútil, indigna de amor e um caso perdido.

Sem dúvida, o abuso acontece em uma escala de gravidade, e o caso de Sara está situado no extremo mais severo do espectro. Contudo podemos ver nitidamente que o abuso sexual crônico de qualquer intensidade influirá maciçamente sobre o desenvolvimento da criança. Interromperá e descarrilará a aprendizagem das tarefas básicas da vida, bem como influenciará profundamente as crenças das crianças sobre si e seus relacionamentos com outros, inclusive com Deus.

Defesas contra o trauma no desenvolvimento

O trauma na infância colide nitidamente com o desenvolvimento do "si-próprio". Quando as crianças são ameaçadas por acontecimentos físicos e sexuais dissociados de qualquer possibilidade de resolução, elas têm que descobrir outras maneiras de se proteger. As vias normais de comunicação sobre o trauma com os que cuidam de sua vida e a obtenção de respostas por parte deles, de maneira protetora e ajustadora, não estão disponíveis em um clima familiar de abuso contínuo. As crianças são entregues a si próprias para lidar com o que é impossível de lidar.

A argumentação acima torna evidente que o estressor traumático molda o desenvolvimento do "si-próprio". Acredito que as defesas internas erguidas contra o estressor também moldam o desenvolvimento. Pelo fato de que as crianças são cognitiva e emocionalmente imaturas, suas capacidades de defesa são limitadas. Em face do abuso crônico físico e/ou sexual, as crianças normalmente recorrem a diversas combinações de três defesas: repressão, negação e dissociação.

Uma das coisas que acontecem no desenvolvimento saudável é um senso de coerência ou integridade com o "si-próprio". Constatamos isso muito cedo quando as crianças começam a descobrir os dedos e, em certo momento, progridem à consciência de que essas coisas em movimento, de fato, lhes pertencem. O que as crianças fazem a nível fisiológico, também realizam a nível cognitivo e afetivo. Aprendem que seus pensamentos lhes pertencem e não podem ser "ouvidos" por nenhum outro. Aprendem que seus sentimentos lhes pertencem e que elas têm controle de como expressá-los e para quem. Em uma atmosfera de aceitação e descoberta, as crianças aprendem "o que sou eu e o que não sou eu".

A experiência de trauma crônico destroça esse processo de descoberta. Os sentimentos e pensamentos da criança em relação ao abuso são tão avassaladores que ela sacrificará um senso de coerência em prol da sobrevivência. Em essência, a criança diz: "Não consigo viver com esses sentimentos e sobreviver, então vou fazer com que não sejam meus". Ganha-se a sobrevivência, mas essas defesas também infligem grande perda ao "si-próprio" em desenvolvimento. O que fica perdido é um senso de inteireza, de ser real, de ser espontâneo e cônscio do funcionamento interior de si mesmo. Essencialmente, o que se perde é a integridade do "si-próprio".

A *repressão* provavelmente é a defesa menos dilacerante para o "si-próprio" em desenvolvimento. Basicamente, ao empregar o mecanismo inconsciente da repressão, a pessoa está dizendo: "Eu esqueço que isso aconteceu". Remover algo da nossa realidade por meio da repressão é colocá-lo de lado basicamente intacto. É um modo de manter o trauma à distância. É a menos fragmentadora das três defesas mencionadas. Em casos de trauma severo e contínuo, a repressão sozinha geralmente representa uma defesa insuficiente. A criança normalmente precisa também empregar a negação e a dissociação.

A *negação* essencialmente significa dizer: "Isso não está acontecendo". Negar o que é real requer distorção da percepção e danos na verificação da realidade. Quando a criança sente o perigo iminente, ela pode rapidamente escorregar para um estado de negação, dizendo a si mesma: "O que estou sentindo não é real". Infelizmente, a negação expõe a vítima ao perigo de nova traumatização, pois ela se educou a deixar de reconhecer os sinais que, de alguma maneira, a lembram do trauma original. Sua resposta automática a essas pistas é: "Isso não está acontecendo". Como decorrência da negação, a criança perde a continuidade em sua experiência e aprende a ignorar aspectos dela própria que são, na realidade, vitais para seu bem-estar.

A *dissociação* é a terceira defesa. Agora a criança afirma: "Isso não está acontecendo comigo". Ou talvez ela dê um passo adiante e diga: "Isso está acontecendo com outra pessoa". Das três defesas, o uso da dissociação traz as consequências mais graves. Para dissociar, a criança precisa: 1) alterar seu pensamento, 2) romper com sua sensação de tempo, 3) alterar a imagem de seu corpo, 4) distorcer suas percepções, 5) experimentar uma perda de controle, 6) alterar suas respostas emocionais, 7) mudar o significado das coisas, e 8) tornar-se hipersugestionável.[12] O "si-próprio" da criança se fragmenta, e esses fragmentos, muitas vezes, ficam totalmente inacessíveis para ela. Ela não é mais seu "si-próprio", em qualquer acepção coerente do termo.

Quando a percepção do "si-próprio" de uma criança tem que se desenvolver no contexto de contínuo abuso e excitação sexual, ela será incapaz de desenvolver um senso coerente do "si-próprio", nem condições estáveis para a confiança, nem a capacidade de ajustar seus próprios sentimentos. Em contrapartida, desenvolverá um senso fragmentado de si mesma, uma incapacidade de confiar em razão das trocas imprevisíveis e irracionais em seu ambiente, e experimentará suas emoções como avassaladoras, caóticas e aterrorizadoras.

O impacto do trauma na individualidade

Apontamos anteriormente para três aspectos da imagem de Deus nos seres humanos: voz, relacionamento e poder. A queda do pecado foi um evento cataclísmico que distorceu, de modo flagrante, essa imagem em todo o gênero humano. O trauma do abuso sexual crônico na vida de uma criança também constitui um evento cataclísmico que arruína ainda mais o projeto de Deus para essa pessoa. O trauma contínuo significa que adultos destinados por Deus para proteger a vida dele na criança, em vez disso, usam suas próprias capacidades de voz, relacionamento e poder para a destruição. Jesus disse que pedras de tropeço são inevitáveis neste mundo sombrio: *"– Ai do mundo por causa das pedras de tropeço! Porque é inevitável que elas existam, mas ai de quem é responsável por elas!"* (Mt 18.7). A destruição que o abuso causa na vida de uma criança tem a condenação de Deus. É também o contrário ao ensino de Jesus de que nem sequer devemos "desprezar" esses pequenos (Mt 18.10) nem fazer qualquer coisa para impedi-los de vir a ele (Mc 10.14).

Definimos *voz* como aquilo que articula a individualidade. É a pessoa se expressando para o mundo com veracidade. Ela explica a pessoa a outros de um modo que pode ser ouvido e entendido. Não fomos feitos para viver em silêncio. No Salmo 39.2, Davi fala que seu silêncio trouxe como consequência o aumento agonizante de sua tristeza. Diz depois, no Salmo 94.17: *Se não fosse o auxílio do* SENHOR, *a minha alma já estaria na região do silêncio*. O silêncio é o lugar sem palavra alguma, sem comunhão, sem música, sem sons.

---

[12] Frank W. Putnam. *Diagnosis and Treatment of Multiple Personality Disorder.* (Nova Iorque: The Guilford Press, 1989): p. 122.

Viver com abuso crônico é viver em silêncio, é ser calada. A voz da pessoa abusada dessa maneira foi esmagada. A vítima é tornada incomunicável por meio do medo intenso. Ela é silenciada pela surdez de outros. De que adianta falar quando ninguém ouve? Ela é calada pela ameaça do abandono que seguramente virá se a verdade for dita. Ela vive em um mundo no qual as vozes mentem, distorcem e enganam. Ela só conseguirá sobreviver em um mundo desses se também aprender a mentir, distorcer e enganar. Em decorrência, mente para si mesma e distorce a verdade de sua vida para sobreviver. Engana a si e a outros, fazendo de conta que está realmente bem, quando, na realidade, está morrendo por dentro. Com o tempo sua voz passa a ser cada vez menos uma representação de seu verdadeiro "si-próprio", até que finalmente chegue ao ponto em que já não consegue nem ouvir a si mesma.

Definimos a pessoa como *relacional*, uma condição de conhecer e ser conhecida, amar e ser amada. Da mesma maneira como não fomos feitos para viver em silêncio, não fomos destinados a viver no isolamento. A Bíblia descreve a ideia de ser abandonado como um estado desolado e alarmante. Repetidamente Deus assegura a seu povo que não os abandonará. O grito do Filho de Deus ocupou o Universo quando se considerou abandonado. Desde os primórdios nos é dito que *não é bom que o homem esteja só* (Gn 2.18). *Melhor é serem dois do que um [...] Porque se caírem, um levanta o companheiro* (Ec 4.9s). A concepção toda da igreja é a de corpo, comunidade, partes funcionando em conjunto para se apoiar e sustentar.

O sucessivo abuso sexual exige da criança que viva só. Está isolada porque não pode "contar". Está sozinha porque ninguém vem confortá-la. Está abandonada por aqueles que têm a função de apoiá-la. Não é verdadeiramente conhecida, porque o fato de que ela é uma menininha que está sendo abusada é rejeitado e negado. Não é amada; amar é proteger e preservar, mas ela está sendo machucada e destruída. Embora a fachada do relacionamento possa existir para o mundo exterior, ele não passa disso – um fingimento.

O relacionamento, ou apego, como é designado pelo psiquiatra John Bowlby, proporciona a base para nossa sensação de segurança e proteção no mundo. Ele declara: "A característica central do meu conceito de cuidado parental é que ambos os pais proporcionem uma base segura a partir da qual uma criança ou um adolescente possa fazer incursões no mundo exterior e à qual possa retornar tendo a certeza de que será bem-vindo quando chegar, que será nutrido física e emocionalmente, confortado quando aflito, tranquilizado quando atemorizado".[13] A criança sob abuso crônico não apenas carece de uma "base segura", mas também se depara nessa base com um clima de terror e perigo penetrante. O relacionamento se tornou uma casa de terror.

A terceira característica da individualidade é o *poder*, a capacidade de produzir efeitos desejados. A criança experimenta seu poder quando chora, e o resultado é comida e a presença de um dos pais. Ela se sente poderosa quando descobre que é capaz de empurrar um brinquedo em seu berço e fazê-lo dar voltas e voltas. Deus nos projetou para termos um impacto em nosso mundo, criar, ter influência. O próprio fato de que Deus nos deu a opção para obedecer ou desobedecer conferiu um poder à humanidade, o qual não poderíamos manejar a menos que mantivéssemos nosso lugar de criaturas dependentes. Fracassamos em agir assim, e as consequências foram devastadoras.

Quando uma criança convive com o abuso imprevisível, aterrorizante e implacável, ela se experimenta como continuamente impotente. Frases como "isso não importa" e "esqueça" são comentários frequentes entre sobreviventes e são geralmente ditas com um dar de ombros. Elas aprenderam que o que importa para elas não importa para os outros. No lar era invisível quem elas de fato eram, porque não havia reação alguma ao abuso. Todo esforço que faziam para interrompê-lo era ineficaz. Independentemente do que fizessem ou dissessem, ele ocorria repetidamente. Percebem-se ou como não tendo impacto algum sobre as pessoas ao seu redor, ou como extremamente poderosas de uma maneira letal. Definem-se – ou tiveram outros definindo-as – como a fonte do mal que foi praticado. O poder, como a voz e o relacionamento, foi destruído e desfigurado a ponto de tornar-se irreconhecível.

Como vimos em sua história, Meeka conviveu diariamente com um trauma reiterado contra sua individualidade. O cuidado desses ferimentos, a cura de uma devastação dessas, não é algo fácil nem rápido. É uma jornada longa e árdua da escuridão para a luz. É uma jornada que demandará muito, tanto da cliente quanto do terapeuta. Descer à escuridão é penoso. Contudo podemos oferecer uma esperança segura e firme, porque o Redentor veio!

---

13 John Bowlby. *A Secure Base: Parent-Child Attachment and Healthy Human Development.* (Nova Iorque: Basic Books, 1990): p. 11.

7

Definições, frequência e dinâmica familiar

As experiências centrais do trauma de infância são o silêncio, o isolamento e a impotência. Por consequência, a cura tem que envolver uma restauração da voz, do contato seguro e do poder legítimo. Essa cura não pode acontecer no isolamento, precisa acontecer no contexto de um relacionamento. As capacidades de a sobrevivente se expressar diante do mundo, de confiar e de se experimentar como competente se desenvolverão unicamente no relacionamento. O estrago original dessas capacidades aconteceu pelo relacionamento; o conserto dessas capacidades também tem que ocorrer pelo relacionamento.

O relacionamento terapêutico é um dos cenários nos quais acontece com frequência a cura do abuso sexual. Eu esperaria que não fosse o único relacionamento, porque minha experiência é que as sobreviventes que possuem um forte sistema de apoio e/ou são envolvidas em uma comunidade de igreja amorosa percebem que a rota da cura é menos penosa. No entanto, o relacionamento terapêutico é único em muitos aspectos e precisa ser elaborado em detalhes. Antes de discutirmos esse processo e as três fases que ele envolve, consideraremos o seguinte: uma definição de termos, a frequência do evento, a dinâmica familiar e a gravidade dos efeitos. Acrescentaremos um capítulo sobre os sintomas e sequelas do abuso sexual na infância.

Definição de termos

O abuso sexual de uma criança acontece sempre que uma criança é explorada sexualmente por uma pessoa mais velha para satisfazer as necessidades do abusador. Ela consiste em qualquer atividade sexual – verbal, visual ou física – realizada sem consentimento. A criança é considerada incapaz de consentir devido à imaturidade no desenvolvimento e à incapacidade de entender o comportamento sexual. O comportamento incestuoso é ilegal em todos os estados dos EUA.[14]

O abuso sexual verbal pode incluir ameaças sexuais, comentários sexuais sobre o corpo da criança, observações lascivas, molestamento ou comentários sugestivos.

O abuso sexual visual inclui ver material pornográfico, exibicionismo e voyeurismo.

O abuso sexual físico inclui a relação, a cunilíngua, felação, sodomia, penetração digital, masturbação diante da criança ou a masturbação do adulto pela criança, carícias dos seios e órgão genitais e a exposição do corpo da criança a outros. Esses atos podem ser executados na criança, ou a criança pode ser forçada a executar um ou todos eles.

O abuso sexual da criança envolve uma extensa gama de comportamentos, isolados ou combinados. É importante notar que nem todos os exemplos acima são legalmente considerados incesto, embora terapeuticamente possam sê-lo. Um dos fatores mais cruciais em nossa compreensão do abuso sexual de crianças é que ele acontece no contexto do relacionamento com um adulto do qual a criança tinha todas as razões para esperar proteção, calor e cuidado. Na maioria dos casos, o abuso é perpetrado por um adulto que tem acesso livre à criança em vista de sua autoridade ou parentesco. A maioria dos abusos sexuais em crianças é perpetrada por um membro da família ou alguém conhecido pela criança.

Frequência do evento

Estima-se que 20 a 40 por cento da população feminina sofre abuso sexual em algum momento antes da idade de dezoito anos. As estimativas para meninos geralmente estão em torno de um entre seis.[15]

O incesto pode ser uma ocorrência única para algumas pessoas e pode abarcar muitos anos para outras. Para algumas acontece mais de uma vez

---

14 No Brasil não é ilegal, desde que entre maiores de idade e consensual. No caso de menores de 14 anos é considerado estupro de vulnerável e, mesmo maiores, se houver coerção ou ameaça, é crime de estupro. (N. de Revisão)

15 Christine Courtuis. *Healing the Incest Wound: Adult Survivors in Therapy*. (Nova Iorque: W. W. Norton, 1988): p. 16.

em um dia. Algumas mulheres se tornam tão passivas e desesperançosas que o relacionamento incestuoso continua na maioridade (por exemplo, toda vez que uma mulher de vinte e quatro anos vai para a casa dos pais nas férias).

A idade média da criança quando começa o abuso é entre seis e doze anos. Estudos normalmente relatam que, para uma amostragem menor, o abuso começa antes dos seis anos. Não está claro em que medida o abuso em tenra idade pode não estar sendo informado suficientemente. O abuso que acontece em uma idade muito jovem, sendo violento e repetido, parece ser gravado de maneira a permitir ser "esquecido" pela sobrevivente adulta. Algumas estatísticas indicam que as meninas pequenas são alvo muito mais frequente de abuso sexual, enquanto meninos pequenos são alvo de abuso físico. Isso parece inverter-se quando as crianças chegam à adolescência.

A maioria dos abusadores, tanto de vítimas masculinas quanto femininas, é masculina. A maioria dos perpetradores é consideravelmente mais velha que suas vítimas. Em alguns estados dos Estados Unidos, é requerida uma diferença de idade de cinco anos para que a atividade seja classificada como abuso sexual. Porém, outros fatores, como o tamanho físico e a maturidade dos indivíduos envolvidos, indicam claramente que o que outros preferem chamar de "brincadeira de sexo" constitui, na realidade, abuso.[16]

A dinâmica familiar

O incesto não acontece no vácuo. Na realidade, poderíamos chamá-lo de um "caso" na família. Embora o abuso possa jamais ser reconhecido ou discutido de um ou outro modo, a ocorrência do incesto afeta todos os membros do lar. É desnecessário afirmar que o incesto não constitui uma função de um lar saudável. É importante notar que não se sabe quanto da reação traumática de estresse ou do transtorno emocional é causado pelo ato sexual do incesto e quanto é causado pelo contexto doentio, emocionalmente carente e totalmente negligenciado do lar, que fomenta a atividade incestuosa.

Quando um matrimônio é saudável e propicia um ambiente bom e seguro para os filhos, há respeito por todos os membros da família, limites claros, expectativas sensatas e empatia. Os pais são pais, e as crianças são livres para ser crianças. Os membros da família obtêm a satisfação de suas

---
16 Ibid., p. 17-18.

necessidades de modo adequado. Há certa flexibilidade nos papéis e regras, mesmo quando se prevê a responsabilidade.

Nas famílias em que ocorre o incesto, existe, muitas vezes, um relacionamento matrimonial muito conturbado. Os cônjuges, em geral, têm pouco ou nada em comum, e há um grande abismo de distanciamento emocional entre os dois. Eles têm uma comunicação muito precária e poucas habilidades de resolução de conflitos. São incapazes de satisfazer as necessidades mútuas de afeto, dedicação e companheirismo. Pelo fato de não saberem se comunicar com eficiência, os membros não conseguem funcionar como uma dupla de pais eficazes. Em decorrência, as crianças frequentemente são lançadas em papéis de adultos. Muitas vezes exige-se delas que ajam como mediadoras, ouçam queixas de um pai contra o outro, ou satisfaçam necessidades do adulto.

Escritos atuais indicam que as famílias nas quais o incesto acontece se classificam em uma de três categorias.[17] No primeiro tipo, o pai é a figura dominante. Ele tende a ser muito autoritário, tomando todas as decisões da família. A esposa é desvalorizada, como são todas as pessoas do sexo feminino. As esposas normalmente cresceram em casas nas quais as mulheres eram denegridas. Com frequência elas próprias são sobreviventes de um passado com abuso físico ou sexual. São caladas, amedrontadas e emocionalmente distantes. Nessas famílias o pai, em geral, fica furioso com o nascimento de *outra* filha. Como notamos na história do capítulo 2, uma criança era "recepcionada" no lar por um pai que constantemente apagava seus cigarros nos calcanhares infantis dela porque ela teve a audácia de ser outra mulher. Com frequência esses pais também são alcoólatras. O vício da bebida desencadeia episódios de violência e/ou abuso sexual.

Igualmente constatei que famílias com padrastos, nas quais o homem domina, têm uma incidência mais elevada de incesto. No começo esses homens, frequentemente, são vistos nessas famílias como resgatadores dos que estavam lutando economicamente e eram emocionalmente carentes. Contudo, tão logo obtêm ingresso na família, passam a usar essa vulnerabilidade para sua vantagem pessoal e acabam atuando como predadores em lugar de resgatadores.[18]

Um segundo tipo de família incestuosa é aquela na qual a mãe domina. Nesses lares as esposas comandam. O marido trabalha, entrega o cheque do

---
17 Sam Kirschner, Diane A. Kirschner e Richard L. Rappaport. *Working with Adult Incest Survivors: The Healing Journey*. (Nova Iorque: Brunner/Mazel, 1993): p. 34-38.
18 Ibid., p. 41.

salário e tem pouco ou nada a ver com administrar a casa ou criar os filhos. São homens com o ego esfacelado, com uma profunda sensação de deficiência e, muitas vezes, com uma história pessoal de terem sido vítimas. Às vezes o próprio molestamento deles fez com que se sentissem tão inadequados que são incapazes de ter intimidade com outro adulto. Preferem o sexo com crianças, a masturbação compulsiva e/ou a pornografia. Nesse sistema as mães, com frequência, menosprezam os maridos por serem fracos. Eles próprios estão totalmente absortos em si e não prestam atenção alguma às necessidades dos filhos. Os filhos existem para servir às necessidades deles.

O último tipo de sistema no qual se constata o incesto é a família caótica ou desorganizada. Esses lares se caracterizam por negligência e abandono. Frequentemente são lares que seriam condenados pela saúde pública local, se fossem denunciados. Os pais abdicam à sua autoridade e responsabilidade pelos filhos. Os filhos mais velhos cuidam se si próprios e dos irmãos menores. Essa estrutura familiar não é incomum em lares nos quais ambos os pais são viciados em drogas e/ou álcool.

Minha experiência aponta para mais duas configurações possíveis, que são basicamente variações sobre os temas acima. Uma delas é o lar dominado pelo homem em que a mãe está absorta em si e é narcisista, em vez de caracteristicamente vitimada e silenciosa. Essas mães não fazem nada para intervir em prol dos filhos, até mesmo quando o abuso é trazido à sua atenção, porque não se engajam em nada que não seja o cuidado por si mesmas. Uma mãe me falou anos atrás: "Eu realmente não posso ficar preocupada com coisas tão pequenas quando tenho tantas coisas importantes em minha vida para me preocupar". Uma cliente descreveu uma mãe dessas: "Não importa o que acontece, sempre diz respeito à mãe. Nunca há espaço na mesa para ninguém mais". Também notei que esse tipo de narcisismo parece ser característico daquelas mães que abusam sexualmente de seus filhos. Parece não haver consciência alguma de que as mães devem cuidar dos filhos; pelo contrário, as crianças são dadas para "servir" à mãe de muitas maneiras.

Uma segunda variação que constatei é um lar que parece alternar entre a dominação feminina e o caos. A mãe carrega sobre os ombros toda a responsabilidade pela casa, em certo momento desmorona por causa do peso, abdica totalmente e entrega a administração da casa a uma filha. Então a criança tem que assumir a carga da mãe, frequentemente em uma idade muito jovem, como três ou quatro anos. Tive uma cliente que descreveu como sua mãe "forte", de repente, desaparecia durante semanas em um quarto escuro, e, nesse tempo, era esperado que minha cliente, então com quatro anos, cuidasse de sua irmã de dezoito meses, mantivesse a casa em ordem, encontrasse comida (frequentemente do lixo da porta da casa vizinha) e servisse o pai. Então, sem aviso, a mãe reaparecia e reassumia tudo até o próximo colapso.

Famílias incestuosas geralmente se enquadram em uma destas três categorias: dominadas pelo homem, dominadas pela mulher ou caóticas. Todos esses sistemas familiares apresentam limites precários, relações matrimoniais transtornadas e crianças que atuam em papéis de adulto. Obviamente, mesmo sem a ocorrência do incesto, esses sistemas familiares afetariam profundamente a criança em desenvolvimento. Acrescentando-se a violência e a confusão do abuso sexual a esse caos e essa negligência circundantes, fica claro que um ambiente desses deixará sua marca na identidade, recordação, cognição e fisiologia da criança em crescimento.

A gravidade dos efeitos

A intensidade da reação de uma pessoa ao abuso sexual depende de muitos fatores diferentes. É importante notar que nem todo abuso sexual é traumático (ou seja, nem todo abuso acarreta um impacto de longo prazo). Com certeza atendi homens e mulheres que experimentaram alguma forma de abuso sexual e que não se enquadram, em absoluto, nos critérios do diagnóstico de transtorno do estresse pós-traumático. Ao longo do livro você verá que enfatizo, muitas vezes, a importância de considerar cada caso individualmente. Se não o fizermos, correremos o risco de classificar e categorizar as pessoas de maneira errônea, causando-lhes possivelmente grande dano. Presumir que toda pessoa que alguma vez foi abusada sexualmente está, por essa razão, traumatizada, constitui uma presunção e levará à insistência de que certas sequelas estariam presentes quando, na realidade, não estão.

Muitos fatores estão envolvidos na aferição tanto da severidade do abuso quanto da reação da pessoa a ele. Isso significa que duas pessoas podem viver experiências semelhantes de abuso e apresentar respostas bastante distintas. Isso também significa que, quando ouvimos uma história familiar, não pensamos: "Ah, já ouvi isso antes e, por isso, sei que as seguintes sequelas estão presentes na vida dessa pessoa". Um pensamento desses já levou, muitas vezes, terapeutas a diagnosticarem mal suas clientes. Igualmente proporciona à cliente mais uma experiência de que não é ouvida, uma repetição de um dos principais componentes do abuso.

No entanto, várias características indicam que o abuso terá um efeito mais severo sobre a vítima. É potencialmente mais prejudicial o abuso que aconteceu com mais frequência e que teve uma duração mais longa. Quanto mais intimamente ligados estavam o perpetrador e a vítima, tanto maior o dano. De forma análoga, quanto maior a diferença de idade entre o perpetrador e a vítima, tanto maior o dano. Em consequência, mulheres que foram abusadas pela mãe ou pelo pai geralmente apresentam um dano maior. Também se acredita que o abuso perpetrado por um homem é mais prejudicial que o perpetrado por uma mulher. Não sei se é assim. Tenho visto consequências devastadoras na vida de pessoas cujas mães foram suas perpetradoras. O abuso sexual que envolve penetração de qualquer tipo é considerado mais nocivo. O abuso que foi de natureza sádica ou violenta é mais prejudicial. Mulheres que notam que responderam passiva ou receptivamente tendem a se autoacusar mais. Aquelas cujos corpos responderam sexualmente em geral carregam uma culpa tremenda. O abuso revelado que não obtém ajuda alguma tem um potencial maior de causar estragos. Reações negativas dos pais (castigo, acusações, descrença ou negação) e respostas institucionais ineficientes ou estigmatizantes também são muito prejudiciais.[19]

---

19 Courtois, *Healing the Incest Wound*, p. 115, 283.

8

Sintomas e sequelas do abuso sexual na infância

Os efeitos de longo prazo do abuso sexual em crianças podem ser bastante amplos. Como notamos em nossa discussão sobre o desenvolvimento da criança, um trauma crônico pode exercer um impacto profundo no amadurecimento. A maioria das vítimas tem pouca chance de obter ajuda para terminar o abuso, de modo que os efeitos imediatos não são tratados e continuam a determinar o desenvolvimento da criança bem como a pessoa adulta que ela será.

Antes de listar os sintomas e sequelas do abuso sexual na infância, duas advertências são cruciais. Conforme mencionamos acima, embora o incesto tenha ramificações negativas, a gravidade delas não apenas é mediada por fatores como a duração e frequência do incesto e o relacionamento da criança com o perpetrador, mas também por meio de outros fatores do entorno – variáveis da personalidade, da dinâmica familiar e outras figuras de autoridade na vida da criança. Nem todas as crianças respondem da mesma maneira ao abuso sexual, até mesmo quando a experiência do abuso é semelhante. É absolutamente necessário avaliar e diagnosticar cada caso em separado. A cliente deve ser aquela que conta ao terapeuta o impacto do abuso. O terapeuta *não deve* ler uma lista de sequelas e então dizer aos clientes qual é a experiência dele ou dela.

Uma segunda advertência refere-se ao fato de que estamos considerando uma lista de respostas *possíveis* ao abuso sexual na infância. É vital registrar que essa lista é formada por *indicadores*, não por provas de que houve abuso sexual. Seria um julgamento clínico muito precário presumir que, pelo fato de que determinados clientes demonstram um aglomerado de possíveis sequelas, está consubstanciada uma prova de que ele ou ela sofreu abuso sexual quando criança. Sintomas como esses poderiam ter uma porção de outras causas (por exemplo, ter presenciado violência contínua em casa).

Sequelas de longo prazo do abuso sexual na infância são sintomas crônicos que se prolongam para a maioridade. Podem arrefecer e aparecer mais esporadicamente, como se tivessem uma mente própria. Podem interferir potencialmente em todas as áreas da vida da sobrevivente.

As sequelas emocionais podem incluir ataques de ansiedade, fobias (como o medo de lugares apertados), depressão e ideias suicidas, desespero e falta de esperança, descontentamento geral com a vida, paralisia emocional ou entorpecimento, dificuldades com a raiva e angústia profunda.

Pode haver muitos efeitos somáticos do abuso na infância, como enxaquecas, tensão muscular, problemas com a articulação mandibular, problemas gastrintestinais, anorexia, bulimia, compulsão para comer demais e problemas de pele (arranhar ansiosamente ou beliscar a pele).

Sequelas emocionais

As percepções de si próprio muitas vezes são moldadas pelo abuso. Muitas sobreviventes carregam consigo um profundo sentimento de vergonha e estão cheias de autoacusação e autorrejeição. Em uma dimensão muito profunda, muitas sobreviventes supõem que o abuso aconteceu por causa de alguma maldade inata dentro delas como pessoas. As sobreviventes também se veem como impotentes para fazer com que aconteçam coisas boas ou parem as coisas más. Ao mesmo tempo, veem-se como detentoras de poder excessivo para causar o mal na vida de outros. Com frequência empregarão palavras como *inútil*, *lixo* ou *escória* ao falar de si. Uma de minhas clientes costumava falar de suas tentativas de encontrar um meio de "extrair o mal" dela (o que ela fazia cortando-se e usando intensamente laxantes). Em sua mente, era sua incapacidade de conseguir isso que resultava no abuso.

A imagem do corpo também é prejudicada pelo abuso. As clientes podem ter uma imagem distorcida do corpo, considerando-se "gordas demais" ou "magras demais", quando nada disso é objetivamente verdade. O corpo pode ser visto como "mau" e sempre necessitado de controle e/ou castigo. Para outras, o corpo é o único aspecto de sua pessoa que possui valor. Em consequência, todo relacionamento inclui um componente sexual.

Os problemas decorrentes do abuso repercutem em outros relacionamentos. Muitas sobreviventes têm um medo profundo diante da intimidade e do compromisso, ao mesmo tempo em que almejam aconchego. Essa ambivalência causa um efeito de puxa e solta, que oscila entre idealizar e depreciar os outros. Algumas sobreviventes têm uma longa história de relacionamentos múltiplos breves. Outras terminam em relacionamentos que parecem ser recriações do abuso passado, ou seja, que são, de algum modo, abusadores. Muitas vezes as sobreviventes que educam filhos têm medo de abusar de seus próprios filhos. Ouvi vários homens e mulheres que estavam apavorados com a possibilidade de ter abusado de seus filhos quando eram pequenos e de, simplesmente, não se recordar disso. Esses pensamentos são torturantes.

Sobreviventes adultas consideram muito difícil confiar em outros e muitas vezes precisam estar no controle do relacionamento para se sentir seguras. Pelo fato de terem sido traídas e usadas por pessoas que deveriam tê-las protegido, acabam tendo medo e desconfiança de outras. Com frequência revelam uma sensação de crescente perigo e medo quando a proximidade evolui para um relacionamento. São comuns os sentimentos de isolamento e de ser "diferentes". Algumas solucionam seu medo tornando-se dependentes e submissas nos relacionamentos. Outras, tornando-se controladoras e rígidas.

Sequelas físicas

É comum que sobreviventes revelem tendências à autodestruição. Predominam os vícios de álcool, comida, consumismo, drogas e sexo. Esses comportamentos viciantes são usados, em geral, para consolar-se e tranquilizar-se toda vez que a sobrevivente é arrasada pela ansiedade ou por outros sentimentos dolorosos. Ideias e/ou tentativas de suicídio podem ocorrer periodicamente. É comum a automutilação, um comportamento que causa extrema vergonha à sobrevivente. Podem acontecer atos de queimar-se, cortar-se, flagelar-se, morder-se, espetar-se com alfinetes, arranhar-se e bater a própria cabeça. Às vezes elas assumem atitudes de automutilação como um modo de aliviar a tensão e a ansiedade. Às vezes isso brota de uma devastadora autorrejeição. É um modo de castigar alguém que é repugnante. Outras vezes a automutilação parece ser uma reedição do abuso do passado, uma tentativa contínua de dominar o que não podia ser parado.

Muitas sobreviventes dizem que usam o autossuplício com a finalidade de se "sentir vivas" ou como um golpe maior no corpo que resulta em tranquilizar a ansiedade furiosa e o medo. Esses ataques ao corpo são mais comuns entre as que foram abusadas repetidas vezes na tenra infância. As que infligem maus tratos a si próprias descrevem o processo como começando com agitação e ansiedade arrasadoras, seguidas por um impulso de atacar a si mesmas de alguma maneira. A consequência é um estado de dissociação, de modo que os flagelos, no início, parecem não produzir dor alguma, quase como se tivessem recebido uma anestesia. Em algum ponto do ataque é produzida uma sensação de calma, e logo o ataque cessa. O processo é muito semelhante à experiência do abuso na infância. As sobreviventes falam, com frequência, que a ansiedade e a agitação se intensificavam quando sentiam o abusador comentar ou fazer sinais de que se aproximaria. Os sentimentos ficavam intoleráveis quando o perpetrador se aproximava e começava o abuso. A vítima "se afastava" pelo processo da dissociação, de maneira que não precisava sentir a dor. Ela "retornava" quando o abuso chegava ao fim e se instalava a calma. Isso se tornou o ciclo regulador de sua vida, e continua assim.

Disfunções sexuais podem ter raízes no abuso sexual na infância. As sobreviventes podem demonstrar uma aversão ao sexo, experimentar distúrbios no desejo, distúrbios na excitação ou dificuldades de orgasmo. Algumas sobreviventes estão confusas sobre sua orientação sexual. No outro extremo da escala encontram-se as que revelam um interesse compulsivo em sexo. Isso pode ser visto na perseguição a parceiros múltiplos, na masturbação compulsiva, no desejo para o sexo sadomasoquista e na prostituição. As que são impelidas a uma prática compulsiva do sexo muitas vezes agem assim como forma análoga à automutilação. Quando a agitação e a ansiedade aumentam, o sexo é sentido como algo absolutamente necessário. Ele é procurado e praticado, em uma espécie de estado de dissociação, e seguido de tranquilidade. A convicção por trás do comportamento é: "Não consigo ficar calma a menos que eu tenha sexo (e/ou dor)."

Sequelas espirituais

A violação sexual de uma criança pode trazer muitas consequências espirituais. Uma imagem distorcida de Deus ligada a uma imagem distorcida do "si-próprio" cria diversas barreiras para experimentar o amor e a graça de

Deus. Quando crianças são traídas por aqueles que deveriam protegê-las e amá-las, têm grande dificuldade de entender que Deus as ama. Uma ruptura tão terrível da família, fazendo do lar um local perigoso, interfere na sensação de segurança e pertencimento em uma comunidade de cristãos. Deus, muitas vezes, é percebido como punitivo, como alguém que impõe fardos impossíveis, que é caprichoso, impotente, indiferente ou morto. No filme *Forrest Gump*, Jenny se ajoelha em uma plantação de milho, pedindo a Deus que, por favor, faça dela um pássaro para que possa sair voando. Enquanto ela está orando, o pai, bêbado e abusador sexual, chega para persegui-la. Deus não fez dela um pássaro, e ela é deixada à mercê do pai. Não requer muita imaginação para entender o que as crianças aprendem por meio de uma experiência dessas. Falar-lhes que as Escrituras ensinam verdades que, muitas vezes, são diferentes de sua experiência tem o mesmo efeito de tentar descrever a cor verde para alguém que é cego de nascença. Ele simplesmente não compreende.

Conforme lemos na história de Meeka, algumas crianças sofrem abuso até mesmo em nome de Deus. Muitas vezes lhes é dito que é vontade de Deus que se submetam ao abuso, porque, afinal, Deus diz que as crianças devem obedecer aos pais. Uma cliente com que trabalhei foi obrigada todas as noites a se ajoelhar ao lado da cama com o pai para fazer suas orações. Em seguida ele a ajudava a ir para a cama e continuava a molestá-la, dizendo-lhe como ela era má por levá-lo a cometer esse ato logo após a oração.

Elie Wiesel, um dos mais proeminentes escritores sobre o Holocausto, formula o problema de forma eloquente. Ao longo de todo o seu livro ele diz ao leitor que não pressuponha que constitui uma consolação acreditar que Deus ainda está vivo. Em vez de ser a solução, dizer "Deus está vivo" simplesmente afirma o problema. Ele luta repetidamente com o que descreve como duas realidades irreconciliáveis – a realidade de Deus e a realidade de Auschwitz. Cada uma parece excluir a outra, porém nenhuma delas desaparece. Pode-se lidar com uma delas sozinha, você sabe – Auschwitz e nenhum Deus, ou Deus e nenhum Auschwitz. Mas conjuntamente? Auschwitz *e* Deus?[20]

Para muitas sobreviventes de abuso sexual na infância, existem as mesmas duas realidades irreconciliáveis: a realidade de um Deus que diz que ama e é um refúgio para o fraco, e a realidade da violação sexual contínua de uma criança. Cada uma parece excluir a outra, contudo ambas coexistem.

---

20 Robert McAfee Brown. *Elie Wiesel: Messenger to All Humanity*. (Notre Dame: University of Notre Dame Press, 1983.)

Repetindo, a mente humana consegue lidar qualquer uma das alternativas – o abuso sexual de uma criança e nenhum Deus, ou Deus e a proteção contra o abuso sexual. O que se pode fazer com o estupro de uma criança *e* a realidade de Deus? O dilema não é facilmente resolvido.

Outro impacto no âmbito espiritual tem suas raízes na alienação e no desamparo que a vítima experimentou quando criança. Bessel van der Kolk, diretor do Centro de Traumas no Instituto de Recursos Humanos do Hospital de Massachusetts, refere-se ao que ele define como "distúrbio de esperança" em adultos que foram repetidamente traumatizados quando criança.[21] A esperança é o sentimento, na realidade é a confiança, de que o que é desejado é verdadeiramente possível. Sofrer reiterados abusos nas mãos daquele que deveria cuidar da criança e ficar impotente para pará-lo é experimentar a morte da esperança. A esperança é algo a ser evitado, negado, porque sentir esperança é ser esmagado mais uma vez. A esperança, portanto, no próprio Deus ou em sua capacidade de resgatar o que foi destruído não apenas é inconcebível, mas é sentido como algo perigoso.

Resumo

Afirmamos que é mais do que provável que o abuso sexual crônico de uma criança constitua um trauma que molda seu desenvolvimento. Um abuso desses apresenta tentáculos que atingem o restante da vida adulta da vítima, muitas vezes todas as esferas maiores de sua vida, contaminando, causando distúrbios e destruindo. A gravidade e a extensão da destruição variam de indivíduo para indivíduo. Embora os sintomas e as sequelas arroladas acima não sejam uniformes para todas as sobreviventes, precisam ser reconhecidos como uma parte do impacto possível do incesto. À medida que avançamos para tratar de uma forma de tratamento, precisamos ter certeza de responder tanto ao trauma original quanto a suas sequelas, para que nosso enfoque seja eficaz.

---

21 Bessel A. van der Kolk. *Psychological Trauma*. (Washington. D.C.: American Psychiatric Association Press, Inc. 1987.)

9

Continuação da história de Meeka

Embora eu tivesse que andar pela calçada descendo até o consultório da terapeuta, parecia ser uma subida extremamente longa. Apenas dar aquele primeiro passo de entrar no consultório parecia evidenciar as extremas lutas em meu íntimo. Eu tinha visto outras terapeutas antes, e embora tivesse havido algumas "mudanças superficiais" muito úteis em minha vida, meu profundo "si-próprio interior" continuava destroçado e intocado.

Perguntas me atormentavam. "Por que tentar outra vez? O que essa terapeuta faria diferente de outras? Ela acreditaria em mim? Será que manteria minha história em sigilo? Por que fazer isso de novo? É tão penoso."

Mas eu estava tão desesperada. Tudo havia explodido na minha cara. Minha vida estava se desintegrando em todas as áreas. Portanto, que opção eu tinha? Continuar vivendo desse modo, acreditando que a intensidade disso me levaria ao suicídio, ou ir em frente e, mais uma vez, tentar a terapia como um último esforço. Concordei em ir à terapia, não porque tivesse qualquer sensação de esperança por mudança. Tudo o que eu podia fazer era tentar uma vez mais, sabendo dentro de mim que, se isso não funcionasse, a próxima decisão estaria clara – eu me mataria – afinal, o que mais me restava? Nada. Só dor e confusão que atingiam o mais profundo abismo de minha alma, e eu não podia mais continuar vivendo com isso.

Depois de alguns meses eu tive a impressão clara de que este seria um caminho muito difícil. Na realidade, a única maneira que eu me sentia capaz de descrevê-lo era que seria infernal. Será que eu conseguiria persistir e aguentar até o fim? Eu teria energia para aguentar firme, independentemente do que acontecesse?

Fiz uma porção de perguntas à conselheira: "O que vai acontecer? Quanto tempo isso demorará? Como será?" Não havia resposta real definitiva.

Será que eu conseguiria prosseguir? Mais uma vez eu tive que me perguntar quais eram minhas opções. Quando eu as analisei, uma pequena peça parecia diferente. Havia algo de diferente na terapia, e pensei que talvez, somente talvez, eu encontraria algumas respostas aqui. Assim, de semana a semana e mês a mês arrastei lentamente meus pesados pés, o coração aflito e a alma carregada ao consultório para a etapa seguinte.

Repetidas vezes cheguei ao consultório da conselheira e me sentei no canto, tão longe dela quanto possível. Felizmente a cadeira dela ficava em um canto interno do consultório, e eu me sentava entre ela e a porta. Eu precisava saber que não estava "presa" naquele consultório, mas que, se necessário, eu poderia sair rapidamente. (A propósito, o consultório dela era bem pequeno e ela era muito alta, de modo que esse "posicionamento" no consultório era crucial!). Eu não conseguia olhar nos olhos dela. Meses mais tarde – na realidade anos mais tarde – as mesmas perguntas que eu tivera quando entrei pela primeira vez no consultório ainda existiam. Quem era ela, afinal? Será que contava a outra pessoa o que eu lhe relatava? Ela acreditava em mim? Poderia eu confiar nela? A intensidade das perguntas amainou um pouco, mas elas sempre pairavam ali e sempre estavam sendo testadas.

Que dizer das palavras dela? Será que realmente eram verdade? Eu havia experimentado traição demais e promessas quebradas demais em minha vida para confiar nela prontamente. Com o passar do tempo comecei a acreditar que o que ela dizia era verdade. Contudo, ainda agora, com a terapia quase concluída, continuo lutando: Será que ainda é verdade?

Quando as crianças se machucam, quando algo sai errado ou quando elas têm uma pergunta, a maioria delas chega a um ou a ambos os pais para obter conforto, cuidado, amor, respostas, atenção. Eu descobri bem cedo que teria que ir a um canto do celeiro onde eu podia ficar totalmente só. Durante um longo, longo tempo aquele era o único lugar seguro no qual eu podia chorar e conversar (comigo mesma). Minha terapeuta disse que seu consultório era um lugar seguro. Por dentro eu dizia: *Sem chance. Nenhum lugar jamais é seguro. As coisas sempre mudam*. Até mesmo meu "lugar secreto" no celeiro foi descoberto e se tornou um lugar de tormento. Fiquei convencida de que, em algum momento, as coisas sempre se tornam demais e quem quer que estivesse em minha vida naquele momento entregaria os pontos, se afastaria, agiria como se nada tivesse acontecido ou, pior ainda, voltaria e usaria isso como uma oportunidade para abusar de mim e me destruir. Em minha mente permanecia sempre a pergunta: *Por que, afinal essa situação e esse relacionamento seriam diferentes?*

9 - Continuação da história de Meeka

Oportunamente constatei que quando a conselheira me disse que o que eu diria no consultório dela não sairia do recinto, suas ações me diziam que suas palavras eram verdadeiras. Experimentei isso em primeira mão. Quando meu pastor solicitava informações e atualizações, ela sempre definia *primeiro* comigo o que tinha liberdade para lhe informar. Quando eu dizia não para algo, ela honrava minha decisão e não o informava. Também vi que respeitava e honrava a confidencialidade organizando e remarcando horários para evitar qualquer possibilidade de superposição de consultas de pessoas que se conheciam. Se ela fazia esse tipo de ginástica para proteger o sigilo na programação daqueles que vinham vê-la, fiquei ainda mais persuadida de que protegeria os conteúdos da consulta. Com cada prova de sua confiabilidade, eu conseguia dar um pequeno passo adiante e dar-lhe um pouco mais de informação.

Muitas vezes, porém, com cada novo fragmento de informação ou recordação dos terríveis detalhes de como eu, de fato, era, eu recuava trezentos passos, e tínhamos que voltar a trabalhar todo o assunto da confiança. Retrocedíamos tantas vezes quantas fossem necessárias para que eu me sentisse segura com ela. E isso sempre era feito sem um julgamento do tipo: "Você não consegue passar por cima disso e seguir em frente?" Ela nunca comunicou isso.

Minha atitude quanto ingressei na terapia era acabar rapidamente com isso e tocar em frente. Mas descobri que era um dos processos mais lentos e difíceis pelos quais já passei (contudo ela me dizia que eu parecia estar tendo um "avanço rápido" e que as coisas se moviam depressa). Com frequência o que me ajudou a ficar firme era que o ritmo ou a rapidez do processo nunca era um problema. Não parecia ser problemática a lentidão com que as coisas andavam ou a frequência com que revisávamos o mesmo assunto. Aquilo que estivesse agitando meu íntimo em dado momento era o tópico mais importante diante de nós, ainda que fosse a milésima vez que ela me dizia a mesma coisa. Desse modo comecei a experimentar o respeito dela por mim e sua convicção de que tudo o que eu tinha a dizer era importante. Tudo o que eu sentia era importante. Como resultado, pouco a pouco, e com o passar do tempo, deixei-a penetrar cada vez mais naquilo que *estava* acontecendo e no que *havia* acontecido comigo. Ela sempre respondia com carinho, delicadeza, aceitação e esperança por mim.

Muitas vezes eu lhe perguntei por que ela não caiu fora. Por que não desistiu? Ela respondia que tinha se comprometido com Deus para ir até o final – não importava o que encontraríamos, quanto tempo levaria, quão escuro seria, nem quão terrível. Ela estaria lá até o fim. Disse que, para ela, me abandonar seria abandonar Deus. E isso ela não faria. Eu poderia acreditar nisso? Eu lutei tantas vezes com isso. Isso sempre era colocado à prova. Com absolutamente todo novo fragmento de informação que eu lhe dava, ela tinha que passar pelo mesmo teste. Sempre constatei que ela era fiel e verdadeira.

Ela me declarou no início que nunca mentiria para mim. Se eu lhe fizesse uma pergunta, ela responderia com a verdade. Não falsificaria a resposta nem daria uma meia-verdade. Responderia honestamente, até mesmo quando a resposta fosse difícil para mim. Não acreditei nela. Eu não confiava nela nessa questão, porque eu conhecia bem poucas pessoas, se é que conhecia (inclusive a mim), que não tomariam palavras e as distorceriam ou omitiriam algo, ou que o diriam de um modo ligeiramente diferente para comunicar uma mensagem específica ou esconder a verdade. Com o passar do tempo pus isso sempre à prova, e com cada teste descobri que as palavras dela eram verdade, e que suas ações corroboravam suas palavras.

Quando, pela primeira vez, tudo explodiu para mim, realmente pensei que as coisas não poderiam ficar piores do que estavam naquele momento. Descobri que isso estava longe de ser verdade. Com o passar do tempo, constatei que a dor e o tormento do passado estavam permanentemente presentes em minha vida. Certos cheiros disparavam um gatilho e me lançavam em uma recordação. Por exemplo, o cheiro de um gambá me lembrava de algo que havia acontecido na fazenda. Aconteceu certa noite quando havia um forte cheiro de gambá atrás de nosso celeiro. Esse cheiro, hoje, me remetia de volta para lá, e tudo o mais do presente desaparecia.

Lembranças que retornavam assim precisavam ser encaradas e superadas, do contrário eu acabaria presa a elas e, muitas vezes, incapacitada de funcionar até mesmo em níveis muito básicos da vida, como sair da cama, vestir-me, dirigir um carro, entender um cronograma. Muitas dessas coisas eu não era capaz de fazer sozinha. Uma parte do processo terapêutico para mim era pegar essas lembranças e trabalhá-las no contexto do consultório. O que era atormentador e horrível era que, no meio dessas lembranças, eu podia literalmente cheirar os odores, provar os gostos e sentir os efeitos físicos em meu corpo à medida que as trabalhávamos.

Quando tínhamos que olhar para as lembranças que vinham à tona, descobri que poder prestar atenção e ouvir a voz da terapeuta era extremamente importante para mim. Quando lutamos nos primeiros encontros com questões de veracidade e confiança, descobri que podia acreditar no que ela dizia. Ela não mentiria e nunca havia mentido para mim. Ela sempre repetia para mim muitas verdades à medida que processávamos as questões. Isso se tornou essencial mais tarde quando ocorreu esse trabalho com as lembranças. Quando uma recordação me golpeava, eu ficava completamente perdida. Era como se o presente se dissipasse em neblina e, fosse qual fosse a lembrança, ela retornava como se realmente estivesse acontecendo naquele momento. Pelo fato de termos trabalhado repetidamente essas questões de verdade e confiança, percebi que a voz da terapeuta durante uma recordação podia me ajudar a ficar concentrada e firme no presente. Ao longo da lembrança ela falava comigo, chamando-me a ouvi-la, a acreditar no que era verdadeiro, a saber que eu não era mais uma criança pequena – que eu não estava de volta à fazenda, que ele não estava aqui – e para que eu ficasse aqui, ficasse no presente, ouvindo a voz dela, apegando-me à voz dela. Ela me contava o que era verdade. Ela me desafiava a acreditar no que era verdade, perguntando-me se ela, alguma vez, tinha mentido ou se foi ele quem mentiu, e assim por diante. Era frequentemente a única coisa que ajudava a me arrancar de uma recordação que, do contrário, muitas vezes permanecia comigo horas ou dias, me consumindo e me desorientando de maneira que eu não conseguia funcionar em minha vida diária.

Fora do consultório da terapeuta, as lembranças me confrontavam com outras dificuldades. Eu não conseguia controlar o sincronismo de lembranças ou retrospecções. Elas simplesmente aconteciam. Eu podia estar no meio de um culto de adoração. Podiam ocorrer quando eu estava dirigindo ou até no meio de uma conversa com alguém. As coisas desmoronavam ao redor de mim. Eu tinha medo de estar com pessoas porque temia o que poderia acontecer nesse contexto. Achava quase impossível me concentrar em algo durante um tempo mais longo. Meu trabalho começou a sofrer. Eu cometia erros, esquecia coisas, movia-me muito mais lentamente, e não completava algumas coisas. Simplesmente levantar e sair para o trabalho já eram passos extremamente difíceis.

Pesadelos constantemente assolavam meu sono. Eu acordava sentindo-me mais exausta do que quando tinha ido dormir. Eu até relutava em deitar a cabeça no travesseiro, antevendo o tormento que em breve me dominaria e me consumiria. Minha vida passada parecia ser tudo o que eu vivia. Esses pesadelos simplesmente não iam embora como eu desejava. Isso também teve que ser trabalhado no consultório. Uma vez que eu os enfrentava, eles diminuíam de intensidade ou desapareciam por um período de tempo. Não controlavam mais minha vida.

A realidade do abuso em minha vida me deixava desesperada, totalmente esgotada emocional e fisicamente. Até perdi a esperança na vida. Meu relacionamento com Deus desmoronou. Muitas vezes fiz planos de me suicidar, comprei os artigos necessários e os coloquei diante de mim. Minhas contas estavam pagas, arquivos organizados, bilhetes escritos. Não faltava nada. Eu realmente acreditava que apenas a morte me daria alívio. Eu sentia que era absolutamente a única opção que me garantia que a dor e o tormento desapareceriam.

Estava claro também que eu odiava a mim mesma, acreditando no que me havia sido dito repetidamente quando eu era criança – que ninguém jamais iria me querer para qualquer outra coisa além do sexo, que eu era lixo, que nada de bom jamais sairia de mim, que nunca alguém realmente me amaria. Quando aumentaram os pesadelos, as recordações e o desespero, aumentaram também minhas tentativas de me machucar e destruir tudo o que poderia ter sido um aspecto positivo em minha vida.

De algum modo, no meio de tudo isso, minha terapeuta entendia o que estava acontecendo dentro de mim. Ela não me condenava pelo que eu sentia nem gritava comigo por eu pensar em suicídio ou tentar me ferir de algum modo. Em vez disso, sempre me lembrava que *sou* importante – para ela e para outros – e que aquilo que me disseram quando eu era criança não era verdade, que *não sou* lixo, que outros *me amam* de verdade, muitíssimo, e que eles me amam pelo que sou, não pelo que consigo fazer ou não. Ela sempre repetia isso. Inúmeras vezes ela demonstrou com sua vida que acreditava nisso. Embora tenha ocorrido um pequeno avanço nessa área, essa é uma batalha contínua, às vezes parece ocorrer minuto a minuto, outras vezes dia a dia. É difícil mudar todos os padrões de pensamento e convicções. As raízes são muito profundas e o processo é longo e difícil. "Mudar leva tempo", diz ela, e pacientemente ela espera por mim quando escalo, pouco a pouco, essa íngreme montanha. Pacientemente ela espera e me encoraja com ternura, ela espera e ora comigo e por mim.

Muito cedo na vida perdi qualquer esperança em algo que fosse bom ou duradouro. Muitas vezes tive o pensamento ou a esperança de que talvez dessa vez seria diferente, mas essas esperanças sempre eram destroçadas. Descobri que essa perda de esperança ficou comigo muito tempo depois que o abuso real havia acabado. Mais tarde eu ansiava por muitas coisas, como uma mudança positiva duradoura em minha vida. Mas muitas dessas esperanças e aspirações foram frustradas completamente, e algumas me deram apenas frágeis vislumbres de mudança que, mais tarde, se apagaram totalmente.

9 - Continuação da história de Meeka

Quando a terapia começou eu não tinha esperança alguma de mudanças significativas, poucas esperanças de mudanças secundárias que pudessem durar por um tempo e, de muitas maneiras, eu acreditava que tudo o que eu poderia esperar eram grandes fracassos e uma derrota total. Quando eu me deparava com muitas das duras e acidentadas estradas do aconselhamento, era óbvio para minha terapeuta que eu não tinha esperança alguma. A essa altura, era totalmente impossível que eu tivesse alguma esperança em Deus. Eu ainda não entendia o papel dele em minha vida de criança nem o fato de que todas as orações por ajuda e para que parasse o abuso haviam ficado sem resposta. Nesse ponto de total desamparo, a terapeuta me dizia, com frequência, que ela sabia que eu não tinha esperança alguma. Sabia que eu não conseguia gerar nenhuma. Mas ela sabia que Cristo traria luz à escuridão, que ele resgataria minha vida e traria esperança para mim. Ela afirmava que tinha suficiente esperança para nós duas naquele ponto e que eu podia me apegar à dela.

Pouco a pouco, notei que eu estava começando a ter esperança de novo, a antever que talvez, de algum modo, eu encontraria uma saída desse lixo todo para o alívio e a liberdade. Ela sabia que Deus era fiel. Ela acreditava nele por sua vida e acreditava nele por mim. Ela testemunhava sua fé, mas, muito mais importante do que isso, ela o vivenciava pela ação. Deu-me esperança. Embora eu não me importasse comigo, eu era importante para ela porque ela entendia o amor de Cristo por mim. Eu a observava e a ouvia. Eu via a vida dela, suas ações, suas palavras. Em consequência, ela me conduziu (como pela mão) e me ajudou a caminhar de maneira que, em certo momento, eu pude começar a olhar para as situações e ter esperança de que a obra redentora de Deus aconteceria, independentemente de qual fosse a minha situação. Comecei a olhar para trás e ver a obra de Deus. Vi mudanças acontecerem. Vi raios de luz destruindo a escuridão em que eu vivia. Agora minha esperança não é a expectativa infantil de que coisas más não acontecerão. Minha esperança hoje crê que Deus pode tomar em suas mãos qualquer situação minha – até mesmo quando as circunstâncias não mudam nada – e redimir esse momento. Isso é esperança: a obra de Cristo na Cruz afetando cada aspecto e recanto da minha vida.

Entender Jesus e seu amor por mim não foi um caminho fácil. Crescer em um lar "cristão" e ser abusada enquanto meu abusador me dizia: "Deus me disse para fazer isso" não deixou uma imagem muito amável de Deus em minha mente. Ademais, minhas próprias orações desesperadas para que o abuso parasse ou que papai morresse simplesmente me deixaram cheia de desespero e fúria, e eu me afastei de Deus. Contudo, excedendo minha capacidade de compreensão atual, e certamente excedendo o que eu conseguia entender naquele tempo, o fato é que, mesmo quando me distanciei de Deus, eu sentia que estava caindo fora por um período, não descartando ou jogando Deus fora para sempre. Precisei elaborar isso dentro de mim. Tive que retornar às questões fundamentais. Meu alicerce espiritual realmente estava destroçado e eu precisava reconstruí-lo, mas sabia que, naquele exato momento, eu simplesmente não podia fazê-lo. Minha terapeuta honrou essa posição e me deixou "arquivar" a questão por algum tempo. Para mim, naquele momento, era importante que a terapeuta não tentasse me atropelar ou me empurrar precocemente para esses assuntos. Contudo, enquanto isso estava acontecendo, ela me dava muitas pérolas bíblicas. Eu nem comecei a compreender tudo o que aconteceu. Muitas dessas coisas eu enxergo somente quando as examino depois de anos. Mas quando o faço, fica tão claro para mim que, embora não citasse especificamente as Escrituras, ela vivenciou a obra redentora de Cristo e sua natureza diante de mim o tempo todo. E sem dúvida, foi esse "silêncio" muito eloquente que me impeliu a buscar e encontrar Jesus.

Inicialmente eu queria uma lista de tarefas — faça isso e tudo vai mudar. A terapeuta não me deu nada desse tipo. Fiquei frustrada com ela. No entanto, quando olho para trás, para mim isso foi sábio porque, se eu tivesse muitas receitas, teria tentado mais uma vez "realizá-las", quando no final das contas tanto o querer quanto o realizar são obra de Deus. Também teria simplesmente me levado a tentar, uma vez mais, mudar atos exteriores. Mas a mudança precisava vir de dentro, de Cristo que opera dentro e através de mim. Ao me direcionar a Cristo por meio da vida que vivia e, mais tarde, também por meio de suas palavras, a conselheira me ensinou sobre Cristo. Insistiu comigo que me dirigisse a Cristo e lhe suplicasse pela verdade, pedisse a ele que se revelasse a mim. Essas foram as únicas tarefas que me deu: apenas ler e orar para conhecer Cristo. De alguma maneira o trabalho começou. Deus entrou em mim, e meu coração e minha vida começaram a mudar. Comecei a olhar para trás e vi minhas frágeis orações começando a ser respondidas. Lembro-me da primeira que foi atendida dramaticamente. Foi tão animador. Com o tempo, cresceu minha sede pela verdade e por Cristo.

Neste momento, não consigo fazer nada além de retransmitir a você esta história que aconteceu comigo certo dia em uma sessão de terapia. A terapeuta havia feito uma pergunta e comecei a ser remetida a outra lembrança de quando eu tinha dez anos. Era importante relatá-la à terapeuta,

9 - Continuação da história de Meeka

e quando comecei a contar o que havia acontecido naquele dia, muitos anos atrás, Deus interveio nitidamente e me deu uma passagem das Escrituras e um entendimento que me deu uma certeza inquestionável do surpreendente e terno amor dele por mim. Anotarei aqui o acontecimento da mesma maneira que fiz mais tarde para ela.

Parecia que, do nada, veio à minha memória a passagem na qual os discípulos estavam tentando afastar as crianças que vinham para ver Jesus. A passagem se tornou "real". Eu era uma dessas pequenas crianças. Alguém estava segurando minha mão e me dirigindo, puxando e empurrando até ele. Mas havia pessoas no meu caminho – papai, os outros homens – até mesmo muitos outros que ficavam no caminho e não me ofereciam ajuda. Todos estavam me repelindo, dizendo-me que eu não fazia parte, que Cristo não me queria. Gritavam comigo para que eu fosse embora, porque eu não era digna de chegar perto dele. Mas aquela que segurava minha mão continuou me conduzindo e estimulando. Prosseguia dizendo que Cristo era confiável, que ele me amava, que sabia tudo sobre mim e que queria que eu fosse até ele. Ela me falou que ele sabia da minha vergonha, que me conhecia por dentro e por fora, que ainda me amava e me amaria para sempre. Então foi como se Jesus se virasse e me visse. Olhou diretamente em meus olhos e lágrimas encheram seus olhos. Abriu os braços e começou a caminhar em minha direção. Quando ele caminhava para mim, todas as pessoas no caminho começaram a recuar. Elas não podiam ficar ali. A pessoa que segurava minha mão soltou-a, dizendo-me que prosseguisse. Jesus e eu nos encontramos, e ele me tomou nos braços e me segurou firme. Ali descansei. Ali fiquei calma. Ali eu era amada. E posso continuar voltando para lá. Ele nunca mais me deixará sair de sua proteção, de seus braços.

É como se tivéssemos completado o ciclo. A criança que fui tantos anos atrás tinha um pai que era um mentiroso, uma fraude, um perpetrador, um abusador, um enganador, e muito mais coisas cuja menção seria inconveniente. Hoje, de maneira insondável, fui abraçada e amada por meu verdadeiro papai – alguém que sempre está lá, confiável, honesto, fiel, compassivo e terno. Muito mais deveria ser mencionado, mas não há suficiente espaço ou tempo para lhe fazer justiça. Hoje experimentei algo de que acredito que me afetará todos os momentos de todos os dias.

SEÇÃO II

O TRATAMENTO: PRIMEIRA FASE

10

Ajudando clientes a se sentirem seguros

O tratamento de sobreviventes adultos de abuso sexual envolve muitos fatores. É crucial que os terapeutas possuam uma ideia clara do que esse tratamento inclui. Do contrário será muito fácil decepcionar um cliente. Analisaremos, em detalhes, as fases do tratamento e as técnicas específicas. Porém, antes de proceder parece importante nos lembrarmos mais uma vez do fundamento de tudo o que fazemos como cristãos.

Dissemos anteriormente que tudo o que fazemos como aqueles que trazem o nome de Cristo é ser tanto encarnacionais quanto redentores. Nossas palavras devem comunicar a verdade *dele*. Cabe à nossa pessoa refletir a pessoa *dele*. Nossa vida deve ser uma explicação viva e palpitante do caráter *dele*. Aqueles que se sentam conosco hora após hora na privacidade de nossos consultórios devem partir com um entendimento melhor de quem é Deus, porque através de nossa obediência a ele e nosso amor por ele nós os tocamos com a fragrância da presença dele.

Quando realizada por um servo obediente e pleno do Espírito de Deus, a terapia será redentora na vida de outros. Fazer com que a verdade e o amor de Deus afetem a vida do outro, seja através de palavras ou de ações, é trazer luz e vida. A presença de Cristo em uma vida sempre é redentora, tanto na pessoa na qual ele habita quanto nos que são influenciados por essa pessoa. A presença dele sempre resulta em resgatar, em restabelecer aquilo que estava perdido. Uma vez que devemos viver centrados no que é invisível e eterno, sabemos que o tratamento é muito mais do que mero alívio de sintomas (embora um alívio desses com certeza seja bem-vindo) ou de maior produtividade (embora isso possa ser gratificante). Em última análise, a terapia significa que somos a verdade que ensinamos. Nesse contexto o terapeuta é convocado a demonstrar a natureza de Deus no relacionamento com outra pessoa, a fim de que a obra redentora de Deus possa ser manifesta.

Uma das razões pelas quais enfatizo esse aspecto é que creio que, em círculos cristãos, o aconselhamento, muitas vezes, está sendo reduzido a mero *falar* sobre a verdade a outra pessoa. Dizer a verdade constitui um componente vital da terapia. As palavras, afinal, estão entre nossas mais importantes ferramentas. O próprio Deus falou a nós em palavras. Contudo, Deus também *se tornou* o que ensinou (a Palavra se tornou o Verbo). Vivenciou no relacionamento o que ele dizia ser verdade. Se seguirmos seu exemplo, a terapia não será simplesmente dizer a outros o que é a verdade, mas também vivenciar o que é a verdade em nosso relacionamento com eles. Muitos de nossos clientes tiveram certo parâmetro da verdade pronunciado por pais cuja vida foi uma contradição gritante com essa mesma verdade. Como nossas palavras serão diferentes se nossa vida, dentro e fora do consultório, não for uma demonstração viva dessa verdade?

Quando clientes chegam a nós cheias de desespero e mentiras acerca de si próprias, nós lhes dizemos a verdade. Falamos a elas sobre esperança. Chamamos o abuso de maldade. Apontamos para o caminho da redenção. Contudo, quando nossas palavras parecem cair em ouvidos surdos, nos lembramos, como nosso Deus, que uma criatura frágil e finita está diante de nós, alguém que foi repetidamente moldada e marcada pelo pecado de outros. Nós nos recordaremos que Deus aguarda enquanto nós aprendemos. Ele nos lembra de que aprendemos com o tempo, não instantaneamente e que a experiência e a repetição são necessárias para que nós compreendamos as coisas. Ele redime sem condenar. Nós nos lembraremos de que ele entrou em um relacionamento conosco e nos permitiu experimentar quem ele é. Essa verdade nos chama a demonstrar repetidamente, com tempo e paciência, que aquilo que afirmamos a nossas clientes como verdade, de fato, é a verdade. Se nós, como terapeutas, precisamos funcionar dessa maneira, então obviamente uma das maiores demandas dirigidas a nós será um relacionamento sempre crescente com o Pai. Em um capítulo posterior será considerado em maior detalhe o que isso significa e como podemos manter um relacionamento desses.

A fase inicial da terapia abrange três componentes: *segurança, alívio de sintomas e trabalho com lembranças*. A motivação da cliente para começar a terapia normalmente está relacionada a sintomas que afloram e não ao abuso sexual. Às vezes uma crise é desencadeada devido a sequelas postergadas do trauma original, a uma reexperiência do trauma em determinada forma, ou à exposição a eventos que ativam sintomas. Normalmente a cliente está se debatendo com algo como depressão, ansiedade, pesadelos ou problemas de alimentação, e ela vem para buscar tratamento para isso.

Segurança

Quando entra para a terapia, a primeira necessidade da cliente é estabelecer um clima de segurança. Isso é vital por duas razões. Primeiro, mudar é difícil e muitas vezes amedronta muitos de nós. Até mesmo mudanças boas nos tiram do equilíbrio e requerem adaptação da nossa parte. Tendemos a ir em direção ao que é familiar, muitas vezes até mesmo quando isso é destrutivo. A mudança nos lança ao desconhecido. Sentimo-nos desorientados. Não sabemos como interpretar os sinais. Quando temos que ser submetidos à mudança e administrar, de algum modo, a ansiedade que a acompanha, um sentimento de segurança é crucial.

Em segundo lugar, pessoas que sofreram abuso sexual crônico conviveram com incessante perigo e imprevisibilidade. Muitas vezes a ideia de revelar o abuso ou enfrentar seu impacto também é percebida como muito perigosa. Proceder assim muitas vezes arremessa a pessoa diretamente em uma tempestade, uma revolta. Muitas clientes ouviram severas ameaças contra elas toda vez que o assunto de revelar o fato era mencionado. Outras acreditam firmemente que foram elas a causa do abuso e, por consequência, revelá-lo é deixar que outra pessoa veja como elas são desprezíveis. É muito comum em sessões de terapia que qualquer referência ao abuso, especialmente quando são trabalhadas as lembranças, resulte em uma elevação do batimento cardíaco e do nível de adrenalina. O corpo sente o perigo e oscila entre fugir e combater. A segurança se torna primordial.

Deus reconhece nossa necessidade por segurança quando a vida é virada de cabeça para baixo. O Salmo 46 nos diz que *Deus é o nosso refúgio e fortaleza, socorro bem presente nas tribulações. Portanto,* não temeremos, ainda que a terra se *transtorne e os montes se abalem no seio dos mares; ainda que as águas tumultuem e espumejem e na sua fúria os montes estremeçam* (vs.1-3). Nesses versículos, a palavra hebraica para "refúgio" significa um lugar de esperança, abrigo e confiança. Embora tudo que seja familiar e aparentemente estável vacile, o medo é mantido à distância porque Deus, nossa morada, é seguro.

Parte do estabelecimento da segurança inicial também pode incluir intervenções em crises. Muitas sobreviventes ainda estão, de algum modo, envolvidas com o perpetrador; estão permitindo que seus filhos permaneçam com ele ou se encontram pessoalmente em outros relacionamentos inseguros devido a maus tratos ou outra forma de abuso. Dependendo das circunstâncias, a intervenção em uma crise pode requerer auxílio para encontrar abrigo. Uma apreciação do perigo atual diante de outros e/ou de si mesma demanda uma resposta cuidadosa. Frequentemente, ao fazer uma constatação dessas e dar recomendações, os terapeutas se defrontam com forte resistência da parte das clientes quando tentam conduzi-las para a segurança. Exceto quando a lei requer algo diferente, a decisão final é da sobrevivente. Tenha em mente que o conceito de segurança é estranho a muitas sobreviventes, e sua resistência não se deve tanto a desconsiderarem seu conselho ou seu interesse por elas, mas muito mais a uma incapacidade de captar o conceito de segurança como relevante para sua vida ou como algo em que elas possuem uma voz ativa.

Com o início da terapia, não é incomum que a vida de uma sobrevivente fique caótica, quando tudo que lhe é familiar recua enquanto ela trabalha para lidar com a verdade de sua história. Reminiscências se intrometem e amedrontam, pesadelos transformam o sono em lugar de tormento e antigos mecanismos familiares de enfrentamento deixam de trazer conforto. O medo a subjugará e poderá destruí-la se não conseguir um lugar no qual fique segura. Com certeza Deus é fundamentalmente esse lugar. O salmista o chama de *alto refúgio para o oprimido* (Sl 9.9). Contudo, somos convocados a ser como ele neste mundo e, por consequência, nós também temos que ser um refúgio, um lugar seguro. Que maneira melhor de ensinar sobre a segurança do próprio Deus do que por meio de contínuas demonstrações dessa segurança em nosso relacionamento com a sobrevivente à nossa frente?

O que significa estabelecer segurança para uma sobrevivente? Antes de examinarmos as maneiras pelas quais uma sobrevivente precisa de segurança é preciso apresentar um aspecto importante. A maioria de nós possui formas pelas quais nós próprios nos ajudamos a nos sentir seguros. Para quem cresceu com abuso crônico, essas formas geralmente são destrutivas e, via de regra, são encontradas no isolamento. Quando você, pela primeira vez, apresenta a ideia de ser um lugar seguro para alguém que somente encontrou perigo na presença de outros, a resposta interior, quando não exterior, provavelmente será: "Ah, tá!" Para muitas sobreviventes, as palavras *pessoa segura* são uma contradição. Pessoas não são seguras. Pessoas ferem, abusam, mentem e abandonam. Você, como terapeuta, é uma pessoa; logo, também vai ferir, abusar, mentir e abandonar. Até mesmo quando a confiança começa a se desenvolver, essa questão será levantada muitas vezes. Pode se manifestar sempre que um novo segredo é revelado ou uma nova emoção é expressa. O sentimento é: "Bem, você era um lugar seguro quando eu lhe falei tal e tal coisa, mas uma vez que eu lhe contar isso, as coisas mudarão". Prepare-se para retroceder e retrabalhar esse fundamento muitas vezes. Lembre-se sempre de que essa não é simplesmente uma questão pessoal com você, mas com certeza constitui um componente. Responder com: "Fui um lugar seguro para você durante dois anos. *Quando* você vai confiar em mim?", é não entender o essencial. Na perspectiva da cliente a questão é: "Eu ainda não estou segura; ainda tenho medo. Podemos fazer isso mais uma vez?" A resposta sempre precisa ser sim.

Diante do entendimento de que segurança é um assunto que será construído no decorrer do tratamento, a pergunta que precisamos responder é esta: O que significa ser um lugar seguro para alguém? Para que terapeutas propiciem segurança a suas clientes, acredito que devem demonstrar duas coisas: devem *ser* uma pessoa segura, e precisam *fazer* coisas seguras.

O que significa para um terapeuta *ser* uma pessoa segura? Uma pessoa segura é alguém em cuja integridade podemos confiar. Nossa palavra *integridade* vem da palavra latina *integer*, que significa "inteiro". Para que terapeutas sejam pessoas verdadeiramente seguras, eles precisam ser tão confiáveis em sua vida privada como são no consultório. Se isso não acontece, então o que é mostrado no consultório não passa de fachada, algo com que nossas clientes têm bastante familiaridade e algo que, inevitavelmente, ruirá sob a pressão da terapia e/ou da vida. Temos que ser seguros não apenas na presença de nossas clientes, mas do mesmo modo em sua ausência. Como disse certa vez uma cliente minha: "Preciso saber que você é a mesma pessoa confiável em todas as horas".

É importante diferenciar entre ser uma pessoa segura que faz coisas seguras e assegurar que a cliente sempre se sentirá segura na presença do terapeuta. Nunca podemos prometer que uma cliente se sentirá segura. Algumas sobreviventes jamais aprenderam o que significa sentir-se seguras, e todo lugar seguro que elas tentaram estabelecer para si próprias quando crianças foi destruído. Não somente isso, mas, muitas vezes, as lembranças afloram e trazem uma explosão de terror e uma sensação de perigo.

Não tente fornecer certezas que não sejam realistas, como a de que a cliente jamais tornará a ser ferida ou que você, de algum modo, será capaz de protegê-la contra uma injúria. Você perde a confiabilidade e, na essência, torna-se "não confiável" quando tenta garantir o que não é capaz de controlar. O que você *pode* oferecer é a promessa de trabalhar constantemente para ser uma pessoa confiável em seu relacionamento com a cliente e convidá-la a perguntar ou discutir toda vez que qualquer aspecto do relacionamento fizer com que se sinta insegura.

Um exemplo disso poderia ser quando uma cliente comunica, verbalmente ou não, que qualquer movimento súbito a atemoriza e que a faz sentir-se insegura. Você não pode garantir realisticamente que, no decurso da terapia, jamais se moverá bruscamente outra vez. Porém, você pode discutir com ela o que a amedrontou e por quê, pode ajudá-la a ver que um movimento repentino nem sempre resulta em abuso, e deixá-la ciente, por palavras e pelo esforço contínuo, de que você se compromete a lembrar-se de proceder lenta e cuidadosamente na presença dela (esta não é uma estratégia ruim com todas as sobreviventes!).

Se retornarmos à nossa discussão inicial sobre a individualidade, recordaremos que um aspecto da imagem de Deus na humanidade é que somos relacionais. Os dois componentes do relacionamento são conhecimento e amor recíprocos. Tendo isso como base, penso que podemos afirmar que uma pessoa confiável é alguém que sempre fala a verdade e que é governada pelo amor. O conhecimento que é trocado no transcurso da terapia somente terá valor quando for baseado na verdade. O relacionamento estabelecido no curso da terapia somente cura quando é governado pelo amor. Tudo o que for menos do que isso não será seguro ou restaurador para a cliente, e não dará honra ao nome de Cristo.

Terapeutas confiáveis sempre falarão a verdade. Chamarão as coisas pelos nomes certos. Chamarão o abuso de mal e como uma manifestação do coração do abusador, não do coração da vítima. Não farão de conta que a cura dos repetidos pecados de outros é fácil. Terão a coragem de enfrentar as maldades de outros simplesmente porque não têm as mesmas coisas em mente. Sustentarão fielmente as verdades das Escrituras em face de grande mal e de grande medo. Estenderão sempre a promessa de redenção a suas clientes, sabendo que é a redenção que pode atingir tanto as cicatrizes do passado quanto as reações do presente. Não prometerão o que não são capazes de cumprir, e cumprirão o que prometeram. Admitirão erros sem se autojustificar. Rotularão corretamente os próprios sentimentos quando perguntados, sem mascará-los. Encararão diretamente a realidade e não se esquivarão, não fingirão, não se justificarão, não culparão nem definirão de modo distorcido. Fazer menos do que isso é comprometer a integridade delas e, assim, fracassar em proporcionar segurança.

Terapeutas seguros serão governados pelo amor. Suas clientes saberão que podem confiar neles porque serão pacientes. Estarão prontos a fazer o trabalho quando vier o apelo, contudo não estarão com pressa. Suportarão tudo, acreditarão em tudo e terão esperança para tudo. Por compreender, podem esperar. Suas palavras e ações estarão entrelaçadas com amabilidade. Considerarão um privilégio poder demonstrar bondade às filhas de Deus que vêm até eles em busca de ajuda. Trabalharão sem arrogância. Não se apresentarão como pessoas que têm todas as respostas, mas como criaturas totalmente dependentes de um Deus fiel. Tudo com o que Deus os agraciou será despendido com humildade a serviço de outros. Tratarão com cortesia e brandura as pessoas que os procurarem. Todas as palavras e ações serão para o bem da cliente, não motivadas por interesse próprio. Não se deixarão irritar facilmente, ainda que sejam desconsiderados, depreciados, rejeitados, agredidos aos gritos, criticados e magoados. Proporcionarão uma atmosfera de encorajamento e afirmação. Sempre se alegrando com a verdade, tentarão ater-se a fatos, buscando a verdade com mentes humildes e sem preconceito. Evidenciarão um amor que sempre busca proteger e preservar. Ao ser assim governados pelo amor, os terapeutas não somente serão um lugar seguro para aqueles que vêm a eles em busca de ajuda, mas também espelharão mais nitidamente a verdade de que "Deus é nosso refúgio".

Obviamente, se os terapeutas forem como descrevemos, *farão* coisas seguras. Muitas das coisas que farão foram descritas acima, porque fluem automaticamente do espírito do amor. Acrescentemos mais algumas. Todos os terapeutas que pronunciam o nome de Cristo seguirão cuidadosamente as diretrizes éticas para psicólogos e conselheiros. Nenhum contato, comentário ou insinuação de ordem sexual será permitido para denegrir a porta do consultório sob *nenhuma* hipótese. Até mesmo, ou especialmente, quando clientes revelam sentimentos sexuais pelo terapeuta no recinto, é absolutamente necessário que o relacionamento continue sendo totalmente seguro. Sob tais circunstâncias, as clientes estão trazendo aquele aspecto de si mesmas sobre o qual lhes foi dito que era apenas para isso que serviam, e corresponder a isso simplesmente significa confirmar essa temida avaliação. A cliente também está revelando sua característica que está mais fora do controle. Capitular de qualquer maneira é concordar que a sexualidade realmente é incontrolável. Limites que trazem segurança se tornariam então, mais uma vez, completamente sem sentido.

Terapeutas confiáveis aderirão cuidadosamente ao sigilo. Para que alguém lide com material humilhante e assustador, temos que garantir sua segurança diante de olhares bisbilhoteiros e ouvidos curiosos. É muito fácil referir-se à história de outra pessoa para ilustrar uma questão ou demonstrar a outros o nosso conhecimento ou capacidades. Novamente estaríamos usando outro ser humano para a finalidade de cuidar de nós mesmos. Muitas vezes a quebra do sigilo é praticada e desculpada em círculos cristãos. As pessoas perguntam por preocupação genuína; falamos sob o disfarce de um pedido de oração. Falamos a um pastor preocupado mais do que fomos autorizados a dizer. Cabe às pessoas revelar suas histórias e identidades. Nós podemos discordar do que elas optam por contar ou reter, e podemos deixá-las saber nosso pensamento sobre a questão, mas não nos cabe decidir. Cumpre-nos cuidar da cliente e de sua história com a mesma diligência na ausência dela como faríamos em sua presença. As palavras que usamos para discutir a vida de outra pessoa devem ser escolhidas sempre tendo em mente *essa pessoa*, não nós próprios nem o ouvinte.

A terapia segura sempre será regida pelas necessidades da cliente, não pelas do terapeuta. Isso, com certeza, não se limita às necessidades sexuais, mas se aplica a outras áreas. Uma cliente mencionou recentemente sentimentos de culpa por interromper o tratamento com um terapeuta anterior, dizendo: "Ele está passando por períodos difíceis, e falou comigo sobre isso. Se eu parar de vê-lo, ele não terá ninguém com quem falar". Clientes não servem ao propósito de nos afirmar, estruturar, encorajar ou nos ajudar a organizar nosso pensamento. Não estão ali para nos ajudar a nos sentirmos importantes ou necessários. Estão em nossos consultórios porque suas lutas se tornaram impossíveis de administrar, e nós estamos ali para o exclusivo propósito de ajudá-las. Um terapeuta seguro fará somente coisas que contribuem para o crescimento da cliente. Terapeutas precisam continuamente se perguntar: A necessidades de quem esse comentário ou essa pergunta atende? Estou me importando com os sentimentos de quem? A mente de quem é alimentada por essa linha de questionamento? Como cuido de minhas próprias necessidades, sentimentos, esgotamento? O autoengano é algo sutil, e constitui um passo fácil da confiabilidade até começarmos a usar outros para a finalidade de cuidar de nós mesmos.

Sempre precisamos ter diante de nós o fato de que nossas clientes vêm a nós como seres humanos vulneráveis. Ser vulnerável é ser suscetível ao dano ou ao ataque. A palavra *vulnerável* vem do latim *vulnerare*, que significa "ferir". Toda pessoa em uma posição vulnerável é capaz de ser ferida. Aqueles entre nós que se sentam na cadeira de terapeuta estão em uma posição de poder. Temos diante de nós alguém que foi ferido e tornado indefeso por quem deveria ter sido seu protetor. Repetiremos a dinâmica do abuso se a usarmos para satisfazer nossas próprias necessidades.

O profeta Isaías entoa os louvores a Deus: *Porque foste a fortaleza do pobre e a fortaleza do necessitado na sua angústia; refúgio contra a tempestade e sombra contra o calor. Porque a fúria dos tiranos é como a tempestade contra o muro, como o calor em lugar seco* (Is 25.4s). Que aqueles que nos procuram para obter ajuda para as cicatrizes dos opressores e para as recordações que são "como a tempestade contra o muro" nos encontrem como embaixadores de Deus semelhantes ao Deus que representamos – um refúgio, um abrigo e uma sombra.

11

Alívio de sintomas

O segundo componente da fase inicial está centrado no alívio de sintomas. Conforme salientamos anteriormente, as sobreviventes geralmente sofrem de numerosas dificuldades, tanto cognitivas quanto afetivas, e são normalmente esses sintomas que as trazem à terapia. Uma das razões pelas quais é essencial tratar os sintomas é que, muitas vezes, eles são tão debilitadores que as clientes não conseguem funcionar.

Muitas clientes estão extremamente aterrorizadas ao buscar ajuda porque não apenas estão falando sobre algo que lhes foi proibido mencionar, mas também estão revelando aspectos esclarecedores de sua vida que acreditam ser prova de que são "estranhos", "loucos" ou "doentes". É comum que sobreviventes pensem que, quando lhe contarem a verdade sobre si mesmas, você reagirá automaticamente no sentido de prendê-las. Isso requer que um dos primeiros passos no processo de alívio de sintomas seja normalizar os sintomas da cliente. O fato de ouvirem suas reações reformuladas como respostas naturais ao trauma frequentemente proporciona alívio quase imediato. "Você quer dizer que não pensa que estou louca?", é uma resposta comum.

Muitas vezes descobri que é benéfico usar o exemplo de um conjunto diferente de circunstâncias para ilustrar a questão. Acho que as sobreviventes, em geral, possuem pouca capacidade de ser objetivas sobre si próprias e sua experiência de abuso. Responderão a si mesmas com um julgamento severo, contudo, para alguém em circunstâncias quase idênticas, demonstrarão compaixão e compreensão. Observei a comprovação disso muitas vezes na terapia de grupo com sobreviventes. Às vezes, um exemplo de "outra menininha" será útil. Outras vezes usei exemplos de sobreviventes do Holocausto, como o de uma mulher que ficava aterrorizada toda vez ouvia pesadas botas caminhando pelo pavimento, que a faziam recordar da Gestapo passando pelo alojamento das mulheres à procura de alguém que tinha cometido alguma infração. Uma resposta imediata para as lutas de outra pessoa com sintomas prolongados é a compaixão. Também é mais fácil para sobreviventes entenderem que sintomas que parecem não fazer sentido algum, como o medo causado pelo som de pesadas botinas, de fato são compreensíveis em seu contexto.

Repetidamente as clientes têm necessidade de que nós normalizemos estes sentimentos: o terror sempre que se encontram bloqueadas em um espaço estreito, o medo quando alguém está entre elas e a porta, a perda de qualquer sensibilidade durante a relação sexual, a incapacidade para tolerar alguém parado perto delas, o medo à vista de um punho fechado e reações de ansiedade diante de certos cheiros, como suor ou sêmen.

Uma parte desse processo é esclarecer a cliente acerca da gama de reações que sobreviventes podem experimentar. Elas incluem depressão, dificuldades de memória, incapacidade de confiar, problemas gastrintestinais, dependência química, dissociação, pesadelos e distúrbios de ansiedade. Esses sintomas podem ocorrer por consequência de outras circunstâncias diferentes do abuso sexual crônico. No entanto, também são respostas comuns em uma história de incesto. Ouvir pela primeira vez que esses sintomas fazem sentido e são experimentados por outros homens e mulheres com histórias semelhantes causa um enorme alívio. Como uma cliente costumava comentar: "Sinto-me como se você simplesmente tivesse me explicado a mim mesma".

Ler os relatos de outras sobreviventes ou participar de um grupo de sobreviventes muitas vezes ajuda tremendamente nessa área. Inúmeras mulheres me contaram sobre o profundo efeito de estar sentadas, pela primeira vez, em uma sala com mulheres que têm em comum a experiência do abuso sexual. É um momento triste, mas imensamente valioso.

Será importante normalizar também os sintomas mais graves. Você pode normalizar sintomas como a automutilação sem aceitar o comportamento. Você simplesmente explica como um comportamento desses faz sentido no contexto do abuso. Admitir algo como cortar-se ou queimar-se normalmente vem acompanhado por grande vergonha. Por isso a normalização do comportamento, junto com a esperança por mudança, propiciará um enorme alívio. Nessa área, como em muitas outras, será necessária a repetição constante. Sua voz e as verdades que ela fala são um som novo para a sobrevivente.

As velhas mensagens e mentiras são fortes e bem enraizadas. Você terá que repetir muitas vezes as verdades da normalidade no contexto do abuso bem como a esperança por mudança.

Quando a depressão ou ansiedade da cliente se mostra debilitadora, ela precisa ser encaminhada a um médico para uma avaliação quanto à possibilidade de ser medicada. Quando ela tiver uma história de enxaquecas ou problemas gastrintestinais, um exame físico tem que ser realizado. É importante nunca presumir que esses sintomas estejam relacionados ao abuso ou, mesmo se estiverem, que o tratamento médico não seja necessário. Tive uma cliente que aparentemente havia sofrido de problemas da tireoide por muitos anos, e tanto ela quanto seus terapeutas anteriores simplesmente presumiram que seus sintomas estivessem relacionados com sua história de abuso sexual, em vez de ser um problema clínico. Uma consulta médica também é crucial quando uma cliente apresenta um distúrbio alimentar. Muitas vezes a gravidade do distúrbio é mantida em segredo diante do terapeuta durante algum tempo. Esses distúrbios podem representar ameaças à vida, de modo que qualquer indicação de que existam demanda uma consulta médica.

Grande número, quando não a maioria, das sobreviventes fica apavorada ao consultar um médico. Ir ao médico está relacionado com o corpo; significa muitas vezes tirar as roupas e às vezes inclui exames íntimos. Quando uma cliente precisa ver um médico, você talvez tenha que ajudá-la a planejar a consulta e sugerir que ela encontre uma amiga de confiança ou uma parente para acompanhá-la. Foi extremamente útil para mim ter um relacionamento com alguns médicos de família que possuem um pouco de compreensão pelo trabalho que faço e que, gentilmente, me permitiram instruí-los acerca de sobreviventes, de modo que são sensíveis às necessidades delas.

Clientes que lutam contra a ansiedade e/ou depressão precisarão de ajuda para enfrentar o problema de maneiras não destrutivas. O terapeuta deve indagar cuidadosamente sobre pensamentos de suicídio ou tentativas anteriores de suicídio. Descubra o que a cliente faz para enfrentar a depressão ou ataques de ansiedade. Talvez ela considere útil um pouco de informação simples sobre o que é um ataque de pânico e como ela pode atravessá-lo. Ela pode precisar de algumas sugestões práticas de como lidar com a ansiedade e a depressão. Poucas clientes sabem que um programa regular de exercícios físicos pode ser benéfico em ambos os casos. Às vezes o exercício pode ajudar a aliviar a depressão fisiologicamente e reduzir igualmente a ansiedade.

Entrar em um programa de exercícios físicos, muitas vezes, é a primeira experiência que uma cliente faz de assumir o controle de seu próprio corpo.

As clientes que têm problemas com drogas e álcool precisam de uma avaliação e uma indicação para um programa de doze passos ou um programa de reabilitação. O comportamento dependente precisa ser confrontado e interrompido porque pode ser uma ameaça à vida e também porque tende a ser uma forma de automedicação das clientes e de evitar a dor emocional do abuso. A dependência química não apenas é perigosa, mas também pode interferir no processo terapêutico. Quando a medicação for necessária, é crucial que seja prescrita e monitorada por um médico, e não autoadministrada.

12

Recuperação da memória

O terceiro componente da fase inicial de tratamento refere-se ao trabalho com as lembranças. Em anos recentes, tornaram-se motivo de considerável controvérsia as questões referentes à veracidade das lembranças das sobreviventes. Há dúvidas sobre se memórias traumáticas podem ou não ser esquecidas, apenas para virem à tona em anos posteriores; se os terapeutas têm a habilidade de implantar recordações em clientes; sobre como determinamos se uma lembrança é ou não verdadeira e se o abuso sexual na infância é ou não tão disseminado quanto parece.

Esse aspecto da terapia, como qualquer outro, deve ser presidido pela busca da verdade e pela demonstração de amor. É destrutivo chamar de mentira o que é verdade. É igualmente destrutivo falar uma mentira e chamá-la de verdade. Nosso trabalho com qualquer pessoa tem que ser realizado com muita consideração.

Diversos fatores precisam dirigir nosso trabalho com as lembranças de outros. Sabemos agora que ter uma memória vívida de um evento não constitui garantia alguma de que a lembrança seja perfeitamente exata. Uma emoção intensa que a acompanha não comprova a verdade de uma recordação. O processo de armazenar e recuperar reminiscências está sendo entendido atualmente como um processo complexo. O psicólogo George Klein nos deu uma teoria propondo que a recordação é formada de quatro partes: 1) registro ou percepção, 2) armazenamento ou retenção, 3) classificação em um esquema, e 4) recuperação.[22] Alguma alteração em qualquer lembrança específica pode acontecer dentro de qualquer uma das quatro subfunções. Obviamente um problema em qualquer uma dessas subfunções pode resultar

---

22 G. S. Klein, *Perceptions. Motives, and Personality*. (Nova Iorque: Jason Aronson, 1970): 112.

em uma lembrança imprecisa sendo recuperada. No meio de muitas opiniões discrepantes e de emoção intensa, e tendo em vista a complexidade da mente humana em geral e da memória em particular, faremos bem se procedermos com precaução.

Pesquisas atuais revelam diversas conclusões que podem proporcionar um pano de fundo diante do qual podemos nos engajar em nossos esforços. Primeiro, há certa evidência de que lembranças traumáticas são armazenadas de maneira um pouco diferente das lembranças comuns.[23] Durante períodos de estresse severo, como o abuso ou a guerra, o cérebro se autoanestesia com substâncias químicas semelhantes ao ópio (chamadas de endorfinas). Essas substâncias químicas são a maneira pela qual o corpo se anestesia para enfrentar a dor. É muito provável que esses sedativos afetem a maneira como o cérebro armazena uma recordação.

Como segundo aspecto parece que o trauma "não produz apenas efeitos psicológicos adversos, mas também potencialmente mudanças neurobiológicas a longo prazo no cérebro".[24]

O Dr. Bessel Van der Kolk, um psiquiatra pesquisador na Harvard Medical School, desenvolveu um modelo biológico para o trauma baseado em seu trabalho com animais que enfrentam um repetido "choque inevitável".[25] As descobertas de Van der Kolk indicam que as respostas bioquímicas do cérebro ao trauma parecem criar novos caminhos para a informação.

Finalmente, um dos resultados da criação de novos caminhos pode ser uma desconexão entre a memória sensorial e a memória emocional e/ou corporal. Por consequência, em vez de armazenar todos os aspectos de um evento de maneira coerente, partes diferentes são guardadas separadas de outras. Em decorrência, os terapeutas veem as clientes com o que é chamado de "memória corporal", na qual o corpo da cliente reage como se o abuso estivesse acontecendo no presente. Ou uma cliente é capaz de relatar uma história terrível de abuso sem qualquer reação afetiva a essas recordações.

Há também evidência de recordações reprimidas de situações diferentes do abuso sexual. Uma dessas foi narrada em uma história impressa na

---

23 Bessel, A. van der Kolk. "Trauma and Memory", in: *Traumatic Stress: The Effects of Overwhelming Stress on Mind, Body and* Society. (Nova Iorque: The Guilford Press, 1996): 296-297.

24 S. D. Solomon, E. T. Gerrity e A. M. Muff. "Efficacy of Treatments for Posttraumatic Stress Disorder: An Empirical Review", in: *Journal of American Medical Association* 268, nº 5 (5 de agosto de 1992): 633.

25 Bessel, A. van der Kolk e Onno Vander Hairt. "The Intrusive Past: The Flexibility of Memory and the Engraving of Trauma", in: *American Imago* 48, nº 4 (1991): 444.

revista *McGall's* em 1994. Helga Newmark havia sido forçada a subir em um vagão de gado durante a ocupação nazista e fora levada a um dos campos de concentração. Como muitos outros sobreviventes desses acampamentos, quando veio a libertação, ela saiu e nunca mais falou sobre a experiência. Anos mais tarde, parada em um cruzamento de via férrea com seus dois filhos, veio-lhe uma retrospecção do vagão de gado. Retornaram igualmente enxurradas de outras lembranças. Com o passar do tempo, ela se lembrou cada vez mais das experiências do campo de concentração que antes haviam sido reprimidas. Ela se referiu ao processo de lidar com suas recordações como uma sensação de estar descascando muitas camadas dela mesma, em um esforço de descobrir quem ela realmente era.[26]

Muitas pesquisas feitas com veteranos combatentes não apenas demonstram o fenômeno da memória reprimida, ou amnésia, por causa de acontecimentos aterrorizantes, mas também a correlação da amnésia com uma violência mais intensa e níveis mais elevados de estresse. Trabalhos de pesquisa com veteranos do Vietnã indicam que a amnésia dos combates está relacionada a fatores como exposição a circunstâncias ameaçadoras à vida; tirar a vida de alguém ou infligir-lhe dano grave; participar de atrocidades ou testemunhá-las; isolamento ou não ter permissão para falar sobre o trauma com outros.[27] Os fatores acima citados são elementos que perpassam as histórias de muitas sobreviventes de abuso sexual.

O trabalho de lidar com lembranças é essencialmente uma procura pela verdade. O fato de que uma reminiscência veio à tona não garante sua veracidade e o fato de que uma recordação foi reprimida durante anos não significa que é inverídica. Recentemente uma cliente externou a mim seu grande temor de que as coisas de que estava se lembrando fossem a verdade sobre sua vida. Ela não queria que aquilo fosse verdade. Depois de um momento de pausa ela se deu conta de que, ao mesmo tempo, era um pensamento terrível assumir que as coisas que sua mente lhe estava lançando eram, na realidade, inverídicas. Não havia nenhum lugar fácil ou tranquilo para ela se posicionar.

Encorajo as clientes a fazerem duas coisas quando tentam entender a verdade sobre sua vida. A primeira é perceber que Deus é um Deus da verdade. É ele quem sabe todas as coisas e pode revelar o que está oculto. Digo-lhes que sempre recorro a ele quando trabalho com elas, pedindo-lhe que torne

---

26 Helga Newmark, "Stolen Childhood", in: *McCall's*. (agosto 1994): 100.
27 Bessel A. van der Kolk, *Post-Traumatic Stress Disorders: Psychological and Biological Sequelae.* (Washington, *D.C.:* American Psychiatric Press, 1984): 63-66.

claro qual é a verdade. Também sugiro que façam o mesmo. O trabalho de memória não tem a ver com provar coisa alguma; tem a ver com encontrar a verdade.

A segunda coisa que faço é indicar caminhos pelos quais uma cliente que não tem certeza sobre sua história pode investigar a exatidão de suas lembranças. Uma porcentagem extremamente alta de clientes das quais cuidei ao longo dos anos ingressou na terapia com o conhecimento intacto do seu abuso. A terapia, às vezes, libera outras recordações previamente esquecidas, mas o fato do abuso e as recordações específicas dele são coisas que as clientes nunca esqueceram.

Para as que não têm certeza da veracidade de suas lembranças, sugiro que considerem voltar ao cenário delas. Muitas vezes a melhor atualização de qualquer recordação acontece no lugar em que o evento aconteceu. Ali são maiores as probabilidades para rememorar porque a visão, os sons e os cheiros cooperam para nos ajudar a recordar.

Muitas mulheres retornaram ao local em que aconteceu o abuso. Mesmo as que sempre se lembraram, sentem, muitas vezes, a necessidade de solidificar essa recordação voltando ao lugar em que aconteceu. Um detalhe importante é que, na medida do possível, encorajo a sobrevivente a não retornar sozinha ao lugar do abuso. Estar lá e recordar são, com frequência, experiências arrasadoras e aterrorizantes. A companhia de uma pessoa confiável e afetuosa é muito útil, se isso puder ser arranjado. Quando não puder, encorajo as clientes a combinarem previamente de me telefonar logo depois da visita a determinado local. Manter um diário também é muito útil durante essas excursões. É uma ferramenta útil gravar as recordações, sentimentos e perguntas, pois podem facilmente se perder devido à emoção intensa do momento. Atendi algumas sobreviventes ao longo dos anos que haviam "perdido" grandes pedaços de sua vida e retornaram à casa de sua infância. Através de fotografias, registros escolares, registros médicos e conversas com outros elas compilaram sua vida e/ou documentaram recordações que recentemente vieram à tona.

Outra sugestão para as que estão inseguras quanto às lembranças é levá-las a fazer perguntas a alguém que poderia ter conhecimento relacionado com a memória. Irmãos, parentes e amigos de infância muitas vezes terão recordações que elucidam fatos. Algumas dessas pessoas, obviamente, não quererão falar porque também ficarão ameaçadas pela ideia do abuso ocorrido no seio da família. Para que um empreendimento desses tenha sucesso, é vital avaliar cuidadosamente a confiabilidade das pessoas que serão perguntadas e fazer uma avaliação realista quanto às reações delas. Se as perguntas não forem tratadas com muito cuidado, facilmente podem ser ouvidas como acusações ou confrontações e acabam jogando a sobrevivente em circunstâncias assustadoras e inesperadas.

O uso de fotografias da infância também pode servir como uma ajuda. Solicitar simplesmente que a cliente traga um álbum de fotografias e passar por ele, fazendo um rápido comentário sobre as fotos e tudo o mais que aflora à mente, às vezes serve para desencadear eventos que haviam permanecido esquecidos. Essa técnica, muitas vezes, também serve para comprometer uma cliente com o componente afetivo de suas recordações. Muitas ficam atordoadas quando se dão conta de "como eram pequenas". Outros auxílios podem ser registros médicos, avaliações escolares e diários de infância. Obviamente danos físicos e/ou cicatrizes servem como confirmação para algumas.

Trabalho de memória

O que se pode fazer com lembranças horríveis, sempre presentes ou lembradas apenas recentemente? Essas reminiscências muitas vezes arrasam a pessoa a ponto de impedir sua capacidade de funcionar. O passado se intromete repetidamente no presente. Uma cliente o formulou assim: "O que aconteceu comigo vinte anos atrás parece mais real do que o que aconteceu nesta manhã".

O princípio norteador para lidar com recordações traumáticas é restaurar ao sofredor tanto a voz quanto o poder. Normalmente o abuso foi sofrido em silêncio, foi controlado no isolamento e foi perpetrado sem o menor pensamento voltado para as necessidades ou os desejos da vítima. A cura começa quando a verdade é dita no contexto de um relacionamento seguro e o compasso da recuperação é administrado de acordo com o que é bom para a cliente, e não para o terapeuta. Na essência, a cura acontece quando a voz da cliente se expressa em um relacionamento no qual não há abuso de poder.

A tarefa de encarar a verdade do abuso, particularmente do abuso crônico e sádico, é árdua e exigente para a cliente e para o terapeuta. No livro *Trauma and Recovery* [Trauma e Recuperação], Judith Herman menciona duas armadilhas principais nessa fase de tratamento. Por um lado, ela aponta que um erro terapêutico comum é evitar o material traumático por causa de sua natureza arrasadora e horrível. Por outro lado, muitos terapeutas precipitam o trabalho de memória sem antes estabelecer a segurança ou tentam apressar as clientes em vista da dor causada no trabalho, o que acaba produzindo nas clientes uma sensação de, mais uma vez, serem subjugadas pelo abuso.[28]

O propósito do trabalho de memória não é simplesmente recapitular recordações. O ato de se lembrar de algo não é, em e por si mesmo, um processo curativo. De maneira similar, o processo de ab-reação (no qual são experimentadas as emoções que acompanharam o abuso original) não é, em e por si mesmo, a cura. Somente lembrar e sentir não leva à redenção. A pessoa pode se lembrar e sentir e simplesmente continuar eternamente atormentada.

Parece que está surgindo algo como um debate acerca da importância do trabalho de memória. Algumas pessoas acreditam que toda a memória precisa ser exposta e ab-reagida para que aconteça a cura. Na outra extremidade da escala estão aqueles que parecem sentir que nenhum trabalho de memória é necessário e que é até prejudicial. Os do último campo parecem ser um segmento pequeno da comunidade de aconselhamento cristão. Deixei claro que não penso que simplesmente se lembrar e/ou ab-reagir tragam, em e por si mesmos, obrigatoriamente a cura. Tampouco penso que toda a memória precisa ser recordada e/ou ab-reagida para que a cura possa acontecer. O ponto importante é que esse aspecto do trabalho lida menos com recordações e mais com a *verdade*.

Deus nos chamou para a verdade. Ele é verdade. Ele revela a verdade. Cabe-nos ir em busca da verdade. O salmista ora com frequência a Deus para que examine seu coração e sua mente, especialmente as partes que estão ocultas. Somos criaturas complexas. Essa complexidade é tão grande que somos incapazes de compreender a nós mesmos. Todos trazemos dentro de nós coisas que nos foram ensinadas diretamente ou que aprendemos inadvertidamente, coisas que estão entrelaçadas com mentiras. Vivemos a vida baseados nessas mentiras até que Deus use certos meios para expô-las e, em troca, nos ensinar a verdade dele. Quando alguém cresce em um lar impregnado de mentiras e engano, o impacto é profundo. As mentiras embutidas em experiências traumáticas e acompanhadas de intensa emoção normalmente deixaram mensagens poderosas. São essas mentiras que são expostas durante o processo do trabalho de memória. O trabalho de memória tem um

---

[28] Herman, *Trauma and Recovery*: 176.

propósito muito maior do que o de simplesmente recordar e sentir o que aconteceu.

Seu propósito é oferecer à sobrevivente um lugar seguro no qual possa falar a verdade sobre sua vida de maneira que essa verdade seja integrada no todo de sua vida e as mentiras que a acompanham sejam expostas. Paulo nos comunica o princípio da exposição em Efésios 5.8-14: *Porque no passado vocês eram trevas, mas agora são luz no Senhor. Vivam como filhos da luz – porque o fruto da luz consiste em toda bondade, justiça e verdade –, tratando de descobrir o que é agradável ao Senhor. E não sejam cúmplices nas obras infrutíferas das trevas; pelo contrário, tratem de reprová-las [TEB: **desmascarai-as**]. Pois aquilo que eles fazem em segredo é vergonhoso, até mencionar.* **Mas todas as coisas, quando reprovadas pela luz, se tornam manifestas; porque tudo o que se manifesta é luz.** *Por isso é que se diz: "Desperte, você que está dormindo, levante-se dentre os mortos, e Cristo o iluminará"* (ênfase acrescentada).

Deus é luz. O resultado de sua luz em nossa vida é bondade, retidão e verdade. Jesus disse que Satanás é o pai da mentira. Ele engana e *nele não há verdade* (Jo 8.44). O que foi praticado na escuridão precisa ser exposto. As mentiras que a escuridão esconde precisam ser reveladas pelo que são. As coisas que são arrastadas para a luz se tornam visíveis; quer dizer, são vistas da maneira como verdadeiramente são. A luz faz aparecer a verdade sobre algo. Somente então é que a sobrevivente poderá chamar pelo termo correto aquilo que é mau, ver as mentiras que foram escondidas na escuridão, e descobrir-se livre para ouvir a verdade. É então que o processo da redenção se torna explícito, porque vemos alguém marcado com as características da morte – silêncio, isolamento e desamparo – finalmente despertar dos mortos quando a vida de Cristo começa sua obra transformadora.

Características do processo de trabalho de memória

No livro *A Jew Today* [Um judeu hoje], Elie Wiesel diz que "a memória não é somente um reino, também é um cemitério".[29] Em seu comentário sobre Wiesel, Robert McAfee Brown fala da memória como "um reino da noite, um

---
29   Elie Wiesel, *Judeu, hoje*. (São Paulo: Andrei, 1986.)

reino da escuridão no qual não se encontra luz alguma, onde a morte, em vez de ser a exceção diária, se tornou a expectativa diária".[30] Uma memória dessas atua como permanente força destrutiva na vida de uma pessoa. Brown se refere ao tempo em que Wiesel visitou Kiev, local de uma grande matança de judeus em 1943. Naquela ocasião, Wiesel disse ao prefeito: "Sr. Prefeito, o problema para todos nós – para o senhor e para nós – é: O que fazemos com nossas recordações? Temos que lidar com elas ou elas nos esmagarão". Brown diz que "enfrentar recordações não apenas implica reconhecer a realidade delas e honrar os que foram vitimados, mas decidir se apropriar das recordações no presente para o bem do futuro".[31]

O que deveria caracterizar o processo de acompanhar sobreviventes de abuso sexual em sua jornada ao reino da escuridão no qual não se encontra luz alguma – somente a morte? Um reino desses se caracteriza pela morte da voz, do relacionamento e do poder – realmente, a morte da individualidade como Deus a planejou. O que precisa estar presente durante uma jornada dessas para que ela resulte em uma redenção tão grande que as coisas destinadas a produzir morte sejam transformadas, em vez disso, em algo que produz vida?

Antes de podermos entender o que deve caracterizar uma jornada dessas, devemos ter clareza do que estamos enfrentando. Encarar o mal é defrontar-se com o inferno trazido dos subterrâneos para a superfície. Para que você não pense que estou exagerando, veja o que João 8.44 nos ensina sobre o inferno e seu mestre. *"Vocês são do diabo, que é o pai de vocês, e querem satisfazer os desejos dele. Ele foi assassino desde o princípio e jamais se firmou na verdade, porque nele não há verdade. Quando ele profere mentira, fala do que lhe é próprio, porque é mentiroso e pai da mentira"*. As características do nosso inimigo, como descrito aqui, são que é governado pelos desejos dele, leva a morte para onde quer que vá e sua boca está cheia de mentiras e engano. Não são esses os componentes centrais do abuso? Será que um pai que repetidamente estupra sua filha pequena não é governado por seus desejos, produzindo morte na pessoa dela e enchendo a mente dela de abjetas mentiras? Avançar em uma jornada dessas significa enfrentar as maquinações do próprio inferno. O trabalho abrange muito mais do que ouvir recordações e iludimos a nós mesmos quando pensamos de

---

30 Robert McAfee Brown, *Elie Wiesel. Messenger to All Humanity*. (Notre Dame: Notre Dame University Press, 1983): 19.
31 Ibid., p. 20.

outro modo. Amy Carmichael sintetiza o que encaramos, em uma declaração que ela fez sobre enfrentar a antiga e forte filosofia do hinduísmo: "Esses [problemas] profundamente enraizados [...] são suficientemente formidáveis, quando entendidos de modo correto, para nos levar a perceber como conseguimos fazer pouco para superá-los. Mas não passam de 'pó' em comparação com a força do 'real' entrincheirado por trás deles. Apenas pó superficial; e, ainda assim, [...] nada além do hálito de Deus é capaz de soprar este pó para longe".[32]

Se é assim, e constatei que é verdade, então a primeira coisa necessária para essa jornada é um terapeuta cujas raízes alcancem até as profundidades da vida de Deus. Sim, esse é um trabalho sobre reminiscências muito dolorosas e aterrorizantes. Sim, é um trabalho que desnuda mentiras e busca verdade. Com certeza é um trabalho que requer compreensão para com as pessoas e a natureza da terapia. Requer um conhecimento do abuso, do que o abuso causa nas pessoas que a suportaram e do que elas precisam para mudar. Contudo jamais devemos nos esquecer de que esse também é um trabalho sobre principados e potestades. É um trabalho que muitas vezes parece, literalmente, andar à beira do abismo.

Citamos mais uma vez a palavra de Amy Carmichael mencionada acima: "Aqueles que não sabem nada dos fatos com certeza criticarão. Não é algo desconhecido que as pessoas agem como críticos, embora sendo sumamente ignorantes no assunto criticado. Mas os que conhecem a verdade desses fatos saberão que nós os atenuamos, necessariamente harmonizamos com cuidado, porque não podem ser escritos por extenso. Não poderiam ser publicados nem lidos. Não podem ser escritos nem publicados nem lidos, porém... tiveram que ser vividos! *E o que você nem sequer pode ouvir, teve que ser suportado por pequenas meninas*" (ênfase dela).[33]

Quem pretende fazer a jornada para um território desses tem que conhecer o Doador da Vida, e conhecê-lo bem, do contrário se dará conta de que está mal preparado para o trabalho que é chamado a realizar. O impacto desse trabalho na pessoa do terapeuta e naquilo que o terapeuta precisa ser será longamente discutido em um capítulo posterior. Por ora precisamos ter em mente a verdadeira natureza do trabalho e o chamado permanente de que o terapeuta busque Deus.

---

32 Amy Carmichael, *Things As They* Are. (Londres: Marshall, Morgan & Scott, 1903): 65-66.
33 Ibid., p. 228.

Aprendemos anteriormente que o trauma não apenas silencia a voz mas também resulta em isolamento e falta de poder. Durante o processo de exposição da verdade, é preciso fazer de tudo para tentar romper esse isolamento e essa impotência.

O relacionamento foi destruído pelo abuso. Quando analisamos as fases do desenvolvimento na infância, vimos quanto desse trabalho acontece na área do relacionamento ou do apego. Os laços com a mãe, as saídas e retornos da criança pré-escolar e a identidade em desenvolvimento do adolescente, tudo isso acontece no contexto do relacionamento. O abuso crônico na vida de uma criança intercepta tudo disso, destruindo a ligação e criando uma desconexão nociva. A terapia é uma oportunidade para resgatar isso. Obviamente não podemos retroceder e desfazer o abuso como se nunca tivesse acontecido. Tampouco podemos fingir que não foi tão ruim assim e que não afetará a vítima no futuro. O que podemos oferecer é uma ligação segura na qual a pessoa pode se agarrar enquanto enfrenta a verdade de sua vida. Estamos oferecendo um braço forte para segurar quando ela própria se inclina para o abismo, um refúgio para retornar depois da tempestade das recordações, uma pessoa verdadeira com quem falar enquanto luta para separar as mentiras da verdade a respeito de quem ela é. É fácil perceber por que o estabelecimento e a preservação da segurança são preocupações tão primordiais.

Lidar com o trauma no contexto de um relacionamento seguro permite à sobrevivente, com frequência pela primeira vez na vida, ser ela mesma em relação a outra pessoa. O abuso a forçou a viver com uma identidade dividida. Cresceu precisando fingir que não sofreu abuso, porque falar a verdade resultaria até mesmo na destruição da aparência de relacionamento. Muitas também foram ameaçadas com o aniquilamento de suas próprias vidas. No relacionamento terapêutico ela pode dizer a verdade toda sobre si e continuar obtendo amor e aceitação. Isso, obviamente, demanda do terapeuta que seja capaz de suportar a pior verdade possível e, ainda assim, oferecer amor.

Quando foi quebrada a confiança básica na tenra idade de uma criança e quando ela foi molestada por aqueles que deveriam ter sido seus protetores, sentiu-se abandonada por Deus. O alicerce para qualquer tipo de relacionamento de fé foi destruído. Aqueles que deveriam cuidar, traíram e feriram. A ideia de confiança é absurda. Uma crise de fé torna-se inevitável.

O abuso também destruiu qualquer sentido de opção ou poder. Se a criança cresceu com alguma ideia de poder, o mais provável é que acreditasse que tinha um poder letal. Em outras palavras, ela aprendeu que seu poder era tal que podia destruir qualquer relacionamento no qual entrasse. Conhecê-la seria encontrar-se com o mal e a maldade. Ao mesmo tempo foi-lhe ensinado que ela não tinha poder algum para parar o mal, que suas necessidades e desejos eram irrelevantes no relacionamento e que não tinha poder algum para se proteger. Qualquer iniciativa que tomasse seria frustrada. Autoafirmar-se, tentar fazer algo diferente, oferecer resistência de qualquer espécie eram exercícios sem sentido e potencialmente perigosos para sua vida.

Repetindo, a terapia significa uma oportunidade de resgatar a possibilidade de opção. No contexto de um relacionamento seguro, o ritmo do trabalho com a verdade penosa será definido pelo que a *cliente* puder tolerar. O trabalho da terapia precisa ser administrado tendo em mente as necessidades e a resiliência de cada cliente. Por definição, o trauma é insuportável. O trabalho de lidar com esse trauma precisa ser feito de uma maneira que seja tão suportável quanto possível. Reconheço, sem dúvida, que, em alguns sentidos, isso não é nem remotamente possível. Debruçar-se sobre o que é insuportável é algo insuportável de várias maneiras e, apesar disso, o insuportável tem que ser suportado, do contrário jamais acontecerá a cura. Por isso a cliente tem que escolher cuidadosamente o ritmo com que enfrenta o que ela acredita ser impossível de encarar. Por um lado, o terapeuta tem que comunicar: "Sim, *você pode* fazer isso e viver". Por outro, é preciso levantar continuamente a pergunta: "Como *você* gostaria de fazer isso?"

Percebo dois perigos que podem levar o terapeuta a alterar o ritmo sem que as necessidades da cliente sejam o fator determinante. Um perigo é que o terapeuta fique fascinado com a observação da dor de outra pessoa ou que se vicie com a intensidade do trabalho com sobreviventes. O desejo do terapeuta por alguma espécie de voyeurismo psicológico ou sua necessidade de uma "onda de intensidade" pode vir a ser o que regula o ritmo do trabalho. O trabalho com sobreviventes é desafiador, e não é difícil cair em armadilhas como essas. Porém, o ritmo do trabalho sempre deve ser determinado pela necessidade da cliente em progredir dentro do contexto de segurança.

Um segundo perigo inerente ao processo de ouvir resulta de uma indisposição para isso porque temos medo de que o que ouvimos outros relatarem nos digam coisas que não queremos ouvir sobre nós mesmos ou sobre a vida neste mundo. Muitas pessoas não querem ouvir porque as consequências da mensagem são devastadoras demais. Quem gosta de ouvir falar de perpetradores quando essas narrativas nos obrigam a considerar o perpetrador que jaz exatamente sob a superfície de nossos próprios corações? Quem quer ouvir falar do estupro de meninos e meninas pequenos quando temos filhos vulneráveis aí fora no mundo? Quem quer encarar a fé devastada de outro, quando isso nos faz olhar diretamente para nossas próprias dúvidas mal encobertas?

É muito fácil tornar-se presa de perigos como esses. Se não formos vigilantes sobre nossas próprias reações ao que ouvimos, acabaremos determinando o ritmo com base em nossas próprias necessidades, e permaneceremos surdos aos clamores dos que estão diante de nós. Como é fácil ser parecido com um perpetrador!

Quando afloram recordações que vêm carregadas de intensa emoção, a cliente pensará que não consegue funcionar em seu nível mais elevado. Na realidade ela poderá funcionar bem abaixo de seu normal por algum tempo. Tanto ela quanto seu sistema de apoio precisam ser informados disso, de modo que todos possam colaborar para apoiá-la e ajudá-la a simplificar sua vida. Você não consegue enfrentar o trauma e ter o resto da vida transcorrendo como se nada estivesse acontecendo. Isso é verdade independentemente de o trauma ter ocorrido recentemente ou muitos anos atrás. A palavra *trauma* significa um choque que resulta em um ferimento. Quando uma coisa dessas acontece na esfera física, a vida não transcorre como sempre. O mesmo vale quando o trauma acontece na esfera emocional. O abuso sexual é um choque para corpo, a mente e o espírito. Lidar com uma ferida tão onipresente causará repercussões em todos os aspectos de uma vida.

Técnicas úteis para o trabalho de memória

Independentemente do cuidado com que estruturamos o processo e da sintonia que temos com as necessidades de nossa cliente, o trabalho de enfrentar recordações dolorosas de abuso sexual perturba e amedronta. Embora eu não conheça uma maneira de fazer disso um processo fácil ou indolor, descobri diversas técnicas que ajudaram as clientes ao longo dos anos.

1. Ancorar

Muitas vezes quando uma cliente se defronta com uma recordação específica do abuso, ela parecerá perdida nessa recordação. Terá a sensação de que seu consultório se dissipou, que você desapareceu e que o abuso está acontecendo naquele momento. É muito importante ensinar a ela como se ancorar no presente durante essas ocasiões. Quando ela aprender a fazer isso com sua ajuda, poderá ser capaz de fazê-lo por conta própria.

Uma das maneiras pelas quais ajudo uma cliente a se ancorar é pelo uso de minha voz. Descobri que a maioria das sobreviventes é muito sintonizada com o som de minha voz. De fato, muitas vezes ela é, no princípio, a única conexão delas comigo, porque têm medo de levantar o olhar. Muitas me disseram que, por muito tempo, foram capazes de me reconhecer fora do consultório somente pela minha voz e por meus sapatos! Parecem apegar-se à minha voz até mesmo antes de se apegar a mim como pessoa.

Quando uma cliente está "perdida" em uma lembrança, falo com ela de modo uniforme e lento. Chamo-a pelo nome e lembro-a de quem sou e onde ela está. Digo-lhe várias vezes que ela está *se lembrando* de algo, que aquilo não está acontecendo agora. Repito com frequência a frase: "Siga minha voz para sair da recordação". Muitas vezes elas dirão que isso é a única coisa que não "combina" com o episódio lembrado, que embora minha voz seja fraca, elas podem ouvi-la, e continuam pressionando em direção dela até que consigam reatar com o presente e com meu consultório.

Uma segunda maneira pela qual ajudo as clientes a se ancorar é uma técnica que elas podem aprender a praticar sozinhas. Basicamente encorajo-as a usar um dos cinco sentidos para se ligar ao presente. A maioria das clientes usa a visão ou o toque. Quase sempre tenho flores frescas em meu consultório, e é muitas vezes a procura por essas flores que traz uma cliente de volta ao presente. Repetindo, uso a voz para lembrá-las onde estão e para que olhem minhas flores. Quando puderem me dizer de que cor são as flores, então eu sei que estão "de volta". Algumas se relacionam melhor com algo palpável – contato físico com o tecido de meu sofá ou com a almofada que está sobre ele. Com o passar do tempo, percebo que as clientes interiorizam esse processo (a voz e tudo o mais) e são capazes de se ancorar na realidade quando não se encontram no consultório.

Uma terceira forma de ajudar uma cliente a se sentir ancorada no presente é pelo uso da oração e/ou da Bíblia. Isso somente pode ser feito com base em um claro entendimento do ponto em que uma cliente se encontra em sua luta com questões espirituais. Quando mal programado, o uso da oração e/ou da Bíblia pode acabar ativando recordações em vista da maneira como elas foram usadas antes, durante ou depois do próprio abuso.

2. Armazenar

Muitas clientes temem ser consumidas por uma recordação não apenas enquanto estão no consultório, mas também depois que partiram. Têm medo de não poder sair do consultório e, apesar de tudo, funcionar. Muitas vezes é útil propor que uma cliente imagine "armazenar" uma recordação em meu consultório e deixá-la ali. Isso envolve que a cliente escolha um lugar em que ela gostaria de deixar a recordação e que anote que a colocou ali. Eu me torno a "guardiã" dessa recordação até que ela retorne para a próxima sessão. Em geral as clientes são capazes de se lembrar desse processo durante a semana quando a recordação ameaça aflorar e dominá-las uma vez mais. Essa técnica também começa a proporcionar à sobrevivente uma sensação de domínio sobre suas recordações.

3. Estocar

Outro modo de ajudar uma cliente a obter controle sobre as recordações toda vez que vêm à tona é encorajá-la a descobrir uma maneira de estocá-las. É bastante semelhante à ideia subjacente à técnica do armazenamento. Muitas sobreviventes com quem trabalhei são pessoas muito criativas. Elas pintam, compõem músicas, escrevem poesias e se expressam belamente em diários. Usar esses métodos em um lugar específico e dentro de prazos cuidadosamente escolhidos permite a uma sobrevivente continuar lidando com suas recordações fora do consultório, mas de uma maneira muito controlada. Muitas pintarão ou escreverão em um lugar particular de sua casa e em determinado momento. Sempre que as recordações aflorarem, elas poderão colocá-las de lado até chegar aquela hora, naquele lugar. Novamente uma técnica dessas confere uma sensação de controle sobre o que sempre tem sido arrasador.

4. Equacionar no tempo

Na medida do possível tento encorajar a sobrevivente a participar do processo de programar cronologicamente seu trabalho com as recordações.

Uma mulher no começo da terapia observou o fato de que eu parecia monitorar com muito cuidado o equacionamento da análise de suas recordações ou pesadelos. "Você se aproxima lentamente, bate em cheio na face do problema, retira-se, e suavemente recolhe os pedaços antes que eu tenha que sair". Quando discutimos esse processo, ela própria começou a assumir um pouco de responsabilidade por ele, e aprendeu a se proteger, não começando um trabalho desses cinco minutos antes do fim da sessão. Uma vez mais, ela começou a se sentir mais no comando daquilo que havia atropelado sua vida.

Obviamente um controle desses nem sempre é possível. Algo ativará uma recordação, e lá estará ela, inteira, dez minutos antes do término da sessão. Porém, cada vez que uma dessas técnicas proporciona a menor percepção de que ela é capaz de administrar essas recordações, a cliente se despede com uma sensação de competência e esperança.

5. *Notas escritas:*

Frequentemente, quando trabalham recordações, as clientes estão lutando com intensas emoções ou dissociando. Depois de deixar a sessão, elas têm pouca ou nenhuma ideia do que você lhes disse. Chamo isso de "amnésia de sessão". Mas tenho a impressão, talvez exagerada, de que pode ser importante para elas o que eu disse. Isso vale especialmente quando uma lembrança específica parece trazer em si mentiras poderosas como "Sou uma 'inútil'", "Sou uma pária", "Se eu contar, vou morrer". Quando a cliente e eu nos debatemos juntas com essa mentira, descobri que é muito útil anotar no final da sessão o que a cliente pensava que era verdade sobre ela e em seguida o que realmente é a verdade de acordo com as Escrituras. Muitas vezes incluo aspectos de seu relacionamento comigo que demonstram que o que Deus diz é verdade. A verdade parece mais aceitável quando é vista, sentida e tocada no nível humano (que é a razão por que Deus se encarnou). As clientes levam consigo esses bilhetes e disseram que tornam a lê-los várias vezes durante a semana. Disseram-me que essas observações, junto com o fato de que *não mentirei* para uma cliente (embora eu possa optar por não responder a uma pergunta), constituem muitas vezes aquilo que finalmente permite que a verdade comece a penetrar e substituir a mentira.

6. Técnicas de relaxamento

Muitas sobreviventes andam o tempo todo cheias de nódulos de tensão, sem a menor ideia do que significa sentir-se relaxada. Preparar um vídeo ou usar um já pronto, e ensinar-lhes como relaxar pode ser um grande antídoto para os momentos em que a ansiedade estiver aumentado por causa de uma lembrança que aflora. Há algum tempo, quando eu estava ensinando uma mulher como relaxar os músculos, ela comentou: "Você quer dizer que é a isso que as pessoas se referem quando dizem que se sentem relaxadas? Eu não tinha a menor ideia do que elas estavam falando. É absolutamente delicioso!"

7. Cuidar do corpo

Em geral as sobreviventes se sentem inseguras em seus próprios corpos. Também veem o corpo como seu inimigo. Se não fosse o corpo, elas não teriam sido abusadas. Muitas sobreviventes estão dissociadas de seu corpo e, por consequência, o tratam muito precariamente. Outras são ativas no ódio ao corpo e continuam tratando-o de maneira que reflita ou imite as ações de seus perpetradores. O conceito de cuidar do próprio corpo não apenas é estranho, mas também gera ansiedade. Zelar pelo corpo de uma ou outra maneira significa convidar para um novo abuso. É melhor ignorá-lo ou desleixá-lo, na esperança de que ninguém mais note que você tem um.

Muitas vítimas cresceram com os ritmos biológicos de dormir e alimentar-se caóticos ou supercontrolados pelo perpetrador. A hora de dormir, das refeições e do banho eram atemorizadoras e produziam ansiedade. Muitas sobreviventes sofrem de distúrbios de sono, distúrbios alimentares ou, pelo menos, têm hábitos de alimentar-se precariamente. É preciso ensinar com dedicação o conceito de zelar pelo corpo. O melhor é começar pela área menos arriscada. Trabalhei com sobreviventes que não dormiam em camas porque camas significam abuso sexual, que não comiam em mesas porque as horas das refeições eram repletas de violência e de arremessos de comida e pratos, e que trabalham em um ritmo frenético por longas horas porque ficar sentada quieta significa ser "descoberta". A regularidade normal desses eventos, aceita como óbvia por tantos de nós, é algo simplesmente desconhecido. O processo de aprender a comer bem e com um mínimo de regularidade, de fazer exercícios e de dormir no mesmo lugar todas as noites mais ou menos à mesma hora demanda tempo e repetições. Cada pequeno passo para zelar pelo corpo e importar-se com ele constitui um enfrentamento ao que foi ensinado, um passo de fé e um pequeno sinal de carinho por um corpo que foi violado e arruinado por muitos anos. Aprender a zelar por um corpo tão abusado em reação às recordações desse abuso, é degustar a redenção.

O papel de testemunha das recordações de abuso sexual crônico pode ser emocionalmente arrasador. Ser, em muitos sentidos, uma testemunha impotente do trauma experimentado por alguém com que você começou a se importar é abrir-se pessoalmente para a dor, raiva, aflição e profunda tristeza. Significa que, enquanto você ouve, de alguma maneira e por algum processo, a história da sobrevivente é tecida na sua história e você é transformado para sempre. Se você não fugir, será forçado a enfrentar o poder do inimigo, sua capacidade pessoal de fazer o mal, a terrível aflição diante da dispensabilidade e do abuso de crianças e a tragédia de vidas que nunca serão o que poderiam ter sido.

Ao mesmo tempo você será chamado a oferecer uma ligação segura, uma esperança constante, ouvidos atentos, uma voz de veracidade e a opção por alguém que você não consegue controlar e que poderá ferir a si mesma. Você estará ali como representante do Deus que é nosso refúgio, o Deus que traz esperança, o Deus que ouve, o Deus que fala a verdade e o Deus que nos pede que optemos por ele. Na realidade, você será chamado a participar do que foi a essência da encarnação, trazendo o próprio Deus para realidades de carne e osso e vivenciando a vida dele através das pontas de seus dedos. A obra de Jesus neste mundo resultou em redenção. A obra dele em e por meio de você neste mundo também resultará em redenção.

SEÇÃO III

O TRATAMENTO: SEGUNDA FASE

13

Encarando verdades sobre o passado

A fase inicial do tratamento de uma sobrevivente adulta de abuso sexual enfocou o estabelecimento de um relacionamento seguro com o terapeuta, o alívio de sintomas e o trabalho da memória. Em um contexto de segurança com o terapeuta, o grosso do trabalho feito tende a centrar-se, em grande parte, nos eventos que aconteceram no passado e nos pensamentos e sentimentos que os acompanham. Essa fase da terapia abrange instrução e conforto. Quando a cliente fala sobre suas recordações, você tem o privilégio de responder a ela de maneira restauradora, dando-lhe algo que ela não recebeu na época do abuso. Confortá-la, apoiá-la e afirmar a coragem dela em sobreviver e, agora, lidar com o trauma fará com que seja capaz de enfrentar a verdade sobre sua vida, formar uma aliança sólida com você e depois seguir em frente.

A pergunta é, obviamente, para onde você, como terapeuta, espera que ela se mova? Uma vez que a cliente começa a reconhecer o que foi feito com ela pelo perpetrador e pelos membros da família que não a protegeram, e uma vez que os sintomas apresentados começam a diminuir, o enfoque mudará para ajudá-la a enxergar-se como adulta responsável, não como uma vítima infantil traumatizada. Acho que muitos terapeutas não parecem saber como ajudar as clientes a fazer essa mudança. Infelizmente, isso impede algumas clientes de seguir em frente depois da chamada "fase de vítima". Prestamos um grave desserviço a nossas clientes quando falhamos, não apenas em capacitá-las a enfrentar a verdade de sua vida, mas também a aprender a impedir que ela determine o presente e o futuro.

Já se escreveu muito sobre o que é chamado de "mentalidade de vítima" que muitos consideram corretamente como predominante em nossa sociedade.

Basta olharmos para alguns dos litígios ridículos e bem-sucedidos de hoje. Contudo, quem está preocupado com essa mentalidade muitas vezes corre o risco de se esquecer de que existem vítimas reais. A Bíblia deixa explícito não apenas que os humanos colocam outros humanos na posição de serem vitimados ou oprimidos, mas também que aqueles que conhecem Cristo devem mobilizar-se e ajudar essas pessoas. Qualquer menino ou menina, homem ou mulher que foi abusado sexualmente ou estuprado é uma vítima. Ao mesmo tempo, parte de nossa assistência aos que, de fato, são vítimas é ajudá-los de maneira adequada e oportuna a crescer além desse ponto. Com isso não estamos dizendo que a questão do abuso sexual deixará de ser uma luta para eles. Muitas vezes, os graves pecados de outros contra nós repercutem em nossas vidas durante anos, e não queremos ser ingênuos a esse respeito. Porém, tampouco queremos falhar em oferece-lhes a esperança da redenção, uma redenção não limitada à vida no além, mas que também é uma possibilidade real neste mundo.

A fase intermediária do tratamento constitui um momento crítico e, às vezes, um pouco de crise de modo igual para o terapeuta e a sobrevivente. Acredito que seja esse fato que contribui para os motivos pelos quais a terapia, muitas vezes, atola nessa transição. A fase intermediária do tratamento exige dos terapeutas que assumam uma posição mais diretiva e ativa em relação à pessoa que estão fortalecendo e confortando. Certamente essas atitudes não deveriam cessar, mas se continuarem sem que se acrescentem abordagens mais diretivas, a cliente marcará passo. Independentemente de quanta coragem é necessária para enfrentar o terror do incesto e de suas sequelas, encarar essas verdades não é uma condição suficiente para a mudança. O terapeuta precisa começar a tratar a sobrevivente como uma adulta que tem uma voz e poder, características esmagadas pelo abuso.

Uma das razões pelas quais o tratamento pode ficar estacionário aqui é que a sobrevivente pode oferecer boa parcela de resistência. O maior medo de sua vida até esse ponto foi encarar o abuso. Ela o fez e sobreviveu para contar a história. Provavelmente ela gostaria de dar um suspiro de alívio e acomodar-se para desfrutar o feito. Não há nada de errado com isso, porque ela venceu uma barreira maior e difícil – porém ela não chegou ao fim. No livro de John Bunyan, *O peregrino*, lemos como Cristão, ao ser libertado de sua carga junto à cruz, tem que prosseguir na subida da montanha Dificuldade. Ele começa a escalada. É íngreme e alta. Então, Bunyan nos relata:

"Ora, mais ou menos a meio caminho do cume havia um caramanchão aprazível, feito pelo Senhor do morro para descanso dos exaustos viajantes. Chegando ali, Cristão sentou-se para descansar [...] ... deleitando-se assim um pouco. Afinal se deixou vencer pelo cansaço e cochilou, logo caindo em sono profundo, o que o deteve ali até quase a noite".[34]

A montanha era íngreme e Cristão estava cansado. O caramanchão era para descansar. Porém, não era seu destino. Servia apenas como um local de restauração antes de continuar seu caminho. Seu sono nesse local mais tarde lhe causou dificuldades. Se permitirmos que o crescimento e as lutas da primeira fase sejam um destino, a cliente ficará aleijada de muitas formas e, de certo modo, seu abusador terá vencido. Sim, uma parte da obra de Deus em nossa vida é conduzir-nos à verdade. Um aspecto dessa verdade é encarar a realidade da nossa história. Porém há mais. Também é verdade que a cliente é agora uma adulta com voz e poder. Encontra-se agora em uma posição de começar a escolher como usar sua voz e seu poder para exercer impacto. Ela pode optar por continuar a deixar que a obra de redenção de Deus a liberte do passado e, quando ela o permite, a ação dele a transformará de alguém que espelha as mentiras do inimigo em alguém que mostra uma crescente semelhança com Jesus Cristo.

A sobrevivente aprendeu a falar. Ela viveu por um tempo no que Wiesel chama de "reino da noite" e optou por falar a verdade sobre o que viu ali. Em uma discussão acerca de criações artísticas sobre o Holocausto, Wiesel diz:

"Narremos histórias para recordar como o ser humano é vulnerável quando confrontado com o mal arrasador. Narremos histórias para não permitir que o executor tenha a última palavra. A última palavra pertence à vítima. Cabe à testemunha captar isso, moldá-lo e transmiti-lo."[35]

A sobrevivente não deixou que o perpetrador tivesse a última palavra. A própria decisão de contar sua história abre novas possibilidades antes jamais disponíveis para ela. Precisamos reiterar as verdades que ela reconheceu antes de nos movermos para ajudá-la a nomear essas novas possibilidades para a vida toda.

A experiência do abuso crônico traz consigo uma rotulação completamente errada das coisas. Perpetradores de fato são "papais queridos". As vítimas são "más e sedutoras" (aos três anos de idade!). Pais não protetores estão

---

34 John Bunyan, *O peregrino*. (São Paulo: Mundo Cristão, 2013.)
35 Elie Wiesel, "Art and Culture after the Holocaust" in: *Auschwitz. Beginning of a New Era? Reflections on the Holocaust*, Eva Fleischner (ed.). (Nova Iorque: KTAV Publishing House, 1977): 403.

"cansados e ocupados". A sobrevivente dá um gigantesco salto para frente quando consegue chamar o abuso pelo nome certo e capta o conceito de que o ato que ocorreu foi uma manifestação do coração do perpetrador, não do coração da vítima.

Precisamos ter sempre em mente o fato de que o abuso sexual na infância acontece em um ambiente patológico e sua vítima é uma criança dependente em desenvolvimento. Crianças precisam de apego, porém as "opções" da sobrevivente foram pessoas adultas que eram perigosas e/ou negligentes. No livro *Trauma and Recovery* [Trauma e recuperação], Judith Herman executa um excelente trabalho ao descrever a tarefa impossível que está diante de uma criança que convive com o abuso sexual crônico:

> Nesse clima de relacionamentos profundamente esfacelados a criança enfrenta uma tarefa descomunal em seu desenvolvimento. Precisa encontrar uma maneira de estabelecer apegos primários com provedores de cuidado que são perigosos ou, na perspectiva dela, negligentes. Precisa encontrar uma maneira de desenvolver um senso de confiança e segurança básica com provedores de cuidado que não são seguros nem dignos de confiança. Precisa desenvolver uma percepção de si própria em relação a outros que são impotentes, não se importam ou são cruéis. Precisa desenvolver uma capacidade de autocontrole do corpo em um ambiente no qual o corpo dela está à disposição das necessidades de outros, bem como uma capacidade de tranquilizar-se em um ambiente sem consolo. Precisa desenvolver a capacidade da iniciativa em um ambiente que demanda dela que conforme sua vontade completamente com a de seu abusador. E, por fim, tem que desenvolver uma capacidade de intimidade a partir de um ambiente no qual todos os relacionamentos íntimos são corruptos, e uma identidade a partir de um ambiente que a define como prostituta e escrava.
>
> A tarefa existencial da criança abusada é igualmente extraordinária. Embora se perceba como entregue a um poder sem clemência, ela tem que achar uma maneira de preservar a esperança e significado. A alternativa é o desespero absoluto, algo que nenhuma criança é capaz de suportar. Para preservar a fé nos pais, ela precisa rejeitar as primeiras conclusões mais óbvias de que algo está terrivelmente errado com eles. Dará todos os passos para construir uma explicação para o destino dela que absolva os pais de toda a culpa e responsabilidade [...] Incapaz de escapar ou alterar, de fato, a realidade insuportável, a criança a altera em sua mente.[36]

---
36 Herman, *Trauma and Recovery*: 101-102.

Essas alterações constituem o alicerce para camadas e mais camadas de mentiras. As mentiras e a fragmentação da individualidade que elas demandam tornaram-se o princípio básico em torno do qual a vida da sobrevivente é organizada. Quando a história é contada no contexto de um relacionamento seguro, a pessoa toda, gradualmente, torna-se capaz de enfrentar a história inteira com veracidade.

"Não fui eu o abusador"

Um dos principais passos para a sobrevivente será nomear o real perpetrador. Com isso não quero dizer simplesmente identificar quem foi seu abusador – o pai, a mãe, o avô, a avó, o tio, o padrasto, etc. – embora esse seja um tremendo passo para algumas. Nomear o perpetrador implica muito mais. Significa enfrentar a verdade de que foi o abusador quem planejou e executou o crime; significa que a vítima não causou o abuso. Significa equacionar o fato de que qualquer ação abusiva praticada contra outra pessoa é uma revelação do coração daquele que perpetra a ação, não do coração da vítima. Significa enfrentar a verdade de que o incesto ou o abuso sexual de um menor constitui um crime, não um equívoco. É um pecado hediondo contra uma criança que Deus nos incumbiu de proteger.

Muitas sobreviventes cresceram acreditando na mentira de que algo a respeito delas fez com que o abuso acontecesse. A muitas foi dito: "Eu não faria isso se você não fosse tão má".

Cristo torna plenamente claro em Mateus 15.16-20 que o que está fora de uma pessoa *não* é o que a torna impura. O mal com o qual uma pessoa se envolve origina-se em seu próprio coração, não nas pessoas que a rodeiam. Não importa o que a sobrevivente fez, o abuso sexual perpetrado contra ela *não* é uma afirmação acerca do coração dela. As mentiras, a lascívia, o engodo, a manipulação, a crueldade – tudo é manifestação do coração do abusador.

Algumas pessoas, sejam clientes ou conselheiros, parecem muito temerosas em fazer essas declarações. Uma das razões para o medo é que tais declarações são interpretadas como culpar o pai pelas dificuldades do presente. Nomear o perpetrador não diz respeito à culpa, e sim à verdade. A verdade é que fazer sexo com uma criança é maligno. A verdade é que quem age assim demonstra o mal em seu próprio coração. A verdade é que toda vez que algum de nós pratica o mal, influencia de maneira profunda as pessoas ao nosso redor.

Como cristãos, cabe-nos ser corajosos em dar o nome certo ao mal. Também devemos ser corajosos em declarar as verdades da Bíblia, e uma dessas verdades é que o mal reflete o coração do qual emana. Quando difamo outros, o ato da difamação é uma revelação do *meu* coração, não do caráter *deles*. O abuso representa a revelação do coração do abusador, não do da vítima. Chamar o próprio pai de mau é algo terrível. Uma criança que é dependente desse pai não é capaz de tolerar essa realidade. Uma adulta, na segurança de um relacionamento com você, tem, finalmente, a liberdade de expressar e absorver essa verdade devastadora. Ajudá-la a fazê-lo servirá para seu progresso.

"Não fui protegida"

Uma segunda verdade que a cliente tem que reconhecer é a negligência do pai que deixou de protegê-la. Para alguns clientes isso diz respeito a um dos pais; para outros, envolve ambos os pais. Muitas mulheres precisam encarar mães que negavam que seus maridos estivessem violando sexualmente suas filhas ou que fingiam que o abuso não estava ocorrendo. Também trabalhei com homens e mulheres cujo pai os abandonou com a mãe, que era sexualmente abusiva. Para outros o abusador foi um irmão, avô, tio ou vizinho, e ambos os pais fecharam os olhos para os indícios ou os ouvidos para as tentativas de relatar o abuso. Em alguns casos a pessoa que deixou de oferecer proteção foi um professor ou pastor, que enviou a vítima de volta para casa, porque, afinal, não se interfere na privacidade do lar dos outros.

Do mesmo modo como os perpetradores são desculpados pelas vítimas, assim acontece com adultos não protetores. Repetindo, uma das razões disso é que a realidade de não ter um adulto para proteger você contra o abuso é uma verdade insuportável quando você é pequeno e dependente. Defrontar-se com essa verdade é reconhecer que somos, de fato, órfãos e que ninguém virá para ajudar. O terror é impossível de controlar. E tampouco a raiva.

Como mencionei previamente, nunca me esquecerei da primeira vez que estive sentada diante de uma mãe cuja filha havia sido molestada pelo pai durante muitos anos, e perguntei à mãe por que ela não fez nada para impedir aquilo. A resposta foi: "Eu tinha tantas coisas importantes para me preocupar... Eu não me podia incomodar com os problemas dela". É avassaladora a ideia de ser uma menininha abusada repetidamente e depois confrontada com um abandono tão completo.

Muitas sobreviventes falaram comigo sobre o efeito devastador de uma negligência dessas, reconhecendo que tal privação e falta de proteção agravaram muito os efeitos do abuso. As sobreviventes cresceram acreditando na mentira: "Não fui merecedora de proteção". Uma das recordações mais significativas para muitas clientes é o momento em que tentaram contar o fato e foram recebidas com uma negativa ou uma acusação. Muitas vezes foi esse o momento em que morreu a esperança. Outras recordações, muitas vezes particularmente dolorosas, são as de pequenas meninas sadicamente abusadas e depois abandonadas para que encontrem uma maneira de se limpar do sangue, da sujeira e do sêmen. Meninas pequenas, de quatro, seis e oito anos de idade, tentam encontrar maneira de "agir como se nada tivesse acontecido", assim mamãe não vai saber. Sob circunstâncias saudáveis e normais, pais correm em socorro de filhas pequenas que esfolam os joelhos. A patologia e a maldade de uma negligência dessas são gritantemente visíveis.

O salmista suplicou: *... não me deixes, nem me abandones, ó Deus da minha salvação. Porque, se o meu pai e a minha mãe me abandonarem, o Senhor me acolherá* (Sl 27.9s). Esses versículos representam tanto um grito do coração da vítima quanto sua luta para crer. Abandonada pelo pai e pela mãe, torna-se muito difícil para ela confiar que o próprio Deus também não irá abandoná-la, na verdade, *não a abandonou*. Contudo, como o coração da cliente anseia por acreditar que, embora os pais a tenham abandonado, o próprio Deus a acolherá. Enfrentar a verdade desse abandono no contexto de um relacionamento que a mantém segura é uma parte do que permitirá à sobrevivente confiar que Deus a acolherá e não a abandonará.

"Fui uma vítima"

Uma terceira verdade extremamente difícil e ameaçadora para a sobrevivente enfrentar é que ela foi uma vítima. Observamos acima que *victima* em latim é "um animal oferecido em sacrifício". O dicionário Webster define a vítima como "um ser vivo sacrificado". Sacrificar algo significa, em parte, renunciar ou destruir algo valioso por causa de algo considerado como uma necessidade mais urgente. Uma criança abusada sexualmente com certeza se enquadra na categoria de sacrifício. Uma criança preciosa, criada à imagem de Deus, foi destruída por causa da lascívia de um adulto. A criança realmente é uma vítima.

Uma das razões pelas quais uma sobrevivente considera tão difícil ver a si mesma como vítima é que ela foi repetidamente culpada pelo abuso: "Se você não fosse uma prostituta, isso não teria que acontecer". Cada vez que ela é usada e descartada, fica mais convicta de sua maldade inata. Ela se vê participando de uma atividade sexual ilícita e, muitas vezes, até pode obter uma sensação de satisfação disso, ainda que não queira (afinal, é uma forma de toque, ao qual nossos corpos respondem sem o consentimento de nossas vontades). Esta é considerada mais uma prova de que o abuso é culpa dela e muito merecido. Em sua mente, ela se tornou responsável pelas ações de seus abusadores. Ela acredita que não é uma vítima, que é um ser humano repugnante, desprezível, inútil – se é que de fato se qualifica como humana. Quando o abuso foi de natureza sádica e quando uma criança foi forçada a atos de bestialidade, essas convicções são solidificadas ainda mais. Não é um passo muito grande de tal pensamento até a suposição de que o próprio Deus não quer nada com ela.

Grande parte de ajudar a cliente a entender o que significa ser uma vítima consiste em ensiná-la acerca do que significa ser uma criança. Muitas vezes encaminho clientes para a creche de uma igreja ou uma escola, apenas para que observem meninos e meninas da idade que elas tinham quando sofreram o abuso. Peço-lhes que simplesmente assistam e registrem suas observações. Digo-lhes que notem a diferença de tamanho entre essas crianças e os adultos responsáveis por elas. Os resultados são, em geral, surpreendentes. É através dos olhos de outras crianças que elas têm o primeiro vislumbre da sua própria pequenez, dependência, ignorância e vulnerabilidade: "Eu não tinha a menor ideia de que eu era tão pequena". Muitas sobreviventes trazem dentro de si uma forte convicção de que teriam conseguido impedir o abuso (aos cinco anos de idade) ou pelo menos de que o mereceram. Uma crescente compreensão da infância lança luz sobre essas mentiras.

Em uma tentativa de ajudar as clientes a avançarem no entendimento de sua posição como crianças, levo-as frequentemente a estudar o significado de palavras como *abuso*, *violação*, *opressão*, *trauma*, *abandono* e *estupro*. Então tomamos esses significados específicos e analisamos uma recordação específica. Por exemplo, *violar* significa "quebrar pela força". A perspectiva típica da cliente é algo como: "Bem, ele, algumas vezes, foi um pouco rude, mas fez isso porque estava bêbado. Ele não tinha essa intenção". Então respondo: "Você não acredita que quando seu pai prendeu seus bracinhos no chão e separou suas pernas à força para ter relações com você aos quatro anos de idade, enquanto você gritava 'Não, papai, por favor, não!' –, que isso serve como ilustração da palavra *violar*?" A resposta parece óbvia, mas, com frequência, é um trabalho árduo fazer a luz nascer em uma mente que está totalmente convicta de que, de algum modo, aquele episódio foi culpa dela. Essa mensagem foi incutida nela. Por exemplo, o pai sádico de uma mulher muitas vezes a amarrava e a forçava a suportar lavagens intestinais geladas e lhe dizia como ela era suja e como deveria se acostumar ao que ele estava fazendo. Ele tinha que fazer isso por causa do que ela era. Se fosse uma menina boazinha como sua irmã, nada disso teria que acontecer. Porém, ela era escória e precisava de "limpeza".

Outro caminho que muitas vezes é útil é contar às clientes as histórias de outras sobreviventes. Elas rapidamente constatam que a menina de seis anos acerca da qual estão lendo era, evidentemente, uma vítima. São capazes de apontar os equívocos no pensamento de outra sobrevivente que se culpa pelo que aconteceu. Esse processo, às vezes, tornará mais fácil para uma sobrevivente ver a si mesma com maior objetividade.

O processo de ver a si mesma como vítima significa enfrentar o desamparo e a fraqueza que a sobrevivente levou a vida toda tentando negar. Ser indefeso é uma ameaça à vida. Ser frágil é ser vulnerável. Parece melhor assumir responsabilidade pelo próprio abuso do que enfrentar o terror da impotência. Quanto mais intimamente a cliente vier a encarar a realidade de seu desamparo, tanto maior será seu senso de perigo. Admitir a fraqueza na presença do terapeuta é, na mente dela, convidá-lo a abusar dela. Ela trabalhará arduamente para evitar esse momento. Confrontar a realidade da sua impotência, porém, será uma libertação para ela. Ela se sentirá fraca na presença de outro e perceberá que está segura. Então se descobrirá como pessoa livre para relacionar-se e depender de maneiras saudáveis. Já não terá que construir sua vida no sentido de evitar que jamais torne a se sentir impotente. Subitamente, torna-se real a possibilidade de confiar.

"Sou capaz de abusar de outros"

A quarta verdade é uma que muitos terapeutas e clientes tentam evitar. Uma das razões pelas quais nenhum de nós quer ouvir falar de abuso é que enfrentar o fato do abuso é enfrentar o potencial de uma atrocidade dessas dentro de mim. Quando digo que o abuso é inconcebível, não tenho que lidar com o fato de que eu, nas circunstâncias certas, sou capaz de violar outro ser humano.

Admitir no consultório a possibilidade de que a cliente abuse de outras pessoas requer uma transição da qual muitos terapeutas têm medo. Ficam confortáveis considerando as clientes como vítimas, porém são altamente resistentes a ouvir falar de qualquer abuso que a cliente possa ter cometido contra si ou contra outros. Também é atemorizador enfrentar o comportamento abusivo que o cliente adota diante do terapeuta. É muito tentador comunicar através de nossa própria negação, silêncio ou fingimento que essas coisas não são realidade. É vital que os terapeutas perguntem a si mesmos se há qualquer aspecto da vida da cliente que eles não estão dispostos a ouvir e discutir. Recusar-se a ouvir e discutir essas coisas é assumir o papel do pai que recusa proteção e nega os fatos.

Acredito que os terapeutas não conseguem lidar apropriadamente com essas questões se não tiverem enfrentado o potencial para o abuso dentro de si próprios. Enquanto não tiverem se debatido com o fato de que o abuso é o uso errado de outra pessoa e que eles, pessoalmente, usaram outros para seus próprios fins, não estarão equipados para enfrentar essas verdades em outra pessoa ou ajudá-la a olhar para elas. O coração humano é capaz de qualquer maldade, e o coração do terapeuta não é exceção. Quando os terapeutas tiverem enfrentado o potencial ou o fato concreto desse mal em seus próprios corações (não importa quão sutil ou encoberto possa ser) e lidado com esse mal de joelhos, diante da Cruz de Cristo, não terão medo de enfrentá-lo em outra pessoa. Uma confrontação com suas próprias capacidades também lhes permitirá falar sem condenação ou arrogância e lhes permitirá apontar com confiança para o perdão e a liberdade que há em Cristo.

A confrontação do perpetrador que reside dentro da sobrevivente pode ter muitos aspectos. Pode significar que ela (ou ele) precisa encarar o abuso real cometido contra alguém. Outros o demonstraram no comportamento abusivo contra animais. Muitas sobreviventes repetem o abuso tornando-se seu próprio perpetrador ao viverem com repetidas automutilações. É aterrorizante enfrentar o fato de que o perpetrador *e* a vítima são um. Outros se debaterão com fantasias e pensamentos gerados pela raiva. Embora nunca venham a agir segundo esses pensamentos, descobrirão dentro de si a capacidade ou o desejo de ferir como foram feridos.

13 - Encarando verdades sobre o passado

Para uma sobrevivente, admitir que traz dentro dela o potencial para ferir outra pessoa como ela foi ferida é igualmente humilhante e assustador. Uma sobrevivente, muitas vezes, se consola com a mentira de que ela não é, de fato nunca poderia ser, igual ao perpetrador. Uma mentira dessas a deixa encapsulada no engano e na negação sobre sua própria capacidade de pecar. Fora da Cruz de Cristo isso constitui uma sentença de condenação. Enfrentar a capacidade do próprio coração sem vacilar e descobrir que ela é coberta pela graça infinita de Deus a deixarão livre do engano e da negação sobre si mesma. Quando qualquer um de nós encara essas realidades dentro de si e se depara com a graça, é liberto para sempre do medo de que será destruído se a verdade for revelada. Desse momento em diante, você não poderá me contar nada sobre mim mesmo que eu tenha medo de ouvir, porque encarei o pior, e a graça foi suficiente. Oferecer a uma cliente a oportunidade para confrontar, junto com você, o pior sobre si mesma e ainda conceder-lhe carinho e graça, de fato, constitui um presente maravilhoso.

Uma das decorrências mais importantes do enfrentamento das verdades acima arroladas é que será exposta a multidão de mentiras plantadas e fomentadas pelo abuso. Você descobrirá que as mentiras são fortes, porque foram impregnadas na pessoa ao longo dos anos sob circunstâncias horríveis e emoções poderosas.

Uma cliente reagiu ao momento de me contar pela primeira vez sobre o abuso sádico em sua vida, escrevendo no diário: "Simplesmente estive sentada ali, desejando que alguém me batesse. Precisava ser castigada. Eu era uma coisa horrenda e vil, e eu tinha necessidade de que a maldade fosse arrancada de mim. Por que ninguém além de meu pai era capaz de entender isso?" Durante um tempo muito longo, uma cliente como essa presume que o terapeuta responde de modo diferente simplesmente porque a cliente não foi clara em explicar o que aconteceu. Se ao menos conseguir contar "direito" a você, então você também concordaria em que ela era "uma coisa horrenda e vil".

A sobrevivente trará mentiras profundamente solidificadas acerca dela (ela é lixo; é inútil; fez com que aquilo acontecesse). Estará cheia de mentiras sobre pessoas (ninguém é digno de confiança; ninguém vai me amar; somente no isolamento existe segurança; se você esperar tempo suficiente, todas as pessoas abusarão de você). Ela também trará consigo muitas mentiras sobre Deus (ele não me ama; não mereço ser perdoada; ele me abandonou;

não posso ser redimida). Muitas e muitas vezes você terá que ensinar-lhe a verdade com suas palavras. Muitas e muitas vezes você terá que demonstrar-lhe com sua pessoa essas verdades quando se relacionar com ela. Ela precisa dessas palavras porque tem que substituir as mentiras que repercutem ao longo de sua vida. Ela precisa mais do que essas palavras porque, em sua experiência, palavras são baratas. Sua vida e sua pessoa precisam ser o que você ensina. À medida que a cliente enfrenta as mentiras e luta com as verdades acima listadas no contexto de um relacionamento seguro e duradouro com você, você terá o grande privilégio de testemunhar atrocidades não ditas anteriormente que, à medida que vocês passam por elas juntos, os levarão à Cruz de Cristo e ao desdobramento da redenção.

14

Encarando verdades sobre o presente

Depois de enfrentar a verdade sobre o passado, as sobreviventes precisam avançar para encarar a verdade sobre o presente. Um dos aspectos importantes dessa verdade é como Deus vê as sobreviventes.

Encarando como Deus as vê

Quando homens e mulheres que acompanho seguem pelo processo de lidar com sua história, seus sentimentos sobre essa história, suas perguntas sobre o motivo e suas lutas contra as mentiras que os oprimem, sugiro, muitas vezes, dois exercícios específicos que se evidenciaram como úteis. O momento propício desses exercícios varia de pessoa para pessoa, e não os proponho a todas. Porém, descubro com frequência que são ferramentas poderosas e frequentemente os recomendo no momento decisivo entre se afastar do foco no passado e passar para um foco maior no presente. Ofereço-os agora para sua consideração.

Exercício 1

O primeiro desses exercícios trata sobre Isaías 53. Embora nunca consiga responder às clientes a pergunta pelo *porquê*, posso direcioná-las para Cristo, que se inseriu plenamente na experiência delas. A essa altura elas conseguiram ver que o fato de eu ter ouvido e entrado em suas vidas foi, de alguma maneira, uma experiência curativa para elas. Embora nem eu nem a sobrevivente sejamos capazes de articular adequadamente o porquê, o fato de outra pessoa entrar em nossa realidade e sofrer conosco é um presente maravilhoso com resultados profundos. Depois de experimentar isso em nível humano e constatar os resultados, é algo maravilhoso trabalhar com a verdade de que o próprio Deus fez o mesmo. Começar a obter um vislumbre do fato de que o Deus do Universo mergulhou nas experiências de desamparo, fraqueza, abuso, opressão, rejeição e abandono toca algo bem no íntimo. Ouvir que ele foi despido, escarnecido, cuspido e golpeado sem razão ajuda alguém que suportou experiências semelhantes a atraí-lo para perto dele.

Uma sobrevivente capta a dádiva dessas verdades mais facilmente quando a encarrego de ler o capítulo 53 de Isaías e reescrevê-lo de maneira que ele fale pessoalmente com ela. Muitas vezes solicito à sobrevivente que leia em voz alta a passagem reescrita por ela. Quando ela o faz, parece que Deus está falando individualmente com ela e lhe demonstrando por que ele entende o que ela suportou. Constitui sempre um momento de adoração significativa para nós duas. Incluí um exemplo de uma sobrevivente.

Partes de Isaías 53 (Como se Cristo estivesse falando)

"Outros haviam contado sua história, mas ninguém acreditou neles. Alguns a haviam relatado ao maior número possível de pessoas que encontraram, esperando que, em algum lugar, alguém – pelo menos uma pessoa – ouvisse. Quanto mais eles falavam sobre isso, tanto maior era a rejeição contra eles. Parecia que entre milhões apenas um pequeno número ouvia, e desse número, bem poucos acreditavam. Por que meu relato seria diferente? Por que alguém me ouviria – ou acreditaria em mim – quando estou trazendo exatamente o mesmo relato?

Não havia razão alguma para eles acreditarem. Esperavam uma pessoa de honra e respeito. Em alguém assim acreditariam. Por que acreditariam em meu relato? Eu não era de uma linhagem dessas.

Inicialmente não fui desejado por meus pais, porque não eram casados. De certo modo, pensaram em um aborto. Quando cresci, meu coração foi tocado pelo que existia ao meu redor. Eu sofria com os que pareciam estar sofrendo – cabisbaixos e de ombros caídos – contudo minha situação também não era fácil. Às vezes tornava-se insuportável, depois que eu soube que seria rejeitado e morreria. Porém, dentro de mim e em meu coração permaneceu uma ternura que nem mesmo a situação mais dura seria capaz de quebrar.

Não havia nada sobre mim ou acontecendo comigo que fizesse alguém gostar de mim ou de ficar comigo, muito menos me ouvir. Eu não era bonito. Meu corpo foi desfigurado de forma repugnante. As pessoas se afastavam de mim. Eu usava roupas reformadas. Eu era pobre. Fui ridicularizado pelos de minha idade e evitado pelos que eram mais velhos.

Fui desprezado. As crianças à minha volta me rejeitaram. Sei o que significa ser magoado. Sei o que significa ter o coração tão cheio de dor que parece que você não aguenta mais, mas a dor continua. Sei como é quando as pessoas viram as costas e olham para o outro lado. Sei o que é ter uma vida de tristeza e dor. Sei como é – sei o que significa sofrer, e sofrer a ponto de não apenas saber que estou só – ninguém que se importe está comigo – mas também que vou morrer. Não há mais ninguém a quem recorrer e ninguém vai ouvir. Ninguém ouviu meu grito por ajuda e removeu o sofrimento e a dor que dilaceram meu íntimo, e isso faz com que eu não cuide mais nem mesmo do meu exterior.

Eu sei. Eu sei que meu pai permitiu que esse mal acontecesse em minha vida para que eu entendesse você melhor. Ele disse que me amava, mas como poderia, permitindo que essas coisas terríveis acontecessem comigo? Permitiu que outros me rasgassem em pedaços, chicoteassem minhas costas e me humilhassem. Fui cortado até que minha pele sangrasse. Fui esmagado sob a transgressão de outros homens. Cuspiram em mim. Fui amaldiçoado pelo que era e responsabilizado por todas as coisas que aconteceram. O castigo que outros mereciam abateu-se sobre mim. Fui eu a pessoa esmagada, contundida, lesionada. Meu coração foi partido. Minha vontade de viver morreu. Minha capacidade de ver as coisas claramente se desvaneceu. Mas eu tinha que viver. Tinha que permanecer inabalável. Tinha que ficar firme, ser alguém. Passei por tudo – todas as coisas que você possa imaginar. Sofri tudo o que você sofreu ou um dia terá que sofrer. Sei muito bem do que se trata. Sei o que significa. Conheço os ferimentos no lugar mais profundo de seu coração. Conheço a dor de ter pregos sendo martelados em meu corpo.

Conheço intensa e pessoalmente a rejeição dos que você ama. Fui pendurado em uma cruz, e faltavam apenas minutos até que eu morresse. Não havia dúvida alguma em minha mente de que Deus me havia virado as costas. Esqueceu-se de mim. Deixou-me só. Ele poderia ter mudado as coisas ao meu redor. Tudo poderia ter sido diferente. Eu precisava dele. Clamei a ele. Porém, ele me deixou morrer. Esqueceu-se de mim. Deixou-me só. No momento em que mais precisei dele, ele se virou e olhou para o outro lado.

Agora, ouça-me. Fui ferido para que você pudesse vir a mim com seus ferimentos. Fui desprezado para que você pudesse vir a mim quando alguém lhe dá as costas e o odeia. Fui abusado para que entendesse você e para que pudesse amar você. Fui açoitado para que soubesse como era ser surrado. Tive pregos martelados nas mãos e nos pés e meu lado foi aberto. Tive uma coroa de espinhos que afundavam em minha cabeça. Eu sabia que você passaria pelo que passou. Eu sabia o que significaria. Mas estava lá para você de um modo muito especial. Passei por esse caminho antes de você. Infelizmente você teve que seguir alguns dos mesmos passos que dei. Mas eu estava lá, e é exatamente por causa da dor e destruição que seriam cometidos contra você que minha vida foi como foi.

Você pode ter desistido, e não posso culpá-lo. Eu também teria. Eu sabia o final da minha situação – você não sabe. Você nem sequer tem ideia do que está à sua frente na vida. Fugiu de mim durante quase dois anos. Você é minha pequena ovelha. Minha pequena criança, você seguiu seu caminho. Fiquei aflito por você. Sofri na cruz por você. Não abri minha boca para que ela fosse afastada porque eu sabia que você foi forçada a se manter calada durante tantos anos, e se eu tivesse suplicado por clemência, não teria nenhuma resposta para dar a você. Fiquei calado por você. Deus fez com que acontecesse assim. Eu não entendia, e chegou ao ponto em que supliquei a Deus enquanto pendia na cruz – "Por que, por que me abandonaste?" A resposta de Deus a mim foi: "Você tem que fazer isto por _____."

Fui separado de todo o mundo. Foi a vontade de Deus que eu fosse esmagado e levado ao suplício. Isso foi feito em favor de você e muitos outros, mas especialmente por você.

_____, depois que tudo passou, haverá luz – um novo caminho para você – e você será saciada. Por me conhecer, você será capaz de ajudar muitos."

Exercício 2

O segundo exercício é realizado para ajudar a cliente a lidar com a verdade sobre quem ela é. Ela não é a pessoa que sua história diz que é. Não é o que o abusador disse que ela era. Não é o que as pessoas que a abandonaram sugeriram que ela fosse nem o que seus sentimentos dizem que ela é. Tudo isso cooperou poderosamente para lhe dar afirmações emocionais sobre sua identidade. Por meio de minhas palavras e do relacionamento que estabelecemos, ela começou a ter esperança de que é diferente do que acreditou ser. Embora minhas palavras e reações a ela possam ter grande impacto, não são suficientes. O Deus que vê tudo, que sabe do abuso e da reação dela, fez afirmações claras sobre quem ela é. Ela precisa desesperadamente ouvir dele.

Mais uma vez vamos às Escrituras. Novamente eu a levo a trabalhar com o que encontra na Bíblia para que vença por si mesma. Muitas vezes as sobreviventes creem que o que leem é verdade, mas que, de alguma maneira, não é verdade para elas. Elas precisam ouvir sempre a fim de lutar contra a tendência de ver a si mesmas como a exceção perpétua de todas as coisas boas.

Dessa vez nos dirigimos ao primeiro capítulo da Carta aos Efésios. Mais uma vez eu lhe peço que reescreva o que encontra ali. Solicito que comece pelo versículo 4 e reescreva a passagem até o versículo 14 como se fosse escrita especificamente para ela: "Pois ele *me* escolheu [...] Em amor *me* predestinou à adoção". Novamente ela está sentada diante de mim lendo em voz alta essas verdades eternas e ouvindo, na presença de outra pessoa, que elas são igualmente verdades para ela. Respondo muitas vezes lendo para ela, como se fossem de minha autoria, os versículos 15 a 23. Incluo a seguir como exemplo o que uma mulher escreveu. Ela incorporou verdades de várias passagens bíblicas.

O que é a verdade?

Das extremidades da Terra,
dos seus recantos mais distantes,
o Amigo de Abraão
chama,
dá forças,
ajuda
e
segura
você.
Você é dele.
O aroma de Cristo,
perfumado para Deus,
você
é escolhido,
adotado,
redimido,
remido,
agraciado com abundância
e sabedoria
e entendimento.
Você
é escolhido,
incluído,
selado com uma promessa,
propriedade de Deus.
Você,
aroma de vida,
conduzido
em triunfo
para
o louvor
da
glória de Deus.

Isaías 41.8-10
Efésios 1.4-14
2 Coríntios 2.14-16

Verdade é que nenhum desses exercícios traz resultados instantâneos, mas há poder neles porque envolvem a Palavra eterna de Deus. Dizer a verdade em voz alta na presença de alguém que sabe tudo sobre a vida deles e ainda acredita que as palavras são para eles representa um momento para o qual muitos homens e mulheres voltam repetidamente. Tempo, repetição e trabalho continuado no relacionamento terapêutico são necessários para que o processo de captar essas verdades crie raízes. Contudo, quando voltamos a elas repetidas vezes, a luz e a vida que elas trazem se tornam mais evidentes. Essas verdades, em lugar das mentiras instiladas pelas histórias das sobreviventes, tornam-se as palavras que repercutem na vida delas.

Mudando do passado para o presente

O processo de dizer o indizível no relacionamento com outra pessoa e observar como o passado perde um pouco do seu poder faz com que o foco da terapia transite do passado para o presente. Aquilo que caracteriza a morte – silêncio, isolamento e impotência – começa a definhar, e as características da vida – voz, relacionamento e poder – começam a emergir na vida da sobrevivente.

Voz

À medida que a sobrevivente passa pelo processo terapêutico, ela aprende que falar é possível e que dizer a verdade não a destrói. Como disse uma mulher: "Quando eu era criança, ensinaram-me que nada devia ser repetido fora de casa. Isso foi martelado em mim desde muito cedo, e eu nunca havia contado a ninguém qualquer coisa que aconteceu em casa. Era errado contar. Algo terrível aconteceria se eu o fizesse. Aprendi isso quando criança e, como adulta, eu tinha o permanente temor de que se alguém descobrisse [...] mesmo agora não tenho palavras para expressar a devastação que minha mente concebia. Até mesmo quando escrevo, sinto-me angustiada".

Mais tarde a mesma mulher, depois de revelar pela primeira vez um incidente de abuso sexual (estupro coletivo pelo pai e quatro amigos dele), escreveu o seguinte:

"Naquela semana passei longo tempo tentando entender o que havia acontecido no consultório da conselheira. Eu não conseguia entender. Por que ela acreditou em mim? Sempre me disseram que ninguém acreditaria em mim, nem que eu tentasse contar. Isso não fazia sentido. Meu pai também sempre me dizia que somente de olhar para mim ele saberia que eu havia contado para alguém e que ele me mataria se eu o fizesse. Estive em casa com ele toda a semana, e ele nunca soube que eu havia contado tudo para Diane. Será que Diane tinha razão? Seria possível que não fosse culpa minha? Se ele mentiu sobre as outras coisas, talvez ele tenha mentido também sobre isso".

Um momento como esse representa o renascimento de uma esperança morta há muito tempo. É o nascimento de uma voz que esteve tão calada quanto a morte.

A verdade que "eu sou capaz de falar" evolui a partir da repetição incansável dessas experiências no relacionamento da cliente com o terapeuta. Falar é ser uma pessoa. Falar significa que há a possibilidade de ser ouvida. Falar até inclui a "improvável" possibilidade de obter crédito! Um resultado do fato de que essa mulher contou sua história foi que ela começou a considerar a seguinte ideia: "Eu nunca havia pensado a meu respeito do mesmo modo como pensei sobre as pessoas. Comecei a pensar: 'Será que ela realmente pensa que sou uma pessoa, como todas as outras?' Isso provavelmente soa estranho, mas até então eu sempre tinha pensado a respeito de mim como algo menos que um ser humano – como lixo, promíscua, prostituta, etc. – mas nunca como uma pessoa! Ser uma pessoa implica ter valor, e sempre me foi dito que eu não prestava. E acreditei nisso. Agora alguém que respeito está dando a entender que não sou imprestável. Sou uma pessoa. Eu não tinha certeza sobre o que fazer com isso. Mudou tudo".

Por sermos criados à imagem de um Deus que fala, também somos destinados a falar. Um dos propósitos da fala é falar a verdade, porque seguimos um Deus que é a verdade. A sobrevivente entra em um mundo cheio de novas possibilidades quando começa a falar, e falar a verdade. Muitas vezes essa verdade é repulsiva e inconcebivelmente dolorosa. Muitas dirão: "Não consigo olhar. Não me faça olhar!" Ainda assim, com paciente apoio e amor, elas aprendem a olhar. Aprendem a falar daquilo que veem. Experimentam que o outro acredita nelas, conforta-as e tem esperança de uma nova vida. Veja, o mal horrível e suas consequências não podem ser redimidos a menos que sejam declarados. Enquanto permanecem ocultos, ficam inatingíveis para a vida. Quando a sobrevivente aprende a falar, ela aprende a dizer o que sente, a expressar o que quer. Começa a oferecer ideias e dar opiniões. Aprende a expressar discordância com as mentiras. Cuidadosa e lentamente ela encontra seu caminho para dentro do mundo no qual as pessoas interagem com respeito e crescem com essa interação.

Relacionamento

Outra decorrência do processo terapêutico é que a sobrevivente aprende que o relacionamento é possível. Não apenas é possível, mas, na verdade, pode ser seguro. Antes o relacionamento era um veículo de destruição e morte. Agora há esperança de que possa ser um transmissor de vida. O isolamento foi um componente central do abuso. Conexão ou relacionamento constitui um componente central da recuperação.

É durante essa fase que o relacionamento terapêutico diminui um pouco de intensidade. As crises da fase anterior tornam-se cada vez menos prováveis. Com certeza as recordações ainda afloram e precisam ser enfrentadas. As etapas do tratamento não são fases distintas sem sobreposições. Contudo, o relacionamento mostra sinais de se tornar mais solto, espontâneo e seguro. A sobrevivente pode ser mais objetiva sobre si mesma, e momentos de humor acontecem com mais frequência. A visão que a cliente tem da terapeuta é menos idealizada e mais realista, o que faz com que o relacionamento fique um pouco mais próximo do comum do que antes. É uma transição que é desfrutada tanto pela terapeuta quanto pela cliente.

Por ter sido criada à imagem de um Deus que é relacional, a sobrevivente começa a experimentar e desfrutar esse aspecto de sua pessoa. Outra vez está entrando em um mundo cheio de novas possibilidades. É frequentemente nessa fase que ela começa a buscar um aprofundamento de seu próprio relacionamento com Deus. Passa do sentimento de medo e ameaça diante dele para um desejo de conhecê-lo e sentir-se próxima dele. Está mais disposta a lutar e estudar por conta própria, em vez de simplesmente fazê-lo na presença da terapeuta.

A perspectiva da cliente em relação a outros relacionamentos também parece se ampliar. Durante algum tempo, esses relacionamentos foram deixados em compasso de espera ou funcionavam somente na medida em que outros conseguiam sustentá-la durante a turbulência de lidar com o passado.

Muitas pessoas parecem entregar os pontos durante a fase inicial do tratamento. Às vezes, isso se deve à reclusão da cliente e ao seu sentimento de incapacidade para estar com pessoas. Outras vezes é porque as pessoas não entendem o que está acontecendo ou como podem ser úteis. Muitas simplesmente gostariam de vê-la "dar a volta por cima".

O relacionamento terapêutico é um lugar onde a sobrevivente conheceu e foi conhecida, amou e foi amada. Esse relacionamento serve agora como base para buscar o mesmo dinamismo em outros relacionamentos. No início, esse processo requer uma porção de discussões e interações com o terapeuta, porque a maioria de suas habilidades relacionais foi aprendida no contexto do abuso e do abandono. Afirmar-se, aprender a dizer não, lidar com o conflito, não presumir que todo mundo pensa sobre ela do modo como fazia o abusador, levantar perguntas e aprender a reconhecer pessoas "seguras", são todas habilidades que a sobrevivente terá que aprender.

À medida que se abre para outros relacionamentos, a sobrevivente começa a ver que o que ela presumia ser inevitável, na realidade não é. Uma mulher escreveu: "Com o passar do tempo, eu de fato comecei a me sentir como se fosse uma delas, uma verdadeira pessoa. Percebi isso um dia quando alguém disse algo que eu sabia que não era correto e eu realmente protestei contra aquilo! Eu realmente me surpreendi! Comecei a entender por que Diane queria que eu morasse longe da minha família. Percebi que, enquanto eu vivia em casa, estava constantemente sendo rebaixada e gastava a maior parte do meu tempo tentando sobreviver. Não havia uma maneira de poder crescer onde eu estava plantada. Essa casa sempre seria um lugar de morte para mim, uma lembrança de como eu era má ou suja. Eu precisava ficar em um lugar no qual eu não seria empurrada para o lado toda vez que cometia um erro. Descobri que eu era aceita por outras pessoas" (Isso foi escrito por uma mulher na casa dos vinte anos que ainda estava sendo abusada física e sexualmente quando estava em casa).

De maneira lenta, mas segura, a sobrevivente começa a ampliar seu círculo de pessoas confiáveis. Quando começou a terapia, vivia completamente isolada de outros ou, pelo menos, mantinha oculto seu "verdadeiro" eu. Por meio do relacionamento com o terapeuta, está aprendendo que a verdade toda pode ser dita e a pessoa inteira exposta, e que, apesar disso, pode encontrar segurança e amor no relacionamento. É um lugar que tinha a certeza de que nunca existiria para ela.

Um dos contextos em que novos relacionamentos muitas vezes começam a se desenvolver é a comunidade de igreja. Na minha opinião, esse é o lugar ideal, se a sobrevivente estiver envolvida em uma comunidade de igreja que tenha alguma percepção da profundidade de sua luta e seja capaz de apoiá-la de maneiras úteis. Quando uma sobrevivente está em uma comunidade que espera cura imediata, que acredita que se você fala uma verdade algumas vezes ela tem que ser "captada", ocorre uma ingenuidade acerca da profundidade do mal do abuso sexual, a comunidade deixa de refletir o amor e a graça de Deus onde são tão desesperadamente necessários. Por outro lado, vi, com frequência, mulheres e homens que amam Cristo e entendem as pessoas doarem-se sacrificialmente por longo prazo a pessoas quebradas de maneiras que facilitaram muito e, provavelmente, encurtaram sua luta. Se nosso Deus é um refúgio para os necessitados e um abrigo na tempestade, então nós que nos chamamos pelo nome dele devemos espelhar essas qualidades. Se nosso Deus entendeu que precisávamos dele, desceu à Terra e viveu entre nós como pessoa de carne e osso, como, então, nós, seu povo, podemos oferecer menos aos que, quando crianças, foram privados daquilo que ele preparou? O lugar mais seguro em todo o mundo deveria ser a comunidade de cristãos.

Criada à imagem de um Deus que é relacional, a sobrevivente se abriu agora para a possibilidade do relacionamento. Em vez de ser considerado simplesmente algo a ser suportado, o relacionamento começa a ser um lugar de esperança, amor e alegria. Com o passar do tempo, quando a sobrevivente aprende o que o relacionamento pode propiciar, começa a ser alguém que proporciona essas mesmas qualidades a outros. Com o terapeuta ela encontrou o que havia perdido. Tem esperança de crescer no relacionamento com Deus e com os outros. Deseja tornar-se para outros o que ela não experimentou quando criança. É mais uma vez um glorioso desdobramento do processo de redenção.

Poder

Nessa fase intermediária do tratamento, a sobrevivente não apenas encontrou sua voz e experimentou o relacionamento, mas também está enfrentando o fato de que tem poder para exercer um impacto. Ela foi criada à imagem de um Deus que deixou sua marca no mundo e em suas criaturas. Ela não foi planejada para ser invisível, ineficaz ou impotente. A intenção foi que ela, igualmente, deixasse sua marca!

Um dos resultados do abuso crônico é o estrangulamento da iniciativa e do planejamento. A sobrevivente cresceu em um ambiente que não permitia espaço para erros. Na realidade, ela era castigada com frequência por coisas que não havia feito. Aprendeu a esquadrinhar seu ambiente antes de tomar qualquer iniciativa, procurando por qualquer indício de retaliação.

O abuso crônico também resulta na desistência de ter esperança. A sobrevivente aprendeu que ter esperança é aumentar a dor. A desistência da esperança produz um tipo limitado de pensar. Atrofia-se a capacidade de olhar para o futuro ou a possibilidade causar impacto bem-sucedido. Muitas sobreviventes foram forçadas repetidamente a participar do que lhes causava repulsa, então começam a se ver como capazes de exercer um impacto sobre outros somente de forma maligna. A paralisação de qualquer capacidade de afetar outros parece a melhor opção.

Há muitos anos tive uma cliente que ficou aterrorizada quando percebeu que eu me importava com ela. Antes disso ela tivera na vida três pessoas que haviam se importado com ela: um tio que morreu, um amigo que morreu, e um vizinho que morreu. Ela se entendia como um fenômeno letal. Se exercesse qualquer impacto sobre outros, seria fatal para eles. Meu cuidado por ela, necessário e desesperadamente desejado, também era aterrorizante porque ela tinha certeza de que resultaria em minha morte. Exercer impacto não era uma qualidade desejável. Era muito melhor ser invisível, ausente e ineficaz.

Muitas vezes a autopercepção da sobrevivente como desamparada e insignificante avança quando ela progride na vida adulta. É comum que uma sobrevivente acabe em um relacionamento que possui um dinamismo semelhante àquele com o qual cresceu. Pode estar envolvida em relacionamentos de curta duração, insatisfatórios como os que a fazem sentir-se como se ela não importasse, como se ela facilmente fosse largada de lado e esquecida. Pode encontrar-se em um casamento com alguém que a agride fisicamente, que é abusivo de algum outro modo, ou ela pode parecer incapaz de dar a si ou às suas necessidades qualquer importância. Algumas sobreviventes se sentem totalmente desamparadas e sem poder porque vivem diariamente com uma contínua automutilação, um comportamento que consideram vergonhoso, mas que são incapazes de interromper. Como expressou uma mulher: "Não consigo nem sequer me proteger diante de mim mesma".

14 - Encarando verdades sobre o presente

O fenômeno de ser vitimada repetidamente parece ser uma ocorrência bastante comum na vida de mulheres que sofreram abuso crônico na infância. Ele, muitas vezes, é tolerado passivamente como algo que não podem evitar, independentemente de quanto o odeiem. Frequentemente elas acreditam que a alternativa é não ter qualquer relacionamento ou contato. A ideia de dizer não e ver que isso importa para alguém lhes é totalmente alheia.

Outra perda que torna a ideia do impacto tão difícil de conceber é a morte da visão. Quando se perde a esperança, perde-se também a possibilidade de um futuro. A esperança traz consigo um anseio intolerável, de modo que é melhor viver sem ela. No livro *Trauma and Recovery* (trauma e recuperação), Judith Herman cita uma sobrevivente dos campos de extermínio nazistas que diz:

> No mês de agosto de 1944, nós, que chegamos ao campo cinco meses atrás, agora éramos contados entre os velhos... Nossa sabedoria reside em "não tentar entender", em não imaginar o futuro, em não se atormentar com como e quando tudo terá acabado, em não fazer a outros ou a nós próprios nenhuma pergunta [...] Para pessoas vivas as unidades de tempo sempre têm um valor. Para nós a história parou.[37]

A ideia de uma visão para o futuro é muito difícil para a sobrevivente captar. O que é, sempre será. Ela não consegue lembrar-se de um tempo em que não tenha sofrido. Não consegue lembrar-se de um tempo em que o que ela pensava e sentia importasse verdadeiramente. Como poderá imaginar um futuro em que ela seja importante e consiga exercer um impacto para o bem? A esperança nessa possibilidade brota de seu relacionamento com o terapeuta que a ouviu e para o qual ela foi importante. Também brota da esperança do terapeuta por ela. Muitas sobreviventes me disseram que um dos maiores presentes que eu lhes dei foi uma esperança constante quando elas não tinham nenhuma. Eu estava cheia de esperança de que o sofrimento delas cederia com o tempo e que sua pessoa e seus dons seriam úteis para outros. Muitos perguntarão: "Você pensa que sou capaz de fazer/oferecer?" "Você realmente acredita que tenho essa capacidade/dom?"

Nosso Deus é um Deus de esperança e poder. Ele entrou em nosso sofrimento a fim de dar essa esperança e esse poder a nós. Quando também entramos no sofrimento de outros – ouvindo, amando e permitindo que nós

---

[37] Primo Levi, *Survival in Auschwitz: The Nazi Assault on Humanity*, [1958] (Nova Iorque: Collier, 1961): 106-107; conforme citado por Judith Lewis Herman, *Trauma and Recovery*: 85.

mesmos sejamos afetados – nós nos tornamos veículos da esperança e do poder de Deus para outros. É uma coisa maravilhosa permitir que Deus nos use na concretização de sua redenção na vida de outra pessoa. Jamais é sem temor pela obra de Deus que ouço uma sobrevivente dizer: "Eu estava calada, mas agora consigo falar. Eu estava só, mas agora sou conhecida e amada. Eu estava impotente, mas agora tenho importância". Não somente eu a ouço, a conheço, a amo e a trato como importante, mas ela está começando a acreditar de maneira confiante que Deus a ouve, conhece, ama e lhe deu o poder de exercer um impacto para a glória dele. É um começo arduamente conquistado e maravilhoso!

15

Principais problemas da segunda fase

O trabalho principal da segunda fase de tratamento abrange três questões: luto, confrontação do abusador e perdão. Nada disso é viável até que o trabalho da primeira fase esteja bem encaminhado. As sobreviventes não conseguem trabalhar o luto a menos que reconheçam a perda. Não conseguem decidir sobre a confrontação a menos que consigam dizer quem é o perpetrador. Não são capazes de perdoar o que não designam como injusto e mau. Não são capazes de entrar nessas áreas antes de descobrir que têm uma voz, podem exercer influência e possuem um porto seguro. Com raras exceções, minha experiência diz que esses assuntos surgem por resolução própria delas, quando as sobreviventes fizeram o trabalho da fase inicial. Às vezes tentarão de modo prematuro, e é crucial que os terapeutas ajudem as clientes a verem por que é preciso que o tempo passe. Algumas desejarão "perdoar" para que não tenham que ficar de luto. Outras preferirão a confrontação porque desejam que suas recordações sejam confirmadas ou porque querem apenas "dar a volta por cima".

Luto

Quando a sobrevivente trabalha com você para encarar a história que tentou evitar por longo tempo, ela se defrontará repetidas vezes com a perda. Contar a história em voz alta na presença de outra pessoa frequentemente faz com que a realidade dos horrores pareça maior. Não é incomum para uma sobrevivente protelar o informe de um episódio de abuso porque "se eu o disser em voz alta, será real". Muitas sobreviventes trabalharam arduamente para alterar a realidade em sua mente a fim de que pudessem fingir que o abuso não aconteceu. A terapia sempre envolve lidar com a necessidade da sobrevivente de encarar o que aconteceu e sua necessidade de se sentir segura. Falar é sentir-se insegura. Permanecer em silêncio é ficar presa e sozinha.

Encarar o trauma ou o abuso na vida sempre envolve a confrontação com uma perda. Terapeutas que trabalham extensivamente com sobreviventes experimentam luto e perda. Se isso acontece com os que ouvem, quanto deve ser verdade para aqueles que o suportaram? Depois de uma única experiência de estupro, a vida assume uma cor diferente. O mundo causa a sensação de insegurança. As pessoas são perigosas. Começa o isolamento. Parece que nada jamais será como foi e, de fato, é assim. Se um trauma na vida de uma pessoa adulta pode ter efeitos tão profundos, como será para aquelas que foram abusadas repetidas vezes quando crianças?

É inevitável que o processo do luto seja temido. As clientes temem se perder em sua aflição e nunca sair dela. Muitas dizem: "Estou com medo de começar a chorar. Não acredito que conseguirei parar". Numerosas sobreviventes dizem que não sabem chorar. Chorar era castigado severamente, de modo que passaram anos abafando o choro. Quando as lágrimas se aproximam, sua ansiedade sai do controle e, por medo, elas se fecham. Quando finalmente permitem que escorra a primeira lágrima, acontece um momento de terror e um momento de triunfo.

O trabalho do luto também é frustrado pelo apego da sobrevivente à minimização. Ela enfrentou perdas enormes reduzindo-as a um tamanho manejável. Ou seja, ninguém jamais a tocou com carinho, seu corpo não era dela mesma, ela foi forçada a participar de atos que a repugnavam e que ela considerava errados. "Sem problema." Ela deu um jeito, não deu? Por que toda essa agitação? Muitas vezes é duro para ela entender o fato de que ela deu um jeito porque disso dependia sua sobrevivência, não porque representava a dimensão das perdas sofridas.

Quais são algumas das perdas que uma sobrevivente teria que trabalhar? Perdeu a oportunidade de ser criança, a certeza de que seus pais a amavam independentemente do que acontecesse, uma sensação de segurança em seu próprio corpo, um senso de competência, um sentimento de integridade moral. Todas essas perdas precisam ser elaboradas no trabalho de luto.

Recentemente uma cliente arrolou para mim algumas de suas perdas: "Saber que alguém deseja ouvir seus pensamentos, poder ir para cama e não tremer, ter privacidade no banheiro, alguém que diga 'eu te amo', receber um abraço quando eu chorava, poder aprender cantigas de roda antes de meus próprios filhos, ter uma mente limpa enquanto era criança, não me sentir como uma vagabunda, uma sensação de segurança, ter uma verdadeira mãe e um verdadeiro pai (algumas vezes ainda quero ter um), ternura, não ver a honestidade como sendo uma sentença de morte, ter um sentimento de esperança, saber o que é alegria, ter alguém para confiar, ter alguém para me abraçar carinhosamente pelo menos uma vez". Seu comentário ao terminar a lista foi: "Uma criança como essa deveria ter morrido. Teria sido mais fácil e mais benigno".

Muitas sobreviventes têm que trabalhar o luto terrível por causa da perda de seus próprios filhos: natimortos pela ausência de tratamento pré-natal, abortos forçados (às vezes executados em casa), bebês tirados delas no parto sem que saibam do seu paradeiro. Anos atrás, uma mulher de sessenta anos soluçava em meu consultório por causa da perda de um bebê sobre o qual ela nunca havia falado antes. Ela havia sido estuprada muitas vezes pelo pai e, em dado momento, ficou grávida. Ele a levou para fora do país para realizar o aborto. Ela havia carregado o peso desse fato e dessa perda em silêncio durante toda a vida. Para muitas dessas mulheres, a perda de filhos significa que todo feriado e toda gravidez de outra pessoa se tornam uma espada que penetra profundamente em seu coração. Essas coisas as fazem lembrar do que, de fato, nunca tiveram. Nenhuma lápide, nenhuma comemoração, nenhuma fotografia... nada. Uma cliente fez a viagem para casa para perguntar ao padrasto onde ele tinha enterrado o filho deles, natimorto anos atrás. Retornou e me mostrou uma fotografia do canto interno do celeiro deles. Ele havia caminhado silenciosamente até lá e apontado o lugar. Essa fotografia é tudo o que ela tem (no entanto, é mais do que muitas outras possuem).

Um trabalho de luto como esse significa passar pelo vale da sombra e da morte. Muitas clientes temem que não há fim para esse vale. Perguntam, com frequência, quanto tempo terão que suportar uma dor dessas. A resposta não ajuda absolutamente nada: o tempo que levar. As histórias serão – e, de fato, terão que ser – repetidas muitas vezes. É assim que todos nós passamos o luto. Falamos sobre nossa perda, tiramos nossas recordações e as reviramos muitas vezes, até que, de alguma maneira, encontremos um jeito de resistir ao irresistível. Recontamos a história até que achamos um modo de viver com o que foi, mas nunca tornará a ser.

Um trabalho de luto como esse é um processo demorado, doloroso e sombrio. Será necessário que você mantenha uma presença constante. Sua esperança talvez seja tudo o que ela tem para se segurar. Muitas vezes sugiro a minhas clientes que "andem na garupa" da minha esperança. Elas não têm nenhuma; a minha nos carregará a ambas. É semelhante a uma pequena criança cujas perninhas simplesmente não a conseguem levar mais adiante. A resposta amorosa é você se ajoelhar e erguê-la de maneira que suas pernas fortes possam carregar os dois durante um tempo.

Tentativas de suicídio que talvez tenham sido predominantes nas fases iniciais e desapareceram durante um tempo poderão retornar durante o processo de luto. A esperança é algo novo para a sobrevivente. Em geral, aquilo que cresceu um pouco dentro dela no transcurso da terapia não é suficientemente forte para sustentar o peso da sua dor. Ela sente que a única maneira de conseguir parar o sofrimento é morrer. Não é que ela, de fato, deseje morrer. É simplesmente que, acordada ou dormindo, ela é subjugada pela dor. Mal consegue resistir agora ao sofrimento que ela, na verdade, não foi capaz de suportar quando criança. Nem sequer seria capaz de fazê-lo se não tivesse aprendido a confiar em sua voz e acreditar na esperança que você tem por ela. Lembre-a sempre, sem minimizar a profundidade da sua dor, que há esperança, que o vale não continua para sempre, que ela emergirá em um novo lugar, livre do espectro de que sua grande aflição a acabe alcançando.

Nesse local de luto você é o representante do Deus que veio para

> *curar os quebrantados de coração [...] consolar todos os que choram e a pôr sobre os que choram em Sião uma coroa em vez de cinzas, óleo de alegria em vez de pranto, manto de louvor em vez de espírito angustiado [...] Reconstruirão as antigas ruínas, restaurarão os lugares anteriormente destruídos e renovarão as cidades arruinadas, destruídas de geração em geração [...] Em lugar de vergonha, vocês terão dupla honra; em lugar da afronta, exultarão na herança recebida; por isso, em sua terra possuirão o dobro e terão perpétua alegria* (Is 61.1-7).

Represente-o bem.

Confrontações

Em dado momento no transcurso da terapia muitas clientes expressam uma necessidade ou desejo de confrontar seu abusador e/ou aqueles que não as protegeram. As clientes desejam fazer isso com a ajuda, e às vezes na presença, do terapeuta. O desejo de confrontação é tanto combatido quanto temido. Uma grande parcela de ambivalência cerca esses pensamentos, e requerem uma atenção cuidadosa.

É absolutamente crucial observar que o desejo de uma confrontação dessas venha da cliente, *não* do terapeuta! Essa confrontação não deve basear-se na necessidade ou nas convicções do terapeuta. Nenhum terapeuta deve insistir em que ela seja uma parte obrigatória da cura. Eu certamente não estabeleci uma regra de que todas as sobreviventes tenham que fazer isso. Para algumas, parece ser uma parte necessária de seu crescimento. Elas sentem que manter o silêncio prolonga o sentimento de que, de alguma maneira, o incesto é irreal ou "resolvido". Parece-lhes como se continuassem apoiando uma mentira, fingindo que algo horrível nunca aconteceu. Algumas tomam a decisão por causa da preocupação realista de que o abusador agora está fazendo o mesmo com uma irmã, sobrinha ou sobrinho. Optar pelo silêncio é ser como os pais que falham em proteger a criança.

Há vários anos recebi um telefonema de alguém de outro Estado. Ela vinha se reunindo com um conselheiro que insistia em que ela confrontasse a mãe e a avó acerca do abuso que sofreu por parte do avô. Ela lhe dissera que não queria e que estava com medo de fazer isso. A resposta do terapeuta foi que se ela não fizesse o confronto, ele não continuaria as sessões com ela e que ela não conseguiria avançar em seu crescimento. Ele tinha a sensação de que não poderia fazer mais nada por ela, a menos que ela fizesse como ele dizia. Nesse caso fica bem explícito que o conselheiro estava repetindo uma das dinâmicas do abuso. Ele deixou de dar qualquer opção à sua cliente na questão e ameaçou abandoná-la se ela não fizesse como ele mandava. Minha pergunta diante de uma interação dessas é: Qual é, de fato, a pessoa que tem problemas de família não resolvidos? É uma atitude grotescamente presunçosa pressupor que, como terapeutas, temos o direito de determinar se nossas clientes devem ou não confrontar aqueles que se mostraram tão perigosos para elas, e até poderão continuar sendo.

Minha experiência é que, até sobreviventes cujos abusadores morreram, em algum ponto terão que lidar com perguntas como: "Será que eu ficaria frente a frente com ele se estivesse vivo?", "Devo contar o que aconteceu para outros na família?" e "Como posso controlar a raiva que sinto por ele não estar presente para ser confrontado?" É crucial ter em mente que, independentemente das circunstâncias, essa é uma área pela qual quase todas as sobreviventes desejarão passar, e é igualmente importante saberem que, em última análise, a decisão sobre o que fazer é delas. Afinal, são elas, não o terapeuta, que terão que viver com as consequências dessa escolha!

Às vezes, depois de trabalhar árdua e longamente para expressar a verdade *sobre* sua vida, uma sobrevivente escolherá falar a verdade *para* a família e/ou situação em que aconteceu o abuso. Se essa confrontação for acontecer, há muito a ser feito. *Jamais* deve ser tratado de modo impulsivo ou superficial. As opções da cliente devem ser respeitadas a todo momento. Se, em algum momento, ela decidir mudar o rumo, respeite essa opção. Sem dúvida seja honesto acerca do que acha sobre o que ela está fazendo, porém nunca se esqueça de que essa é a vida *dela*, não sua, e por isso a escolha é *dela*, não sua.

Quatro princípios que regem qualquer confrontação

Se quisermos que a tremenda tarefa da confrontação aconteça com sabedoria e acerto, quais são os princípios necessários para conduzir um trabalho desses a fim de assegurar que seja executado da melhor maneira possível? Eu gostaria de sugerir quatro princípios que acredito devem reger qualquer confrontação, e na sequência considerar três questões práticas necessárias para ajudar a cliente ao longo desse processo de modo construtivo.

1. Toda confrontação deve ser governada por um propósito

É vital para você e sua cliente que ambos tenham clareza do propósito de uma reunião dessas. Seria muito destrutivo se vocês entrassem na confrontação com objetivos cruzados. São os parâmetros de Deus que devem moldar nosso propósito. Um desses parâmetros nos foi dado em 1 Pedro 3.9: *Não paguem mal com mal, nem ofensa com ofensa. Pelo contrário, respondam com palavras de bênção, pois para isto mesmo vocês foram chamados, a fim de receberem* bênção por herança. É da natureza humana devolver na mesma moeda o que recebemos de outros. Podemos retribuir mal com mal de dois modos. Simplesmente buscamos vingança ou achamos alguma maneira de ferir os que nos feriram. Uma segunda maneira é deixar de dizer a verdade a respeito do que foi cometido. Minimizar o mal e o abuso, fingir ou causar engano, é fazer mal a outra pessoa. Portanto, por um lado uma confrontação não visa ficar quites e, por outro, não visa negar e fingir.

O objetivo de uma confrontação não é destruir uma família ou agredir verbalmente um perpetrador. Em todos os momentos você e sua cliente são responsáveis por como tratam as pessoas envolvidas na confrontação. O padrão de Deus para toda a comunicação é que falemos a verdade em amor, e esse tipo de confrontação não constitui exceção. É extremamente difícil falar sobre a verdade do incesto. Ninguém quer ouvi-la, muito menos a família na qual ela aconteceu. Mencioná-la é quebrar uma barreira quase impenetrável que os membros da família conspiraram para erguer. Porém, não é menos difícil enfrentar o mal e o abuso de uma maneira que não tenha sabor de vingança.

Pedro diz que, quando somos vítimas do mal de outra pessoa, devemos responder de um modo que a abençoe. *Qualquer* ato que deixe de refletir o caráter de Deus em Cristo não constitui bênção. Vingança, palavras de ódio, ataques e insultos não serão bênção. Negação, fingimento, evasivas e o fracasso em chamar o mal pelo nome certo tampouco trarão bênçãos. Qualquer um desses extremos, tão comuns para nós todos, significa que estamos refletindo o abusador e/ou o não protetor em lugar de espelhar a pessoa de Cristo. Qualquer uma dessas respostas também significa que o mal terá sido vitorioso, porque teremos sido, de uma ou outra maneira, moldados à sua imagem. Qualquer uma dessas reações significará que fomos moldados à imagem do maligno, que odeia e mente, e não à imagem do Redentor, que fala a verdade sem vingança e traz como resultado a bênção.

2. Toda confrontação deve ser feita com cuidado

Isso parece óbvio, em vista da grande dificuldade de sustentar a atitude acima. O cuidado que deveria estar subjacente a qualquer confrontação do mal é explicitado em Deuteronômio 13.12-15: *Se [...] vocês ouvirem dizer que homens malignos saíram do meio de vocês e incitaram os moradores da cidade, dizendo: "Vamos servir outros deuses" [...] então vocês devem inquirir, investigar e perguntar com diligência. E eis que, se for verdade e certo que tal abominação foi praticada no meio de vocês, então certamente vocês deverão matar a fio de espada os moradores daquela cidade.* Realmente, no caso do abuso sexual crônico de crianças, homens maus as afastaram da adoração de Deus. Quando ouvimos a respeito de um fato desses, cabe-nos "inquirir, investigar e perguntar com diligência". Uma acusação de abuso sexual é incrivelmente séria. Confrontar alguém sobre o mal na vida dele nunca é algo que devemos fazer levianamente. A acareação sobre algo tão abominável como o abuso sexual de uma criança deve ser feita com muita cautela.

Ao afirmar que a confrontação deve ser regida pelo cuidado, não estou sugerindo que seja função do terapeuta provar a verdade das recordações da cliente. Embora eu pense que essas recordações, muitas vezes, podem ser corroboradas pelo testemunho de outros ou por outros registros, não cabe ao terapeuta bancar o detetive. Você não está investigando um crime, embora realmente tenha sido cometido um. O trabalho do terapeuta é, em parte, ajudar a cliente a encarar e responder ao mal cometido contra ela de uma maneira tal que ela sempre mantenha o padrão mais elevado. Do mesmo modo como nunca devemos minimizar o mal do abuso sexual, tampouco devemos minimizar a seriedade de uma acusação do mesmo. Algumas sobreviventes foram afastadas da verdade de Deus por aqueles que deveriam ensinar-lhes a verdade. Jesus disse que quem fizer uma coisa dessas estaria melhor se estivesse morto. A sabedoria ordena que depositar uma acusação dessas aos pés de outros seja feito com muito cuidado.

Presenciei resultados desastrosos de confrontações emocionalmente carregadas e prematuras. Uma vez que uma acusação tenha sido feita, nunca mais poderá ser retirada. Minha política é desencorajar essas confrontações a menos que a verdade tenha sido demonstrada de modo convincente e a recuperação da cliente esteja em suas fases finais.

Esse cuidado é tanto para o bem da sua cliente quanto para qualquer outra pessoa. Dizer a verdade sobre o abuso sexual em uma família é explodi-la. O que foi jamais tornará a ser. Ou a família será lançada em um caos absoluto quando se esforça para encarar uma verdade tão detestável, ou sua cliente imediatamente se tornará órfã, porque os membros da família simplesmente se recusam a ouvir uma verdade dessas. O propósito, a ocasião e a maneira pelos quais uma confrontação dessas é tratada merecem uma grande porção de escolha e diligência. Deixar de ser cuidadoso como terapeuta ou deixar de encorajar a cliente a ser cautelosa constitui uma falha em relação à segurança e à verdade. Por sua falta de cuidado, você terá fracassado na ajuda a sua cliente para se proteger de uma situação potencialmente prejudicial ou até mesmo violenta, e terá deixado de falar a verdade quanto à seriedade da questão e de seus possíveis resultados.

3. Toda confrontação requer maturidade

O autor da Carta aos Hebreus diz: *Mas o alimento sólido é para os adultos, para aqueles que, pela prática* [ou: pelo uso constante], *têm as suas faculdades exercitadas para discernir não somente o bem, mas também o mal* (Hb

5.14). De acordo com esse versículo, uma das marcas características da maturidade é a capacidade de discernir o bem e o mal. Uma das consequências mais profundas do abuso sexual crônico é a confusão entre o bem e o mal. Os pais dizem que o que estão fazendo é "bom para suas menininhas". Dizem às crianças que foi o mal dentro delas que causou o abuso. Dizem-lhes que elas "levaram" o perpetrador a agir assim. A muitas é dito que Deus aprova o abuso. Mentiras assim não apenas calam profundamente, mas o lugar em que são mais difíceis de discernir como mentiras é na presença do perpetrador. Muitas sobreviventes que aprenderam a falar claramente a verdade sobre seu abuso retornam rapidamente à confusão e incerteza quando estão frente a frente com o perpetrador. É um relacionamento no qual elas experimentaram impotência profunda, e retornar a esse relacionamento com voz firme que chama o mal pelo nome certo requer muito trabalho árduo.

Uma das tarefas que os pais executam em favor dos filhos é ajudá-los a nomear as coisas em seu mundo. As crianças apontam para uma flor, uma porta ou um cachorro, e o pai lhes diz o rótulo certo. Pais também designam coisas que são bem menos palpáveis, como verdade, mentira, amor, ódio, bem e mal. Suponha uma criança criada de modo relativamente isolado e em uma casa na qual os pais lhe ensinaram com persistência que o céu é verde. Entrar no mundo mais amplo e ouvir outros dizerem que o céu é azul lançará a criança em uma confusão total. Ela não apenas terá que reaprender o que é azul e o que é verde, continuamente testando o testemunho de outras pessoas no processo, mas todo o relacionamento com os pais terá que ser redefinido porque descobriu que, na realidade, lhe ensinaram uma mentira. Muito maior será a dificuldade de discernir o bem e o mal quando foram ensinadas mentiras a alguém sobre si próprio!

Uma das coisas que o versículo da Carta aos Hebreus nos diz é que a maturidade que nos permite discernir é obtida por meio da prática. Somos treinados para distinguir o bem do mal pela repetição e pelo uso constante que acontecem com o passar do tempo. Que grave injustiça cometemos contra nossas clientes quando pensamos que basta dizer-lhes a verdade e então esperar que a tenham "captado". Todas elas foram treinadas durante os anos de seu desenvolvimento a chamar o mal de bem. Algumas palavras nossas, ou até mesmo do próprio Deus, não reverterão isso. O discernimento maduro virá com o passar do tempo e por meio de afirmações repetidas muitas vezes. Encorajar uma cliente para a confrontação prematura com seu abusador é sentá-la no meio dos lobos. Uma das maneiras pelas quais cuidamos da nossa cliente e a fortalecemos na verdade é compreendendo sua grande necessidade de maturidade antes que ela tente confrontar as mentiras que a cercaram, e fomentando pacientemente sua capacidade recém-descoberta de discernir o bem e o mal.

4. Toda confrontação deve ser regida pela verdade

O apóstolo Paulo relata sobre enfrentar os imorais. Ele nos diz: *Não se deixem enganar com palavras vazias [...] Portanto, não participem daquilo que eles fazem* (Ef 5.6s). Novamente fica clara a necessidade do discernimento que vem com a maturidade. Do contrário, como é fácil ser enganado e tornar-se parceiro do perpetrador, permitindo que suas definições determinem a verdade! Paulo prossegue dizendo:

> *Porque no passado vocês eram trevas, mas agora* são *luz no Senhor. Vivam como filhos da luz – porque o fruto da luz consiste em toda bondade, justiça e verdade –, tratando de descobrir o que é agradável ao Senhor. E não sejam cúmplices nas obras infrutíferas das trevas; pelo contrário tratem de reprová-las [...] Mas todas as coisas, quando reprovadas pela luz, se tornam manifestas; porque tudo que se manifesta é luz* (Ef 5.8-13).

Nosso Deus é o Deus da verdade. O próprio Jesus é a encarnação dessa verdade. O inimigo de nossas almas é o enganador, o pai das mentiras, e Jesus disse que *"nele não há verdade"* (Jo 8.44). Mentir, fingir, falsificar, minimizar ou negar a verdade é viver como filho da escuridão. Cabe-nos não apenas não ter nada a ver com qualquer coisa que seja das trevas, mas também somos chamados a denunciá-lo.

Quando olhamos para Deuteronômio 13, os versículos que nos desafiaram a sondar e investigar com diligência quando ouvimos falar de uma coisa detestável que afasta outros da adoração de Deus, também lemos que, quando uma coisa dessas é demonstrada como verdadeira, todas as pessoas da cidade devem ser mortas *a fio de espada* (v.15). Na situação de abuso estamos falando de uma família, não de uma cidade. Penso que também somos chamados a manusear uma espada diferente – a da Palavra de Deus. É uma espada viva e ativa, *mais cortante do que qualquer espada de dois gumes, e penetra até o ponto de dividir alma e espírito, juntas e medulas, e é apta para julgar os pensamentos e propósitos do coração* (Hb 4.12). Uma espada dessas, usada sábia e cuidadosamente, penetra em uma família que praticou por muito tempo a arte do engano, que tratou feridas com leviandade, como se não fossem sérias, dizendo: *"Paz, paz", quando não há paz* (Jr 6.14), e ilumina o que estava oculto, pronunciando a verdade de Deus na escuridão. Muitas pessoas dizem que confrontar as famílias não é bom porque isso simplesmente visa acusar. O propósito da confrontação que descrevi não é culpar, mas expor. Quando engano você, tomando seu dinheiro, e tento fingir que não é assim, você falar a verdade sobre minha maldade é expor aquilo que é das trevas e chamá-lo pelo nome certo. O Deus da verdade quer que chamemos o mal de mal. Quando deixamos de fazê-lo, não espelhamos corretamente sua natureza.

Provérbios 12.17 diz: *Quem diz a verdade favorece a justiça, mas a testemunha falsa está a serviço da fraude.* Podemos mentir dizendo que alguém fez algo quando, na realidade, não fez. Podemos mentir exagerando o mal de outra pessoa. Também podemos mentir dizendo que algo não aconteceu quando, de fato, aconteceu. Podemos fazer isso com palavras e podemos fazê-lo por meio do nosso silêncio. Igualmente podemos mentir dizendo que algo foi pequeno quando, na realidade, foi grande. Em qualquer uma das situações acima somos uma testemunha falsa.

Um dos maiores presentes de dizer a verdade é oferecer a alguém a oportunidade de sair da escuridão para a luz. Quando oferecemos a outros uma oportunidade dessas nós os estamos abençoando. Somente quando andamos na luz é que encontramos liberdade. Somente quando entramos na verdade é que temos esperança de redenção. A liberdade das mentiras e das trevas jamais poderá acontecer, a menos que chamemos as coisas pelo nome certo. Não haverá esperança de redenção até vermos e nomearmos o mal que precisa ser redimido. Estender a outros o convite para se unirem a nós na luz não assegura, de maneira alguma, que eles decidirão fazê-lo. Porém, ao fazer um convite desses, não devolvemos mal por mal, mas abençoamos. Embora nossa dor e tristeza por sua falta de resposta realmente possam ser grandes, pelo menos saberemos com certeza que agradamos a nosso Redentor. É um privilégio ajudar uma cliente nesses passos, porque fazendo isso nós verdadeiramente a amamos e a preservamos no que é mais sublime – o padrão do próprio Deus.

Modos práticos de preparar uma confrontação

Depois de nos debatermos com os princípios que devem reger qualquer confrontação, é preciso levar em conta diversas áreas práticas se você quiser preparar sua cliente para essa parte muito difícil da terapia. Você terá que ajudá-la a estabelecer metas realistas, questionar seus finais de contos de fada e suas expectativas e depois acompanhá-la na decisão de como contatar a família e conduzir as reuniões.

1. Estabelecer metas realistas

Ao trabalhar para estabelecer metas para uma reunião dessas considero útil, muitas vezes, começar pelo ideal. Com o que você sairia dessa reunião se todas as suas expectativas fossem atendidas? Uma razão pela qual considero isso útil é que aprendi, por árduas experiências, que muitas clientes tentam articular metas realistas porque elas soam mais razoáveis ou porque, com isso, tentam controlar sua esperança. Porém acabam não sendo honestas consigo mesmas, e as metas a respeito das quais silenciaram ainda estão muito vivas e vigorosas em seu íntimo. A consequência é que, de fato, foram para a reunião com alvos idealistas não mencionados e sem ter tido uma oportunidade de adaptá-los em vista do que sabiam que era a realidade em sua família.

Normalmente, quando as clientes expressam sua esperança com sinceridade, formulam um desejo de que a verdade seja desvelada completamente, que a família fique consciente das sequelas do incesto, que haja o reconhecimento da culpa com um sincero pedido de perdão e uma reconciliação. Em essência, desejam, como adultas, o que desistiram de esperar como crianças – uma família que vivencie a verdade e as ame incondicionalmente. Esses alvos, de fato, podem ser viáveis em algumas circunstâncias. Com certeza nosso Deus tem o poder de realizá-los. Porém, não está em questão a capacidade de Deus. O que influenciará o grau em que esses alvos podem ser alcançados é uma apreciação da família de um cliente específico e o que se sabe de suas reações anteriores a questões difíceis, como normalmente lidam com o conflito, a situação do relacionamento atual da cliente com a família, a força de cada membro, se outros irmãos também estão se manifestando ou não, o grau de cegueira espiritual na família e a extensão de sua negação geral acerca de outras questões.

2. Confrontar expectativas de conto de fadas

Quando a cliente trabalha a fim de articular os alvos para a confrontação, parte do trabalho da terapeuta será encontrar o equilíbrio entre esmagar sua esperança de mudança e ajudá-la a ser realista, em vista da dinâmica de sua família específica. As clientes tenderão a errar no lado da esperança (ou seja, todos viveremos felizes para sempre) ou no lado da desesperança (ou seja, fazer isso não terá impacto algum em ninguém, inclusive em mim, portanto, para que servirá?). Por um lado, você a preparará melhor lembrando das verdades que vocês dois conhecem sobre a família dela e do que provavelmente acontecerá com base nesse conhecimento. Por outro, você terá que lembrá-la de que, mesmo que sua família saia da reunião surda, muda e cega, ela própria não sairá assim. Uma confrontação dessas, conduzida corretamente, a fortalecerá e a amadurecerá, motivo pelo qual nunca será em vão, mesmo que ela fique triste e aflita com a resposta deles.

Uma parte do processo de ajudar a cliente a articular metas ideais e depois estabelecer alvos realistas envolve a avaliação do nível de perigo ou da probabilidade de que os membros da família reajam com ímpeto. Dependência química contínua, uma história de violência ou uma história de ameaças de suicídio ou homicídio constituem contraindicações sérias a uma confrontação familiar. Particularmente quando houver ameaça de violência, o resultado habitual é interromper o contato com a família por causa do nível de perigo.

3. Planejar a sessão de confrontação

É preciso responder a muitas perguntas antes de avançar para a reunião propriamente dita. Quem telefonará para a família e lhe pedirá que venha? Quais membros serão solicitados? Onde acontecerá o encontro? Supondo que seja no consultório do terapeuta, a que horas chegarão a cliente e a família? A cliente quer chegar cedo e/ou ficar depois para combinar as coisas com você? Normalmente ela quer. Será que ela precisa entrar por uma porta diferente? Como deve ser o arranjo das cadeiras? Muitas vezes ela desejará ter certeza de que você estará no campo de visão dela. Quem começará a reunião? Quem decidirá quando se deve terminar caso as coisas saiam de controle? Como um problema será controlado? Nessa situação muitas vezes é útil encenar os papéis. Ao longo de todo o processo de decisão, os desejos da cliente precisam ser honrados o máximo possível.

Estudo de caso

Há muitos anos trabalhei com uma mulher cujo avô havia abusado dela repetidamente durante cerca de doze anos. Depois disso ele havia morrido. Ela sabia que sua avó, que também era falecida, estava ciente do abuso porque os tinha flagrado em várias ocasiões. A resposta básica da avó tinha sido: "Fulano, você sabe que não deveria fazer isso". Ela, então, virava as costas e saía. Minha cliente acreditava que seus pais ignoravam o abuso e que a avó nunca lhes tinha contado o que viu. A avó jamais mencionou o caso para ela. Muito próximo do final da terapia de minha cliente, ela decidiu que queria falar aos pais sobre o que havia acontecido e como sua vida havia sido impactada.

Um dos assuntos que nós duas tínhamos trabalhado era a consciência crescente de minha cliente de que seus pais eram bons em responder a crises, mas não apoiavam ou respondiam a longo prazo. Ela se lembrara de muitas vezes em que algo crítico havia acontecido em sua adolescência, e os pais responderam depressa. Contudo, quando um problema perdurava ou quando a resposta emocional de minha cliente demorava, ela era recebida frequentemente com impaciência e condenação. Quando falamos sobre a possibilidade de contar aos pais sobre o avô, eu lhe mostrei que era provável que ela obteria inicialmente uma boa resposta, mas que com o passar do tempo presumivelmente o antigo padrão retornaria. Minha cliente decidiu que queria falar aos pais por duas razões: primeiro, sentia que uma parte importante de sua vida estava oculta diante deles e ela queria que a conhecessem mais plenamente; e, como segundo ponto, sentia que havia crescido o suficiente para que, se a resposta deles mudasse depois do começo da história, ela seria suficientemente forte para abrir-se com eles sobre isso.

Passamos muitas semanas preparando a vinda dos pais a meu consultório. Ela decidiu o que pretendia dizer e como ela explicaria por que queria que eles soubessem depois de tantos anos de silêncio. Considerou sábio escrever por extenso o que precisava comunicar. Telefonou aos pais e lhes perguntou se aceitavam encontrar-se com ela em meu consultório. Pediu-lhes que honrassem sua solicitação esperando até que chegassem ao consultório para saber o porquê. Eles vieram de boa vontade.

Minha cliente optou por chegar cedo e reunir-se primeiro comigo durante aproximadamente quinze minutos. Então decidiu conduzir os pais ao consultório. Organizou as cadeiras de maneira que ela podia ver ambos os pais e, ainda assim, manter contato visual comigo. Pediu-me basicamente que me sentasse quieta enquanto ela lia aos pais o que havia escrito e, em seguida, interagisse com eles. Ela queria que eu interviesse somente quando batessem em algum obstáculo ou tivessem perguntas que ela não soubesse

15 - Principais problemas da segunda fase   **167**

responder. Eu a havia encorajado a expressar claramente aos pais por que estava falando sobre o abuso e o que esperava que acontecesse como resultado em seu relacionamento.

O pai dela ficou furioso com seu pai (o abusador). Ele tinha uma irmã cuja vida havia sido cheia de problemas, e ele se perguntou em voz alta se o pai dele teria abusado da irmã também. A mãe de minha cliente estava chocada e aos prantos. Ficou muito chateada porque não sabia ("Eu não sabia. Eu não sabia.") e solicitou minha ajuda para entender por que a filha não lhe contou quando isso acontecia. Minha cliente foi muito clara com os pais quanto ao que ela precisava deles. Ela também foi muito sensível com eles e verbalizou a preocupação de que precisavam processar esse transtorno e a informação surpreendente. Por iniciativa dela, concordamos em nos encontrar outra vez dentro de algumas semanas.

Diversas coisas resultaram dessa confrontação. Minha cliente conquistou um senso de força e coragem para falar sobre coisas difíceis. Isso lhe permitiu procurar a mãe quando notou que ela estava começando a se recolher. Foi capaz de expressar seu desejo de que a mãe permanecesse aberta com ela. Depois de várias reuniões conjuntas, o pai de minha cliente decidiu perguntar à sua irmã se o pai deles tinha ou não abusado dela sexualmente. A resposta foi afirmativa, e ele se mostrou capaz de encorajá-la a buscar a ajuda de que precisava. Essa ação pareceu trazer alívio à sua dor terrível de que não ter sabido da própria filha.

Permitam-me oferecer um cenário mais comum referente a uma confrontação familiar. Esses são os comentários de uma cliente sobre a situação de sua própria família:

> Decidi revelar o abuso a meu abusador e minha família. Eu sentia intensamente que precisava fazer isso, embora não o teria feito sem um sólido grupo de apoio de mulheres e minha conselheira. O impacto em minha família foi traumático. Passaram por várias fases de choque, negação, raiva e acusação contra mim. Foi um processo difícil. Meu irmão, que era meu abusador, negou tudo completamente, alegando que não se lembrava. Felizmente para mim, tenho outro irmão que se lembrava dos fatos. Esse irmão caminhou comigo pelo trauma e pela dilaceração de minha unidade familiar. Muitas vezes ele me proporcionou sanidade e dignidade. O irmão que abusou de mim não fala com nenhum de nós. Esse silêncio está durando quatro anos. Hoje minha família ainda está rachada ao meio. Minha irmã está próxima de meu irmão, o abusador, e ainda briga comigo.

Fui acusada de causar muitos de nossos atuais problemas familiares. Mas me comuniquei com meus pais de uma maneira como nunca imaginei que poderia. Percebi que eles não eram capazes de me apoiar da maneira como eu desejava. Estou conseguindo aceitá-los onde eles estão e amá--los assim mesmo. Às vezes ainda pode ser bastante penoso e parece ser um processo vitalício de trabalho de luto pelo que passarei. Contudo, há muita restauração dentro de mim, e sou bem mais realista sobre o que minha família pode me oferecer.

Poucas situações possuem um nítido começo e fim. Muitas famílias se envolvem em um longo e doloroso processo, quando os indivíduos lutam com o que foi revelado e tomam decisões sobre como responderão a essa revelação. Muitas clientes ficam profundamente aflitas com o fato de que sua família tem uma capacidade bem menor de amar e apoiá-las do que esperavam. A luta para aceitar essa realidade sem amargura é difícil.

O papel do terapeuta em uma confrontação

Além de conduzir a reunião, o papel do terapeuta ao longo desse processo é apoiar a cliente e mostrar, tanto para a cliente quanto para sua família, como devem confrontar-se e interagir. Sessões como essas requerem confiança e atitude afirmativa. Elas podem exigir que digamos coisas como: "Pare de contradizer sua filha desse jeito"; "Você precisa ouvir o que sua filha está dizendo em vez de simplesmente ficar centrado em seus próprios sentimentos" ou "Não permitirei que o senhor humilhe sua filha enquanto estiver em meu consultório". Respostas como essas apoiam imensamente sua cliente em seu próprio crescimento, independentemente de a família responder positivamente ou não. Para muitas sobreviventes é a primeira vez que ouvem que são valorizadas diante dos membros de sua família. Muitas nunca ouviram outra pessoa atuar para continuarem se sentindo protegidas em uma situação assustadora com sua família. Essas respostas também moldam para a cliente formas de se afirmar com sua família sem que, em troca, tentem enrolar, esquivar-se, abrir mão da verdade ou minimizar.

Uma técnica bastante simples, mas, em geral, muito eficiente com clientes quando passam por uma confrontação familiar é sugerir que escrevam em um pedaço de papel algo que as encorajaria em sua tarefa, que as ajudaria a manter o rumo ou que as faria lembrar o que é a verdade. Se, em qualquer momento da reunião, elas se sentirem amedrontadas, arrasadas ou perceberem que estão perdendo o foco, poderão colocar a mão no bolso e recordar-se do que está ali. Muitas clientes usarão um versículo da Bíblia, algumas uma afirmação que as lembre de que eu estou ali com elas ou uma declaração simples de uma verdade duramente conquistada. Não é incomum durante uma reunião dessas observar que a mão da cliente desaparece momentaneamente no bolso, depois do que endireita os ombros e respira fundo.

Uma última questão na condução dessas sessões diz respeito a delinear um plano definido de como a família deverá proceder se a reunião realmente resultar em algum vislumbre de esperança quanto a um reconhecimento da verdade e uma eventual reconciliação. Por mais errado que fosse deixar de fomentar uma possibilidade dessas, seria igualmente errado deixar que as palavras *sinto muito* erradiquem imediatamente anos de sofrimento, mentiras e abuso. É preciso que a atuação reparadora suceda um pedido de desculpas. O arrependimento é verbal, sem dúvida, mas é muito mais que isso. É uma transformação de dentro para fora, demonstrada com o passar do tempo. As Escrituras tomam o pecado a sério, não o tratam levianamente. O arrependimento do pecado é considerado uma mudança nas palavras, sim, mas também na atitude e no comportamento, de fato, na pessoa inteira. Para nós, deixar por menos é baratear o que Deus considerou radicalmente caro, porque lhe custou a morte do seu Filho. Se o perpetrador ou o pai omisso disser: "Sinto muito", sua resposta poderia ser: "Estou contente de ouvir o senhor dizer isso à sua filha. Agora vamos começar a falar sobre como você pode demonstrar isso a ela". Pelo menos até certo ponto, a cliente deve ter uma parte muito ativa em articular o que precisa ser feito para demonstrar a realidade de um pedido aberto de desculpas. Repetidamente, em diversos autores e de muitas maneiras, as Escrituras expressam a verdade: *Filhinhos, não amemos de palavra, nem da boca para fora, mas de fato e de verdade* (1Jo 3.18). Aqueles que sugerem que as palavras *sinto muito* devem ser suficientes e depois transferem à sobrevivente o ônus de estabelecer um bom relacionamento estão negando a verdade dessas palavras. Se repetidamente roubei dinheiro de você e então venho e peço que me desculpe, a verdade de minhas palavras será testada com o passar do tempo quando demonstro que já não roubarei seu dinheiro e que farei todo o esforço para restaurar o que destruí. Deus diz que as palavras não bastam. Não ousamos dizer o contrário.

Perdão

Às vezes, ao longo do tratamento, surge inevitavelmente para a sobrevivente o assunto do perdão. O perdão constitui uma questão inacreditavelmente difícil, por duas razões. Muitas pessoas têm toda espécie de noções estranhas sobre o que é ou não é o perdão, e a maioria dessas noções parece não ter nada a ver com as verdades das Escrituras. Além disso, falando humanamente, é provável que sua cliente ache que a ideia de perdoar o abusador dela pelo repetido, e frequentemente sádico, abuso sexual, parece impossível, quando não realmente ultrajante. É uma área crucial que requer um tratamento muito cuidadoso.

O que tenho a dizer sobre o perdão resulta de estudo pessoal, experiência pessoal e muitos anos de trabalho ao lado de quem tinha muito para perdoar. Os pensamentos subsequentes de maneira alguma são a última palavra no assunto (nem mesmo minhas últimas palavras nesse assunto). Talvez pudéssemos vê-los como pensamentos em processo, apresentados por alguém que está muito disposto a torná-los alterados e esclarecidos por aquele que nos perdoou a um custo inimaginável.

Quatro princípios que regem o perdão

Acho que, primeiramente, temos que nos conscientizar dos princípios que consideramos ao discutir as confrontações de famílias. Aqueles quatro princípios, propósito, cuidado, maturidade ou discernimento, e veracidade, precisam influenciar o processo de perdão tanto quanto o processo de confrontação. Ao começar o trabalho de aprender a perdoar, é absolutamente necessário que sejamos governados pelos parâmetros e pelo exemplo de Deus.

1. O perdão deve ser regido pelo propósito

Declaramos acima que nosso propósito não é devolver mal por mal, mas transmitir bênçãos. Abençoar é levar o bem a outra pessoa. Comunicamos o bem unicamente quando glorificamos a Deus. Isso significa que qualquer coisa que for contrária à natureza de Deus, como foi manifesta na pessoa de Jesus Cristo, não é um bem. Infelizmente, penso que, frequentemente, definimos o bem como ser gentil com alguém. Como resultado, acabamos fora da trilha do que glorificaria a Deus. Deus é santo, ele é justo, ele é puro, é tardio em irar-se, é compassivo e é a verdade. Qualquer coisa que comprometa tais qualidades não é perdão verdadeiro.

2. O perdão deve ser realizado com cuidado

Também mencionamos que nossas confrontações devem ser regidas pela consideração e sabedoria. Essas qualidades são vitais também aqui. A natureza humana é enganosa. Não somos sábios. Não é natural para nós perdoar da maneira que Deus perdoa. Nós desculpamos, negamos, odiamos ou buscamos vingança. O perdão não é algo assegurado pelos impulsos quando nos sentimos momentaneamente magnânimos ou tentamos aliviar uma situação constrangedora. Para que qualquer um de nós perdoe como Deus quer que perdoemos, temos que proceder com grande cuidado e buscar a sabedoria de Deus.

3. O perdão requer maturidade

O terceiro princípio que levamos em conta foi a maturidade. Vimos na Carta aos Hebreus que as pessoas maduras, pela prática ao longo do tempo, treinaram sua percepção para discernir o bem e o mal. O perdão é uma resposta ao pecado. A capacidade de distinguir entre o bem e o mal é um pré-requisito necessário para oferecer perdão. Quando, em minha confusão, sou incapaz de discernir o mal e o bem, provavelmente chamarei o mal de bem ou reagirei com o que acredito ser uma "boa" resposta, quando na realidade ela é má.

4. O perdão deve ser regido pela verdade

O último princípio foi o da verdade. Nosso Deus é um Deus da verdade, e perdão nunca significa alterar a verdade. Perdoar não é rotular algo de modo que fique mais palatável. Perdoar não significa concordar em fingir juntos. Em resumo, qualquer coisa que rotulamos de perdão tem que glorificar a Deus, tem que ser o resultado de sabedoria e discernimento, e precisa ser capaz de resistir sob a luz de Deus.

Pecado

Falar sobre o perdão é falar sobre o pecado, porque é ele que precisa ser perdoado. Se nos dispomos a perdoar um pecado, parece importante que primeiro entendamos exatamente o que é o pecado.

1. O pecado se opõe a Deus

Ele é oposto à natureza de Deus e trabalha ativamente contra ele. O pecado está na inimizade com Deus; é odiar Deus, resistir a ele. Estamos falando sobre algo que é fatal, algo que traz em seu bojo terríveis consequências eternas. Não estamos falando em perdoar algo que simplesmente não nos deixava à vontade (embora esse possa realmente ser o caso). Estamos falando em perdoar algo que está ativamente em pé de guerra com nosso Deus. Obviamente nesse contexto não é possível tratar levianamente nem o pecado e suas consequências nem o perdão do pecado.

2. O pecado se opõe ao nosso bem

Ele se opõe à vida de Deus em nós. Condena-nos, suja-nos e nos separa de Deus. Não estamos falando em perdoar algo que não tem importância. Quando alguém pecou contra nós, cometeu um ato vil, destrutivo, silenciador, entorpecente e fatal.

3. O pecado é um veneno que se espalha

Um ser humano não é capaz de pecar contra outro sem que as repercussões se disseminem. Você não precisa trabalhar muito tempo com sobreviventes de abuso sexual para ver a natureza venenosa do pecado. O impacto do pecado cometido contra elas repercute ao longo dos anos de sua vida, derramando-se, muitas vezes, sobre a geração seguinte. É um pecado que mata a esperança, escarnece o amor e gera o medo. É um pecado que reflete o abismo do próprio inferno.

4. O pecado é uma ofensa contra o próprio Deus

Cometer um pecado ou ser alvo do pecado de outra pessoa é experimentar o que constitui um ataque direto a Deus. Isso significa que o pecado é algo extremamente sério e perigoso para tratarmos, porque ele sozinho possui a capacidade de nos separar de Deus. Disso resulta que não há algo como um "pecadinho", porque nenhum ataque a Deus pode ser definido como "pequeno". No entanto, significa, igualmente, que, para colocar uma criança na posição de experimentar repetidamente o que agride o próprio Deus, significa martelar nela com o que é característico do próprio Satanás. De maneira alguma será surpreendente que o impacto de uma experiência dessas seja tão devastador quando você considerar que uma criança vulnerável, em desenvolvimento, está repetidamente sofrendo a lascívia, a morte e o engodo característicos do pai da mentira. Constitui um testemunho espantoso do poder redentor de Cristo que uma vida tão desfigurada pelo mal pode ser restaurada a ponto de refletir a beleza do próprio Cristo!

Qual deve ser nossa resposta a um ataque tão hediondo contra a pessoa do próprio Deus? Primeiro, se compreendermos verdadeiramente a gravidade da natureza do pecado, nunca trataremos levianamente qualquer pecado, nem o nosso nem o de outro. Já afirmamos que isso significa que não rotularemos incorretamente o pecado, não o desculparemos, não fingiremos acerca dele, nem o negaremos onde quer que o constatemos. Penso que isso também significa que não seremos ingênuos quanto ao impacto do pecado na vida da pessoa que o sofre. Quando pressionamos outros a "simplesmente perdoar", como se fosse algo que, de alguma maneira, pudesse ser feito rápida ou facilmente, sem considerar as consequências desse pecado, acatamos uma visão superficial dele. Se o pecado realmente for tão sério quanto dissemos, então não apenas estaremos ansiosos para confessar o nosso próprio, mas também teremos grande ternura e amor para com os que foram martelados pelos pecados de outra pessoa.

Em segundo lugar, se reconhecermos que o pecado é fundamentalmente uma ofensa a Deus e que nosso propósito primário é trazer glórias para ele, então ansiaremos para que nossa reação ao pecado proteja o nome dele, não os nossos sentimentos. Por um lado, isso significa que não permitiremos que nosso desejo de consolo nos leve a fingir, negar, desculpar ou agir levianamente acerca do pecado. Por outro, também significa que estaremos alertas em relação ao nosso próprio coração, porque não desejaremos que nossas próprias reações ao pecado de outros por sua vez denigram o nome de Deus. Atitudes interiores como hostilidade, ódio ou vingança resultam em espalhar mais do mesmo veneno que foi despejado pelo perpetrador. Qualquer papel que tivermos no processo de restauração será regido, em todos os aspectos, pelo desejo de trazer glórias para Deus. Nossas atitudes de coração honrarão o nome dele. Compraremos a verdade e não a venderemos a qualquer preço. Nossas palavras e ações em relação a outros – tanto pecadores quanto vítimas do pecado – o glorificarão. Nossas definições de pecado, arrependimento e perdão serão regidas pela palavra dele e pelo seu caráter, de maneira que nem sua santidade nem seu grande amor jamais fiquem comprometidos pela maneira como lidamos com a questão. Perdoar outra pessoa ou se engajar no processo de ajudar alguém a lutar com sua necessidade de perdoar é, de fato, uma tarefa que nos deixa sóbrios e que traz consequências muito além do que conseguimos vislumbrar.

Uma vez que tenhamos reconhecido que o perdão se refere ao pecado e mantido diante de nós o que, de fato, é o pecado, precisamos, agora, considerar três perguntas: O que queremos dizer quando falamos em perdão? Com que o perdão se parece na prática? Qual é o objetivo do perdão?

O que queremos dizer quando falamos de perdão?

Perdoar significa deixar de lado, soltar, absolver, remitir, desculpar. É inerente a esse significado a constatação de que algo terrível foi cometido. Do contrário, não haveria nada a deixar de lado ou perdoar. O perdão não é obtido com base na negação ou na minimização, mas na verdade. Perdoar uma dívida requer que, primeiro, se calcule de quanto é a dívida. O processo do perdão começa com a verdade sobre o pecado e suas consequências. O perdão de Deus começou com a conta do que devíamos – devíamos nossa vida. A Cruz é decididamente o lugar do perdão. Também é o lugar de prestar contas.

Falar de perdão também é entrar no reino do sobrenatural. Perdoar é o trabalho de Deus. Nenhum terapeuta pode criar o perdão no coração de uma cliente. Somente Deus gera em nós uma disposição de perdoar. Simplesmente dizer às pessoas que precisam perdoar e depois, de algum modo, esperar que respondam: "Ah, pois não!" é não admitir a fonte de perdão. O fato de que Deus preparou em nós a capacidade de perdoar outra pessoa é uma das evidências de que captamos o perdão de Deus a nós próprios. Muitas vezes constato que todo esse conceito é completamente estranho às sobreviventes, porque perdoar é liberar, recusar-se a exigir pagamento. Isso é muito difícil de compreender quando elas cresceram sendo obrigadas a pagar até mesmo quando não deviam nada e quando eram cruelmente castigadas pelas ofensas mais secundárias ou por nenhuma ofensa sequer.

Em meu trabalho com sobreviventes fiz a seguinte experiência: em lugar de lhes dizer simplesmente que precisam perdoar – uma afirmação que, em geral, as arrasa com desespero – é muito mais útil ensiná-las, quando estiverem dispostas, sobre a obra de Deus em Cristo na Cruz. Foi na Cruz que Deus levou o que visava desonrá-lo e fez com que, pelo contrário, trouxesse honra a seu nome. Com o passar do tempo, as clientes veem evidências dessa obra em suas próprias vidas e reconhecem que Deus retirou de sua vida as coisas que tinham intenção de desonrá-lo, tanto os próprios pecados delas quanto os cometidos contra elas, e, em troca, fez com que trouxessem honra para ele. O reconhecimento dessa maravilhosa redenção quase sempre resulta em uma sede de ser como aquele que as amou com tanta fidelidade. É essa sede nascida da obra de Deus em sua vida que as leva a me perguntar: "Como posso perdoar meu abusador?"

Continuo levando a cliente que faz uma pergunta dessas à Cruz, porque é ali que vemos o perdão demonstrado perfeitamente. Pergunto-lhes o que elas descobrem quando a estudam. Elas constatam que perdoar não compromete a santidade de Deus. Não nega a verdade. É mais precioso do que se pode explicar. O perdão é oferecido e espera por uma resposta. Quando o perdão é aceito, faz brotar vida em lugar da morte. Elas começam a entender que o objetivo de oferecer perdão a outra pessoa é convidar um pecador ao arrependimento. A verdade é falada sobre o pecado, e desafia-se para o arrependimento. Oferece-se o perdão na esperança de despertar alguém que está morto no pecado. É quando uma pessoa dessas desperta e se arrepende que resulta glória para Deus e, por isso, temos o desejo de oferecer perdão por causa de seu grande nome.

Recentemente trabalhei com uma mulher que, por um lado, estava enfurecida com seu abusador e, por outro, atormentada pela culpa referente a suas próprias ações contra outros. Ela pensava equivocadamente que perdoar seu abusador significaria dizer que o que ele havia cometido não era nenhum problema. Levei-a a Isaías 53 e salientei as palavras usadas para descrever algo do que aconteceu a Jesus. Ele foi "traspassado", "moído", "castigado", "ferido", "julgado" e oferecido como "oferta pelo pecado". Quando ela começou a compreender o significado dessas palavras em relação à pessoa de Jesus, começou a ver como era caro o perdão de Deus. O Filho de Deus verdadeiramente havia recebido os golpes destinados aos pecadores. De fato, estava tudo "consumado".

Outro exemplo que vejo funcionando poderosamente com sobreviventes é ajudá-las a se concentrarem nas mãos de Jesus. As mãos são muito poderosas na vida de uma sobrevivente. Mãos foram usadas para violar, molestar e gerar violência. Frequentemente as próprias mãos delas também praticaram, por coerção ou por opção, muitas coisas que elas consideram detestáveis. Trabalhei com uma mulher que arranhava constantemente as mãos porque pensava que elas eram más. Minhas mãos a aterrorizavam também.

Ao longo dos anos ela aprendeu a confiar em minhas mãos. Foi com grande alegria que, então, consegui mostrar-lhe as mãos de Jesus. Mãos que curam, mãos seguras, sim. Mas também mãos feridas, para que ela pudesse ser perdoada. Após muitas repetições gentis ela aprendeu a deixar as mãos dela descansarem porque alguém outro tinha pago a dívida dela.

Com que o perdão se parece na prática?

Quando uma cliente começa a se debater com essas verdades eternas, passamos a trabalhar as consequências práticas dessas verdades. Para aquelas cujo abusador está vivo, isso, muitas vezes, leva a uma confrontação com o perpetrador, como descrevi anteriormente. A luta é um pouco diferente para aquelas cujos abusador não estão vivos. Contudo, a esperança é que o coração da sobrevivente chegue a mostrar as atitudes que se encontram em alguém que está livre para oferecer perdão, independentemente de poder ou não ser recebido.

O trabalho do perdão também significa lutar com arrependimento e como ele se configura. Isso é particularmente crucial porque os perpetradores, muitas vezes, podem ser perigosos, e uma reconciliação precipitada pode acarretar consequências fatais. As Escrituras são muito explícitas em dizer que luz e trevas não podem ter nada em comum. Também nos ensinam que mentimos quando *dizemos* que temos comunhão com Deus mas continuamos andando nas trevas (1Jo 1.6). A comunhão um com o outro somente se concretiza quando ambas as partes estiverem *andando* (vivendo, habitando) na luz. Mais uma vez somos alertados de que palavras sozinhas não são evidência suficiente de arrependimento. O arrependimento é mudança significativa e contínua, evidente com o passar do tempo. O perdão pode ser estendido pela sobrevivente ao perpetrador. O fato de ocorrer ou não a reconciliação real depende de muitas coisas, como arrependimento e segurança. Continuando a usar o exemplo do dinheiro roubado, a reconciliação acontece quando a pessoa fez a conta do que era devido, abre mão do pagamento e decide emprestar ou dar outra vez ao outro porque assumiram a dívida (verdade) e concordaram em mudar como "pedirão emprestado" (fazendo restituição e demonstrando o pagamento pontual no futuro). É possível perdoar a dívida antiga e, apesar disso, tomar a decisão de não emprestar de novo.

15 - Principais problemas da segunda fase

Qual é o propósito do perdão?

Repetindo, o propósito do perdão é uma relação correta com Deus, não uma família agradável. A configuração do perdão em cada situação não será regida pelo que faria a família sentir-se bem, mas pelo que poderia chamar cada um dos membros a um relacionamento restaurado com o próprio Deus. Menos do que isso não será uma honra para ele.

Por fim, quando tentamos acompanhar nossas clientes nessa área difícil e, muitas vezes, altamente emocional, tenhamos duas coisas em mente. Como humanos, somos criaturas que vivem no tempo. Isso significa que tudo o que fazemos acontece no tempo. O perdão não é nenhuma exceção a isso. Independentemente do fato milagroso (que ocasionalmente acontece), Deus opera conosco do modo como nos criou. Lutaremos e aprenderemos a perdoar com o passar do tempo. O perdão não é uma qualidade espiritual do tipo "basta adicionar água". Aqueles que dizem às clientes: "Você precisa perdoar, e se não puder fazer isso eu não sei como ajudá-la mais" estão representando Deus muito mal e estão nitidamente entendendo de modo equivocado suas criaturas de pó. Felizmente, o próprio Deus não nos trata dessa maneira. Ele se lembra de que somos pó, de que somos finitos e de que vivemos no tempo. Ele ingressou pessoalmente em nosso tempo e experimentou nossa finitude, de modo que compreende nossa luta.

Cristo também entrou em nosso mundo para nos demonstrar o perdão e nos chamar, com amor e paciência, para que nos pareçamos com ele. Como terapeutas, não apenas precisamos nos lembrar da fragilidade dos humanos (nós mesmos incluídos) quando trabalhamos com nossas clientes, mas como representantes dele para aquelas cuja visão dele foi distorcida e arruinada, precisamos também demonstrar quem ele é. À medida que demonstrarmos essas atitudes que refletem um espírito de perdão para nossas clientes, e quando as convidarmos amorosa e pacientemente para que se pareçam com ele porque têm ouvidos para ouvir, descobriremos que, pela graça de Deus, as deixamos com saudade daquilo que nós possuímos. Que maneira melhor para ensinar o perdão do que viver diante de outros uma vida que carrega o aroma do Redentor! E aqui novamente somos lembradas de como nossa tarefa como terapeutas é tremenda. O que dizemos e quem somos somente será redentor na vida de outros quando demonstrarmos na carne o caráter daquele a quem seguimos.

SEÇÃO IV

O TRATAMENTO: TERCEIRA FASE

16

Relacionamentos

Entrar na fase final do tratamento representa para uma sobrevivente adulta de abuso sexual, de muitas maneiras, um tempo de alegria e esperança. Terapeuta e cliente formaram e testaram uma aliança sólida. A cliente enfrentou muitas vezes os sentimentos e as recordações que, tinha certeza, eram tão ameaçadoras e arrasadoras que, sem dúvida, a destruiriam. Substituiu muitas de suas capacidades destrutivas de enfrentamento por outras saudáveis. Estabeleceu relacionamentos que são encorajadores e seguros. Os problemas da família de origem foram tratados nas formas como a cliente decidiu que seriam seguras e sábias. O trabalho da terapia está muito mais voltado ao presente e ao futuro do que às fases anteriores.

Contudo, ainda é necessário trabalhar arduamente. Várias áreas carecem de alicerce e sustento para que o crescimento da cliente continue. Tampouco significa que o trabalho da memória, o relacionamento da cliente com a terapeuta, ou assuntos da família de origem não necessitem de trabalho adicional. Você provavelmente notará que diversos eventos ainda ativam recordações, que a pergunta da confiança ainda aflora e que as sobreviventes precisarão repensar opções acerca de suas famílias. O crescimento é algo fluido, e dissemos anteriormente que, com certeza, não acontece em fases distintas sem sobreposições. Há ímpetos de crescimento no processo terapêutico, mas também recaídas, auges e surpresas. À medida que você e sua cliente se regozijam com o crescimento dela e trabalham juntas em sua vida atual, não fique desencorajada com o que podem parecer retrocessos a fases anteriores. Qualquer questão que emerge sempre, com persistência, carece de atenção particular, e sua persistência, muitas vezes, constitui indício de um trabalho inacabado. Quando isso acontece, interrompa o que você estiver enfocando no momento e dirija sua atenção à área que continua fazendo barulho (por exemplo, o luto em relação a perdas ainda pode precisar de alguma elaboração).

Quatro áreas principais precisam de atenção nessa fase final do tratamento. As duas primeiras são continuações de fases anteriores: prossegue o trabalho na área dos relacionamentos e no resgate do corpo. A terceira área é a de recriar a vida. Um resultado quase inevitável do crescimento da cliente será um intenso desejo de servir ou consolar outros de algum modo. É uma decorrência bonita do processo de redenção. A última área da fase três é a terminação. Quando a cliente se sente mais forte e com uma individualidade mais nítida, está preparado o cenário para a separação do terapeuta. Como isso é gerenciado é de importância crucial.

Relacionamentos

A área de relacionamentos é uma das que requer trabalho contínuo de todos nós. É uma tarefa vitalícia. Essa é uma verdade importante para comunicar às sobreviventes porque, muitas vezes, elas idealizam os relacionamentos. É comum que as sobreviventes dividam os relacionamentos em duas categorias: abusivos ou maravilhosos. A suposição era que elas podem esperar somente relacionamentos abusivos porque há algo errado com elas. Quem é suficientemente afortunada para evitar relacionamentos abusivos vive em um mundo cheio de esperança de contatos ideais e maravilhosos com outros. A maioria das sobreviventes não sabe como amar, confiar, falar a verdade e lidar com o conflito pelos altos e baixos normais dos relacionamentos humanos. Constitui uma tarefa terapêutica contínua normalizar o fascínio e a decepção em relação a outras pessoas.

É importante ter em mente que os efeitos do abuso são silêncio, isolamento e impotência. Toda vez que surgem dificuldades em um relacionamento atual, as sobreviventes podem ser tentadas a cair novamente nessas três características. Quanto mais irritante for a situação e quanto maior ansiedade a sobrevivente sentir, tanto mais provável é que seja assim. Será necessária a repetição constante das verdades da voz, contato e opção. Isso é realizado, muitas vezes, em forma de perguntas: O que você quer dizer? O que você está sentindo? O que você gostaria de ver acontecer? Como você acredita que Deus a chamou para falar ou agir? O que você está temendo? Quais são suas opções? Do que você precisa para ajudá-la a fazer o que acredita ser correto?

O autor da Carta aos Hebreus fala dos que são maduros (Hb 5.14). Designa os maduros de "aqueles que, pela prática, têm suas faculdades exercitadas para discernir não somente o bem, mas também o mal". O relacionamento terapêutico propicia um espaço para esse treinamento "pela prática" constante. Uma parte da distinção entre o bem e o mal reside em ajudar as clientes a diferenciarem entre o que sua história pessoal lhes ensinou e o que Deus diz. Sua história afirmou: "Você é inútil". Deus diz: "Você é minha amada". A história disse: "Fique calada". Deus a incentiva: "Diga a verdade". A história afirmou: "Manipule". Deus diz: "Ame". O abuso treinou a sobrevivente para negar o mal, fingir, aceitar que ela não tem valor algum e acreditar que relacionamentos são temíveis. Dentro do relacionamento terapêutico, você tratou a sobrevivente com dignidade, proporcionou-lhe segurança e a convocou para falar a verdade e chamar o mal pelo nome certo. Nessa fase final do tratamento você continuará fazendo essas coisas, encorajando e ensinando sua cliente a estender essas verdades e capacidades para seus demais relacionamentos.

Três áreas relacionais precisam de atenção durante essa fase para que o término seja bem-sucedido. A primeira é o desenvolvimento contínuo de uma firme rede de apoio à sobrevivente. A segunda área, se a sobrevivente for casada, é muitas vezes um intensivo aconselhamento matrimonial. A terceira área é continuar fomentando e fortalecendo o relacionamento da sobrevivente com Deus.

Desenvolvimento de uma firme rede de apoio

Em primeiro lugar trabalho intensamente nessa fase do tratamento para ajudar a cliente a desenvolver uma rede de apoio firme e saudável. Se ela continuar isolada e escondida de outros, terá uma recaída e deixará de crescer ou ficará em uma dependência doentia do terapeuta. Muitos terapeutas se preocupam com a dependência excessiva ou deslocada no relacionamento terapêutico. Sem dúvida há um lugar para essa preocupação. No entanto devemos ter cuidado para não permitir que uma preocupação desse tipo faça com que percamos o essencial que chamamos de terapia encarnada. Jesus se tornou carne e viveu entre nós com a finalidade de explicar-nos o Pai. Uma das conclusões que penso podermos extrair disso é que, para entender quem é Deus, temos necessidade de que ele seja demonstrado debaixo de nosso nariz, na carne. Suspeito que, às vezes, queremos ignorar a tremenda responsabilidade de ser essa demonstração por causa das demandas que isso nos impõe. Se todos os humanos, criados à imagem de Deus, precisaram de uma demonstração física de quem ele era para conhecê-lo, então seguramente aqueles que cresceram sem qualquer representação humana de amor, segurança e verdade terão que se apoiar firmemente em nós por algum tempo. Portanto, embora devamos ser muito cautelosos na dependência que permitimos (porque nunca desejamos tomar o lugar de Deus na vida de outra pessoa), ao mesmo tempo não podemos fugir da responsabilidade de nos tornar para nossa cliente uma demonstração clara da natureza do Pai. À medida que a terapia avança, o peso dessa dependência passará da terapeuta para o próprio Deus e da terapeuta para a rede de apoio externa.

Idealmente uma boa parcela do sistema de apoio deveria provir do interior da igreja. Isso permite à sobrevivente ter contato com casais e famílias, bem como com indivíduos. Uma vez que muitas sobreviventes nunca viram relacionamentos entre homem e mulher ou interações de família saudáveis, esse convívio reveste-se de valor inestimável. É maravilhoso para elas observar homens e mulheres tratando uns aos outros com amor e carinho, lidando com o conflito de maneira respeitosa, pedindo perdão e buscando a restauração, educando os filhos de modo amável e em segurança, usando apropriadamente o toque nos relacionamentos e, acima de tudo, vivenciando, de fato, o relacionamento para o qual Deus nos chamou. A comunidade de igreja, quando atende ao chamado, tem o privilégio de proporcionar à sobrevivente uma família e amizades que ela nunca teve.

Aconselhamento matrimonial

Se a cliente for casada, a fase final também é a ocasião para um aconselhamento matrimonial intenso. Obviamente, um pouco de atenção ao casamento provavelmente já terá sido dado ao longo do tratamento. Isso é importante para que o cônjuge a encoraje apropriadamente. Penso que quanto mais um cônjuge entender sobre o tratamento e for capaz de encorajar o processo, tanto mais provável será que o casamento cresça e mude junto com a sobrevivente. Quando um cônjuge combate ativamente a terapia ou age abusivamente de algum modo, são prejudicados tanto o crescimento da sobrevivente quanto o casamento.

É importante notar que o surgimento de significativas dificuldades de relacionamento durante o processo do tratamento não representa necessariamente uma prova de que terapia matrimonial deva começar nesse momento.

As necessidades da sobrevivente, as necessidades do cônjuge e as necessidades do casal são questões distintas, embora entrelaçadas, que devem ser abordadas com muito cuidado.

Considero muito importante educar o cônjuge quanto ao que se pode esperar. Essa formação faz parte do que lhe permitirá não levar as coisas em termos pessoais e também o ajudará a responder a problemas no relacionamento sexual, em pesadelos, retrospectos e bloqueios de maneira útil e não destrutiva. Os cônjuges funcionarão melhor no casamento se entenderem a montanha-russa emocional na qual podem estar viajando durante um tempo. Em geral é útil e, às vezes, é necessário que o cônjuge busque tratamento individual para si. Quando uma sobrevivente é casada com uma pessoa violenta ou viciada em pornografia, o tratamento individual é um precedente obrigatório da terapia matrimonial.

Nem sempre a capacitação em aconselhamento matrimonial acompanha a capacitação em tratamento de abuso sexual. É importante que os conselheiros conheçam seus limites e encaminhem a cliente a um conselheiro matrimonial qualificado, se essa capacidade não fizer parte de seu repertório. Obviamente uma das áreas incluídas no aconselhamento matrimonial é o relacionamento sexual. Pode ser uma área frágil, e é vital o trato cuidadoso. O incesto é um ato sexual, de modo que, muitas vezes, traz consigo repercussões na esfera sexual. Os problemas podem incluir a falta de excitação, a falta de orgasmo, retrospecções durante o ato sexual, aversão a certos toques ou cheiros, dissociação durante o ato ou incapacidade de dizer não ao sexo.

Uma parte do que precisa acontecer nesses casos é que tanto a sobrevivente quanto o cônjuge têm que entender a perspectiva do outro. A sobrevivente precisa ver que o incesto causou um impacto profundo no cônjuge e expressar apreço por seu apoio, preocupação e paciência. Ela precisa entender que o cônjuge tem uma visão muito diferente do sexo e provavelmente considera a intimidade sexual como algo a ser desejado e que decorre de muitos sentimentos positivos.

Por sua vez o cônjuge precisa validar a experiência do incesto e sua capacidade de interferir no relacionamento matrimonial, reconhecendo que esse influxo não é simplesmente uma rejeição da sobrevivente contra ele. É absolutamente vital que um cônjuge entenda que tentar forçar um encontro sexual, aberta ou veladamente, será extremamente destrutivo para o casamento. Para que o cônjuge entenda e honre a sobrevivente precisamos ajudá-lo a ver que não se trata de que ele seja vitorioso, e que a recuperação chegará aos poucos. Ao mesmo tempo, o cônjuge pode lembrar a sobrevivente, com ternura, de que ela está segura, que ele não é o perpetrador e que contato sexual e abuso não são a mesma coisa. É muito importante que o cônjuge entenda que incesto significa não ter escolha e que o relacionamento matrimonial precisa ser suficientemente seguro e elástico para permitir à sobrevivente dizer não sem castigo ou ameaça de rompimento.

Muitas vezes é útil fornecer a um casal algumas diretrizes específicas de como lidar com a retrospecção durante o ato sexual, se essa for uma ocorrência comum. Logo que ela começa, a sobrevivente precisa abrir os olhos (se estiverem fechados) e fixar-se onde ela está. Em que quarto ela está? Com quem está acontecendo o ato sexual? Que coisas são agora diferentes do que quando ocorreu o abuso? Algumas sobreviventes conseguem fazer isso em silêncio. Outras precisam parar o que está acontecendo e pedir ajuda ao cônjuge para superar tudo. É crucial que uma sobrevivente pare de tentar responder sexualmente até que a recordação tenha passado. O fato de que ela está parando precisa ser verbalizado para que o casal possa trabalhar em conjunto a fim de ajudar a sobrevivente a se concentrar de novo. O casal precisa decidir de antemão que palavras poderiam ser confortantes em uma ocasião dessas. O marido de uma cliente sempre para e a lembra-a gentilmente: "Eu sou ..., seu marido. Seu pai não está aqui. Você está em um lugar seguro". Ambos precisam saber e concordar de antemão que decidir interromper o ato sexual é uma opção viável. Prosseguir sob pressão quando é impossível superar uma recordação será sentido como abusivo e trará danos ao matrimônio.

Muitas vezes ajudo um casal a estudar um livro sobre o sexo no matrimônio, assim como eu discutiria assuntos sexuais em aconselhamento pré-matrimonial. Muitas sobreviventes têm uma porção de informações distorcidas sobre a sexualidade masculina e feminina, e muitas têm pouco conhecimento acerca de seus próprios corpos e de como funcionam. Podem ter sentido que o sexo era algo a ser suportado com um distanciamento emocional. A ideia de estar presente durante o ato sexual é aterrorizante, e a possibilidade de que o sexo seja prazeroso e seguro para ambos os parceiros é inconcebível. Ensinar a ambos os parceiros como ser alguém seguro um para o outro, como se comunicar com clareza sobre a intimidade sexual e como dar e receber prazer constitui uma tarefa importante na fase terminal do tratamento.

Fortalecendo o relacionamento da sobrevivente com Deus

A terceira área de relacionamento que precisa ser apoiada e fomentada durante essa fase é o relacionamento da sobrevivente com Deus. Com frequência o incesto traz consigo consequências devastadoras na vida espiritual da sobrevivente. Até mesmo quando o relacionamento da sobrevivente com Deus parece forte antes do tratamento, enfrentar a verdade de sua vida muitas vezes balançará sua fé de maneira profunda. Como vimos na história de Meeka, as sobreviventes terão que voltar às origens e reconstruir a fé desde o princípio, porque seu relacionamento anterior com Deus estava edificado sobre uma realidade que negava o fato do incesto.

No livro *A noite*, Elie Wiesel diz o seguinte:

> "Será que alguma vez pensamos na consequência de um horror que, embora menos explícito, menos impactante do que as outras afrontas, é a pior coisa para todos nós que temos fé: a morte de Deus na alma de uma criança que, de repente, descobre o mal absoluto?"[38]

Embora digamos o contrário, muitas vezes não alicerçamos nossa fé na crença na verdade do que Deus diz que ele é, mas na bondade de nossas circunstâncias. Quando confrontados com o mal ou um sofrimento terrível, achamos que nossa fé na bondade, no amor e no poder de Deus foi profundamente abalada. Quando a sobrevivente encara sua vida sem fingimento, terá que refazer sua fé de maneira que o relacionamento com Deus não fique baseado na negação da verdade. Será Deus bom, amoroso e poderoso, embora a evidência em sua vida pareça gritar o contrário? Em parte, a crise de fé consiste em determinar se a verdade será ou não derivada das circunstâncias da vida ou da Palavra de Deus.

Essa crise requer sabedoria e cuidado por parte do terapeuta. Muitas vezes quando somos confrontados com uma crise de fé, caímos na tentação de simplesmente fornecer respostas a perguntas ou tentar explicar Deus ("Essa é a verdade; agora simplesmente acredite nela"). Não é assim que devemos dar respostas, mas temos que fazê-lo com cuidado. Nosso alvo não é simplesmente dar respostas, nem mesmo solucionar uma crise de fé, mas ajudar nossa cliente a desenvolver um relacionamento vivo e crescente com Deus, um relacionamento no qual ela busca respostas dele por conta própria. Tive uma cliente que estava sendo criticada severamente por suas lutas de fé e

---
[38] Elie Wiesel, *A noite*. (Rio de Janeiro: Ediouro, 2006.)

ouvia de muitas pessoas que ela sabia qual era a verdade e que precisava "apenas acreditar". Com grande aflição ela me disse: "Não sei como acreditar em Deus, se essas coisas são verdade [referindo-se à sua história de abuso sádico]! Por que eles não podem me dar tempo para aprender?"

Minha esperança é que, ao longo do tratamento, a terapeuta tenha vivido diante da cliente de uma maneira que demonstre o caráter de Cristo. Muitas vezes é uma brisa da fragrância de Cristo na vida de outra pessoa que desperta em nós uma sede de conhecê-lo por nós mesmos. Também é verdade que ver a vida de Cristo encarnada na vida de um cristão é o que nos permite vê-lo mais nitidamente. Recentemente uma cliente me disse que havia descoberto que Deus partilhava uma qualidade particular comigo. Sugeri gentilmente a ela que eu pensava (e espero) que fosse o contrário. Se eu demonstrava qualidades boas, sua origem era a pessoa de Cristo. Ela riu e disse que sabia que realmente era assim que acontecia, mas que eu precisava entender que parecia bastante diferente "de baixo para cima". Ela tinha encontrado primeiro a mim em seu caminho de entender e conhecer Deus. Deixa-nos sóbrios e humildes perceber que nossas clientes nos encontram "em seu caminho de baixo para cima" e que aquilo que somos lhes fala sobre quem é Deus. Que possamos, como Jesus, "explicar" a elas continuamente o Pai por meio de palavras e ações.

Uma das questões que provavelmente aflorarão durante esse período é o conceito de Deus como Pai. Nessa esfera as lutas são muito intensas para as mulheres sobreviventes que cresceram sendo abusadas por seus progenitores. Ao mesmo tempo, constato que muitos sobreviventes, homens e mulheres, cujos abusadores eram de fora da família também lutam com a ideia de Deus como Pai. O ponto de dificuldade parece situar-se em torno do pensamento de que, se Deus é um Pai que realmente se importa com seus filhos, então por que permitiu que o abuso acontecesse? Como posso crer que ele é o Pai compassivo que diz ser? Obviamente, quando o abusador foi o próprio pai da vítima a luta se torna ainda mais atroz.

Recordemos a história de Meeka. O que sua experiência de vida lhe ensinou sobre pais? Ela aprendeu que eles não são dignos de confiança. Têm muito poder. São imprevisíveis. Infligem dor àqueles que, supostamente, deveriam proteger. Essa dor é infligida porque a criança é "má" e "leva" o pai a agir assim. Isso torna muito perigoso fazer qualquer coisa errada diante de uma pessoa que é chamada de pai. Significa que o modo mais seguro de se relacionar com um pai é ficar muito distante, muito cauteloso e fingir ser muito boa, independentemente de ser ou não. Em essência, qualquer pessoa chamada de pai não é confiável.

O que as Escrituras dizem sobre Deus, nosso Pai? O salmista nos conta que exatamente *como um pai se compadece de seus filhos, assim o Senhor se compadece dos que o temem* [veneram] (Sl 103.13). Jesus diz: *"Ora, se vocês, que são maus, sabem dar coisas boas aos seus filhos, quanto mais o Pai de vocês, que está nos céus, dará coisas boas aos que lhe pedirem?"* (Mt 7.11).

De que maneira uma criança como Meeka junta essas duas realidades? Como um adulto com uma história como a de Meeka junta essas duas realidades? Qualquer pessoa que tiver ao menos uma parca compreensão da magnitude de uma tarefa dessas entenderá por que Jesus declarou que pedras de tropeço são inevitáveis neste mundo sombrio, *"... mas ai de quem é responsável por elas!"* (Mt 18.7). Ele diz mais adiante, em Mateus 19.14, que ninguém deve impedir ou atravessar-se no acesso das crianças que vêm a ele. O pai de Meeka passou anos criando obstáculos, pedras de tropeço, à possibilidade de que ela conhecesse e amasse Deus como seu pai.

A luta de pessoas contra os maciços tropeços que foram colocados em seu caminho pode durar anos ou toda a vida. Sim, Deus nos diz quem ele é e nos chama a crer em sua Palavra, independentemente do que as circunstâncias pareçam expressar. No entanto, não devemos ser culpados de negligência quanto à capacitação de alguém para fazê-lo. Dificilmente merece condenação uma luta sincera perante Deus com essa questão ao longo da vida toda. Constitui um bom equilíbrio honrar a dificuldade da luta e ao mesmo tempo manter a verdade de que nosso Deus Pai, de fato, é o que ele diz ser. Acredito que, à medida que os terapeutas testemunham essa luta na vida de outra pessoa, o desafio para eles é não responder de tal forma que adicionem mais pedras de tropeço, aumentando o fardo. Pelo contrário, como pessoas que conhecem e amam Deus como Abba ["Paizinho"], possamos demonstrar sua compaixão, bondade e confiabilidade de maneira que as pessoas em luta possam considerá-lo mais fácil de compreender.

Quando uma cliente estiver pronta e interessada, separo tempo durante essa fase final para ajudá-la a aprender sobre como estabelecer e fortalecer sua caminhada com Deus. Muitas sobreviventes consideram muito difícil seguir uma rotina fixa. Sua vida foi controlada pelo imprevisível, de modo que disciplinas diárias do corpo, da mente e da alma são difíceis de desenvolver.

Muitas também consideram a ideia da intimidade com Deus tão aterrorizadora como a intimidade com pessoas. Uma cliente falou como era difícil chegar perto de Deus e confiar no grande amor dele por ela. Toda vez que tentava imaginar a intimidade, ficava inundada de imagens do abuso físico, e a resposta imediata dela era enrijecimento e distância. Com esses dois aspectos em mente encorajo as clientes a começarem a desenvolver uma vida de devoção da maneira que se sentirem à vontade e que, contudo, as desafie.

Ajude a cliente a se compreender. Será ela uma pessoa da "noite" ou da "manhã"? Qual é seu período normal de atenção? Quais seriam, então, expectativas realistas? Muitas sobreviventes passaram a metade de seus anos na faculdade em um estado de dissociação, de modo que carecem de capacidade de leitura e estudo. Todas essas áreas precisam ser apreciadas. Depois disso, definiremos um alvo que leva tudo em conta. Algumas mulheres talvez comecem com metas diárias, outras com metas de duas vezes por semana durante quinze minutos. Reiterados fracassos requerem uma nova apreciação, não condenação.

Com frequência sugiro particularmente os Salmos como um lugar para começar. Muitas sobreviventes consideraram útil aprender a reescrever alguns dos Salmos do ponto de vista de alguém que foi abusada. A experiência de Davi da violência, da opressão, bem como seu medo dos inimigos pode fornecer à sobrevivente um meio de expressão a Deus. A confiança e a esperança persistente de Davi em Deus igualmente desafiarão a sobrevivente.

Outro aspecto do desenvolvimento espiritual se situa na esfera da vida da igreja. Para que a fé de uma sobrevivente continue crescendo, ela tem que se envolver em uma comunidade de cristãos que alimentarão esse crescimento. Lenta e cuidadosamente, ajude a sobrevivente a reunir os apoios que lhe permitirão continuar o crescimento em todas as áreas da vida, muito depois que a terapia tenha sido terminada.

17

Recuperando o corpo

Um dos desafios da terapia com uma sobrevivente de abuso sexual é ajudá-la a encontrar maneiras positivas de pensar e sentir sobre seu corpo. O corpo constitui uma das principais áreas em que o abuso foi perpetrado e, em geral, é muito difícil, especialmente para uma sobrevivente de abuso crônico e/ou sádico, relacionar-se com seu corpo e assumir um pouco de controle sobre ele. Muitas trabalharam arduamente para evitar qualquer sensação de ligação com o corpo, de modo que podem, inicialmente, externar uma forte resistência. Elie Wiesel capta para nós a necessidade de se livrar do corpo quando o trauma é contínuo: "Eu colocava mecanicamente um pé diante do outro. Estava arrastando comigo esse esqueleto de corpo que pesava tanto. Se ao menos pudesse ter me livrado dele. Apesar de meus esforços para não pensar nele, eu podia me sentir como duas entidades – meu corpo e eu. Eu odiava isso".[39] Obviamente o trabalho nessa área abordará o uso da dissociação pela cliente como um mecanismo de enfrentamento. Pode abranger o trabalho com distúrbios alimentares, sexualidade compulsiva e automutilação. Muitas dessas questões terão sido controladas um pouco nas fases um e dois. Contudo esse trabalho terá que continuar aqui e, em conjunto com questões de relacionamento, precisará de mecanismos de apoio para que o crescimento seja contínuo.

Muitas vezes o controle tanto do estado corporal quanto emocional foi severamente esfacelado para a sobrevivente.[40] Um grande número de clientes está profundamente desconectado de seu corpo e, por isso, não é capaz de monitorar estados físicos e emocionais. A automutilação ou bulimia praticada em um estado de dissociação não pode ser monitorada até que a cliente

---

39 Ibid.
40 Herman, *Trauma and Recovery*: 108.

consiga conectar-se suficientemente com seu corpo a fim de identificar o que ela está sentindo e lidar com esses sentimentos de forma não patológica.

Muitas vezes é útil concentrar-se em sensações corpóreas de cunho não ameaçador. Encoraje as clientes a perceberem a sensação de calor do sol, de material macio contra o corpo, de água fria que escorre pelos dedos, da vitalidade que frequentemente sucede ao exercício cansativo. Isso as ajudará a fazer conexão com o corpo e ter prazer no uso dos sentidos que Deus lhes concedeu. São delícias simples, previstas por Deus para nosso prazer. Há pouco tempo tive uma sobrevivente entrando no consultório maravilhada com a descoberta de que a pele de seus filhos era macia ao toque. Ela normalmente não os tocava ou não se permitia "senti-los" quando eles a tocavam.

Depois que as clientes conseguem fazer conexão com seu corpo e descobrir sensações agradáveis que trazem alegria, elas podem começar a assumir algum controle sobre sua vida física. As boas sensações que nós temos quando nossos corpos são bem tratados por meio de uma dieta saudável e de exercícios consistentes são alheias a muitas sobreviventes. O ritmo de um sono regular também constitui algo que muitas sobreviventes não tiveram desde a tenra infância, se é que o tiveram mesmo então. Pouco a pouco, as clientes aprendem maneiras seguras para se aquietar e se sentir bem em relação a seu corpo.

À medida que o trabalho avança nessa área podem aflorar, com frequência, sentimentos de medo e autorrepúdio. Muitas mulheres fizeram uso do excesso de peso ou de certo estilo de se vestir para ocultar seu corpo e ajudá-las a sentir-se menos vulnerável. Quando diminuem de peso ou decidem mudar o modo como se vestem, as pessoas as elogiarão com frequência. Isso facilmente pode gerar um sentimento de ameaça e começará o pânico. Será importante ajudar a cliente a descobrir novas maneiras de se sentir segura. Algumas mulheres notarão que o autorrepúdio aflora nesse momento. "Meu corpo não é bom. Não mereço sentir-me bem. Odeio meu corpo, porque faz com que coisas más aconteçam". Quando surgem esses sentimentos, está na hora de interromper momentaneamente o trabalho de mudança e tornar a enfocar a verdade acerca do corpo (o corpo não causou o abuso sexual; Deus nos deu nosso corpo e disse que era bom) e ajudar sua cliente a descobrir uma maneira não destrutiva de se sentir segura.

À medida que a sobrevivente se liga mais e mais ao corpo, conseguirá aumentar a capacidade de monitorar as reações emocionais dela e, então, diminuir suas respostas de dissociação. Quando ela consegue aprender a reconhecer a ansiedade, a agitação, o medo ou outra dor emocional antes que esses sentimentos fiquem insuportáveis, poderá encontrar uma maneira de se aquietar sem se prejudicar. Quando molestadas, as vítimas de incesto são sujeitas a elevados graus de tensão – física e emocional. Seu corpo de criança não está desenvolvido nem preparado para a atividade sexual. Elas são inundadas com sentimentos de medo, pânico, confusão e ansiedade. O enfrentamento é necessário para a sobrevivência e sanidade. Muitas enfrentam a tensão pela dissociação, desconectando ou divorciando-se da experiência. Mais tarde na vida, sempre que ocorrem sensações semelhantes de estresse, a sobrevivente continua recorrendo ao mecanismo da dissociação. Essa desconexão de si mesma impede a sobrevivente de conseguir detectar emoções negativas em suas fases iniciais. Muitas sobreviventes relatam que não percebem que algo está acontecendo dentro delas até que estejam "drogadas" ou "feridas". É importante educar as sobreviventes sobre respostas típicas do corpo, como "borboletas" no estômago, um nó no estômago, respiração acelerada, um coração disparado e mãos frias e úmidas. Quando aprendem a ler os sinais que seu corpo emite, elas conseguem aprender maneiras seguras de enfrentamento da tensão. Aprender a dar o nome certo aos sentimentos, a expressá-los por escrito ou em um relacionamento, e a dispersá-los por meio da atividade física viabilizará novas maneiras de administrar as emoções.

Considero muito importante educar as clientes que se mutilam acerca das mudanças bioquímicas que acompanham o transtorno de estresse pós-traumático e do papel que essas mudanças bioquímicas exercem na vulnerabilidade da sobrevivente para se autoabusar.[41] As endorfinas (morfinas endógenas) liberadas na circulação sanguínea no momento do trauma possuem uma propriedade tranquilizadora e antidepressiva. A automutilação acontece para aliviar a sobrevivente de estados interiores insuportavelmente dolorosos, não porque ela seja "doente", "doida" ou "goste da dor". Quando as clientes chegam a entender esse mecanismo, podem começar a reconhecer o benefício do exercício aeróbio regular de qualquer tipo, porque é sabido que essas atividades também liberam endorfinas. A liberação gradual de endorfina durante a atividade aeróbia contribui para uma sensação mais duradoura de bem-estar e uma redução da tensão, eliminando o desejo de se ferir.

---

41 Bessel A. van der Kolk e M. Greenberg. "The Psychobiology of the Trauma Response: Hyper Arousal, Constriction, and Addiction to Traumatic Reexposure", in: *Psychological Trauma*, ed. Bessel A. van der Kolk. (Washington, D.C.: American Psychiatric Press, 1987): 63-67.

Uma mulher com quem trabalhei dizia: "Eu não sei" toda vez eu lhe perguntava o que ela estava sentindo. Demos alguns passos para trás, e comecei a perguntar-lhe, em vez disso, se ela sentia qualquer mudança em seu corpo. Ela foi capaz de informar um batimento cardíaco acelerado, uma respiração curta, ou um "sentimento estranho" no estômago. Fiz com que anotasse em seu diário toda vez que essas sensações ocorriam. Várias sessões depois, ela notou uma correlação elevada entre essas sensações físicas e a automutilação. Começamos a rotular que sentimentos poderiam significar essas sensações: temor, ansiedade, nervosismo. Quando ela aprendeu a nomear os sentimentos, aprendeu também a se fazer perguntas: *Por que eu estou ansiosa? O que me amedrontou? Por que estou me sentindo desamparada?* Perguntas como essas levaram a respostas cujo resultado foi descobrir ajuda ou solução de algum tipo. Lenta, mas seguramente, embora com muitos retrocessos, ela aprendeu a lidar com seus sentimentos e encontrar maneiras de aliviá-los sem se mutilar. Esse crescimento é uma batalha longa, árdua e de muitas recaídas, mas é maravilhoso ouvir as palavras: "Eu não me feri por uma semana [um mês, ou um ano]".

Estabelecer conexão com boas sensações corporais, reconhecer e nomear sentimentos quando começam e lidar com emoções parcialmente por meio de exercícios permite à sobrevivente começar a sentir-se bem com o corpo e resgatar algum senso de controle de seu "si-próprio" físico e emocional.

18

Refazendo a vida

A terceira área de trabalho nessa fase final de tratamento é uma decorrência natural de tudo o que houve antes. Dentro do contexto de um relacionamento seguro, a sobrevivente descobriu sua voz e a capacidade de exercer um impacto em seu mundo. Fora desse lugar seguro ela começou a alargar seu círculo e desenvolver uma rede de relacionamentos saudáveis com outros e um relacionamento crescente com Deus. Ela passou de um foco na tarefa de recuperação para outro, nas tarefas mais comuns da vida. Encontrou alegria na vida e no relacionamento. Flui disso, com naturalidade, o desejo crescente de partilhar com outros o que lhe foi dado.

Minha esperança é que ela, tendo necessitado desesperadamente de conforto e companheirismo no sofrimento, os encontrou de diferentes maneiras no terapeuta e na comunidade de igreja. Idealmente, ambas as esferas terão servido como concretizações do *Deus de toda consolação*, confortando-a continuamente em suas aflições (2Co 1.3). Ao servir fielmente como demonstrações disso, o terapeuta e os irmãos de fé terão levado a sobrevivente pela mão e a terão conduzido ao Redentor que suportou suas aflições e levou embora suas tristezas, e que, agora, não a deixou sem consolo. Ela descobrirá com relativa facilidade que o propósito do processo não foi apenas resgatar sua vida da cova (Is 38.17), mas também para ela poder *pela consolação que nós mesmos recebemos de Deus, [possamos] consolar os que estiverem em qualquer espécie de tribulação* (2Co 1.4). Descobrirá com grande alegria que, do mesmo modo como o mal do abuso repercute ao longo de uma vida e das gerações, assim também acontece com o milagre da redenção.

Repetidamente acontecem duas preocupações práticas nessa área. *Pri-*

meiro, muitas sobreviventes experimentaram perda de consciência sobre onde estão seus dons e suas capacidades. Todos nós fomos agraciados por Deus para o bem do seu Reino. Muitas sobreviventes precisarão de ajuda para descobrir quais são seus dons. A sobrevivente será mais eficaz e satisfeita no serviço a outros se esse cenário for escolhido de acordo com os dons que Deus lhe concedeu. Novamente, a comunidade da igreja pode ser um lugar maravilhoso para que essas descobertas aconteçam. Ela tem dom para trabalho com crianças ou com adultos? É melhor com grupos ou indivíduos? Suas habilidades combinam mais com o trabalho na "linha de frente" ou "nos bastidores"?

À medida que a consciência de seus dons e habilidades cresce, uma sobrevivente pode decidir retornar aos estudos ou mudar de carreira. Talvez seja necessário o aconselhamento vocacional nessa situação. Mães solteiras talvez precisem da ajuda da comunidade da igreja para fazer essa mudança. Mais uma vez, a igreja tem o grande privilégio de proporcionar, nesse caso, o apoio que a sobrevivente nunca recebeu de sua família de origem.

Em segundo lugar, muitas sobreviventes quase impulsivamente presumem que são chamadas a aconselhar outras. Essa conclusão não é nem surpreendente nem necessariamente errada. No entanto, precisa ser tratada com cuidado. O fato de alguém ser uma sobrevivente não quer dizer que, por isso, se tornaria uma boa conselheira. Tampouco significa que ela seria eficaz com outras sobreviventes. Ter passado por abuso sexual na vida não é a única qualificação para poder ajudar outros com uma história de abuso.

A possibilidade de treinamento para trabalhar com sobreviventes precisa ser avaliada do mesmo modo que qualquer outra decisão. Será que a escolha é apoiada pelos dons e aptidões necessários para esse trabalho específico? Nesse caso, um caminho possível para testar a escolha é por meio de outras organizações voluntárias que trabalham com sobreviventes. Muitas organizações treinam sobreviventes para ajudarem como líderes assistentes em grupos, e essa experiência pode servir como um excelente campo de testes. Toda vez que uma sobrevivente prossegue para atuar em uma função terapêutica com outras sobreviventes, recomendo fortemente uma supervisão contínua. Acredito que a terapia de qualquer tipo – e, com certeza, a terapia que lida com traumas – requer uma supervisão contínua. Uma história de abuso reforça ainda mais a necessidade de supervisão. Uma terapia dessas pode facilmente ativar recordações para uma sobrevivente, ou ela pode ser influenciada por áreas nas quais o trabalho dela ainda está inacabado. Quando a sobrevivente se torna uma conselheira, precisa de ajuda para separar sua própria experiência das experiências das clientes dela. Como todos nós, ela precisará de um espaço para relatar. Também terá a capacidade extraordinária de oferecer esperança, baseada na experiência pessoal.

Presenciei como sobreviventes atuaram de muitas maneiras para ajudar outros. Algumas cuidaram de doentes terminais. Outras trabalharam com crianças. Algumas se envolveram com abrigos para mulheres maltratadas. Outras em ministérios com mulheres em suas igrejas. Tanto homens quanto mulheres sobreviventes decidiram acompanhar adolescentes de famílias problemáticas. O trabalho que escolhem é tão variado quanto as próprias sobreviventes. É um prazer observar a alegria que um trabalho desses traz consigo. Ver alguém que veio até você concentrado em meramente sobreviver agora começando a servir a outros é verdadeiramente testemunhar a obra do Redentor!

19

Término do tratamento

Quando a sobrevivente se sente cada vez menos sobrecarregada por seu passado e quando sua capacidade de vida e sua rede de relacionamentos crescem e se solidificam, começa a aflorar a ideia de que o terapeuta não seja mais tão necessário. Inicialmente esse é um pensamento assustador e requer uma resposta de confiança, acompanhada de uma declaração de que o término é uma decisão da cliente, não algo que será forçado pelo terapeuta. O relacionamento terapêutico tem que continuar sendo um lugar seguro no qual a cliente poderá verbalizar seus pensamentos e discutir as opções de que dispõe.

Minha resposta inicial a uma menção da cliente sobre o término simplesmente é dar-lhe espaço para considerar a ideia. Há quanto tempo lhe veio o pensamento? Por que ela pensa que está pronta? Quais são suas hesitações ou temores? Que coisas são importantes para que o término aconteça em segurança? À medida que os pensamentos e sentimentos da sobrevivente são considerados, começamos a nos mover em direção ao término de fato.

Penso que é importante avançar para o término em um ritmo cuidadoso. Inicialmente as sessões serão reduzidas para espaços quinzenais, depois uma vez por mês, uma vez cada três meses, uma vez cada seis meses, e, finalmente, uma consulta é marcada para um ano mais tarde. Cada etapa é mantida até que a cliente sinalize prontidão para avançar. Tenha em mente que se você esteve trabalhado com uma sobrevivente de abuso crônico de infância, você provavelmente a viu durante vários anos, às vezes, mais de uma vez por semana. Fazer um movimento súbito para encerrar um relacionamento dessa natureza resultaria em sentimentos de abandono e insegurança. Apoie o movimento em direção da separação, mas faça-o de um modo suave que vai testando a prontidão enquanto vocês progridem. Algumas clientes pressionarão para avançar depressa demais porque têm medo de dizer adeus. Sugiro ser firme em manter um trato mais cauteloso e explicar por que. Algumas clientes ficarão bloqueadas em determinado ponto e terão medo de avançar. Nesse caso é crucial recapitular e lidar com as ansiedades subjacentes.

Sempre asseguro que, na medida em que as circunstâncias da vida permitirem, estarei disponível para minha cliente no futuro se ela sentir a necessidade de contatar a base. Às vezes uma antiga cliente pode telefonar por causa de uma mudança maior na vida ou porque um estresse maior ativou algumas recordações ou sintomas antigos. É importante que uma sobrevivente saiba antes que se afaste que um retorno desses de maneira alguma representa um fracasso por parte dela. Na realidade, constitui a parte melhor da sabedoria.

Resumo

Analisamos as três fases do tratamento de uma sobrevivente adulta de abuso sexual crônico. Obviamente, trabalharemos com clientes cujo abuso não foi crônico e com os quais usaremos apenas uma parte do que está incluído aqui. Também é certo que nem todas as sobreviventes de abuso sexual crônico decidirão passar por todas as três fases. Por várias razões, algumas terminarão a terapia prematuramente. Outras desistirão em uma conjuntura específica, tirarão uma "folga", retornarão para concluir o processo mais tarde. Independentemente do que determinada cliente escolher, essas fases conferem certa estrutura ao processo terapêutico. Um quadro do que a terapia poderia ser em termos ideais permite que não fiquemos devendo a nossas clientes. Penso que, frequentemente, terapeutas despreparados ou jovens deixam de incentivar o crescimento no processo terapêutico com sobreviventes simplesmente porque não têm ideia de como ele poderia ser.

A terapia com sobreviventes pode ser longa e árdua. Experimentei que é indizivelmente recompensador. Há uma grande alegria em ajudar seres humanos a encontrarem sua voz pela primeira vez. Para mim continua sendo uma maravilha observar um ser humano esmagado e quebrado, que enfrentou trevas e maldade quando ainda era criança, à procura de verdade e luz. É um momento agridoce dizer adeus a alguém que chegou preso a um passado destrutivo e que sai em crescimento e cheio de esperança para o futuro.

A recuperação pode parecer longa e difícil, mas é possível. Demandará coragem e força da cliente, e igualmente de você. É vital ter em mente que seus esforços em comum não somente resultarão em mudança na vida da sobrevivente, mas também na vida de muitos outros. É um belo desdobramento da promessa de Deus que *aquele que começou boa obra em vocês* há de completá-la (Fp 1.6). Que privilégio maravilhoso é, como terapeuta, ser um veículo da obra redentora de Deus na vida de outra pessoa!

SEÇÃO V

Considerações especiais

20

Transtornos dissociativos

Há três áreas que demandam atenção especial em nosso estudo do tratamento de sobreviventes adultas de abuso sexual. As duas primeiras são assuntos complexos, e discuti-las por extenso ultrapassaria totalmente o formato deste livro. Contudo, são tópicos importantes e, em alguns sentidos, "quentes". A primeira área é formada pelos transtornos dissociativos, mais especificamente, transtornos dissociativos de identidade (TDI). A segunda é a síndrome das falsas memórias. O terceiro assunto, referente a sobreviventes masculinos, é uma área que acredito merecer alguns comentários específicos.

Etiologia

O Dr. Richard Kluft foi diretor do Programa de Transtornos Dissociativos no Instituto do Hospital da Pensilvânia e desenvolveu uma teoria de quatro fatores relativa à etiologia do TDI. Em essência, uma cliente com TDI é perita em dissociação. Ela usou essa capacidade para enfrentar um trauma agudo na infância. A forma do TDI de uma cliente específica depende do temperamento e de outros fatores. E, finalmente, o abuso foi implacável, não aliviado pelo consolo ou por experiências de restauração.[42]

De acordo com o *Manual Diagnóstico e Estatístico de Transtornos Mentais (DSM-IV)*, os critérios para diagnosticar um transtorno dissociativo de identidade são os seguintes: 1) a existência, na pessoa, de duas ou mais distintas identidades ou configurações da personalidade (cada uma com seu próprio padrão relativamente duradouro de percepção, relacionamento e pensamento

---

42 Richard P. Kluft. "Treatment of Multiple Personality Disorder", in: *Psychiatric Clinics of North America* 7 (1984): 9-29.

sobre o entorno e si própria); 2) pelo menos duas dessas personalidades ou configurações de personalidade assumem, com frequência, o controle do comportamento da pessoa; 3) incapacidade de recordar informações pessoais importantes que são extensas demais para serem explicadas pelo esquecimento comum; e 4) a perturbação não se deve aos efeitos fisiológicos diretos de uma substância.[43]

Atualmente se acredita que a formação do transtorno dissociativo de identidade se dá a partir de um trauma físico e sexual severo, acompanhado de trauma psicológico. Pesquisas evidenciaram que entre as pessoas que sofrem de um transtorno psíquico conhecido são as clientes de TDI que acusam as taxas mais elevadas de abuso físico, sexual ou outras formas de abuso e trauma na infância. A maioria das clientes de TDI descreve formas repetidas de tipos múltiplos de trauma e abuso que, em geral, começaram antes dos cinco anos de idade. Via de regra, o abuso foi profundo, inexorável e insuportável, acontecendo em um ambiente no qual não havia proteção.[44]

É importante assinalar que, sozinha, a ocorrência de eventos traumáticos não é suficiente para criar um transtorno de dissociação.[45] Possui importância também como a pessoa experimenta a si própria e outros no contexto dos eventos traumáticos. O trauma ocorre a um indivíduo específico dentro de um contexto particular, seja na família, seja em outro, e levar em conta esse indivíduo e esse contexto é tão importante quanto o próprio evento traumático. Não captar essa complexidade pode conduzir facilmente a um erro de diagnóstico ou a uma supersimplificação do processo de tratamento.

Historicamente nos foi dito que o TDI é extremamente raro e é característico que as faculdades deem pouco ou nenhum treinamento para a detecção ou o tratamento do transtorno. É comum que clientes com TDI sejam enquadradas no sistema de saúde mental durante vários anos até que sejam diagnosticadas corretamente. Em anos recentes muitos terapeutas que tratam de pessoas com TDI declararam que a incidência do transtorno é muito maior do que originalmente se pensava. Muitos fizeram declarações vigorosas e, infelizmente, insubstanciais sobre a incidência do TDI. Alguns falam depreciativamente de seus colegas por não diagnosticarem e tratarem um

---

[43] *Manual Diagnóstico e Estatístico de Transtornos Mentais*. (Porto Alegre: Artmed, 2014 – original: Washington, D.C. American Psychiatric Association, 1994: 487).

[44] R. Horevitz e R. Loewenstein. "The Rational Treatment of Multiple Personality Disorder", in: *Dissociation: Clinical and Theoretical Perspectives*, ed. por. S. J. Lynn e J. W. Rhue. (Nova Iorque: The Guilford Press, 1994): 290.

[45] David Calof, *Multiple Personality and Dissociation*. (Center City, Minn.: Hazeldon, 1993): 1-2.

transtorno que afirmam estar inundando os consultórios de terapeutas ingênuos. Em contrapartida, outras pessoas são altamente céticas, declarando inflexivelmente que o TDI só existe na mente de terapeutas equivocados e suas clientes altamente sugestionáveis.

Francamente, não tenho ideia alguma de qual seja a taxa de incidência. Trabalhei com TDI em minha prática e constatei que as clientes com esse transtorno respondem muito bem ao tratamento. Provavelmente me situo em algum ponto no meio dos extremos, pelo fato de que não acredito que o sistema de saúde mental esteja inundado de clientes de TDI não diagnosticados, e de que não penso que o transtorno seja tão raro quanto foi presumido originalmente. Qualquer tipo de diagnóstico precisa ser feito com muito cuidado, e o TDI não é exceção. Sem dúvida ele pode se apresentar de forma camuflada e escapar da detecção pelos que não possuem um bom preparo na área. Uma coisa que contribui para isso é o fato de que muitas clientes trabalham arduamente para manter em segredo sua experiência de dissociação, pois têm certeza de que, se ela se tornar conhecida, estarão "sem saída". No outro extremo encontram-se clientes que em cerca de vinte minutos foram diagnosticados como detentores de um transtorno dissociativo de identidade em uma entrevista com um terapeuta que podia apenas "informar". Como qualquer aspecto do tratamento, o diagnóstico deve ser feito com cuidado e, se necessário, com pesquisa.

Tratamento

Acredito que o tratamento do transtorno dissociativo de identidade se insere nos mesmos parâmetros do tratamento do abuso sexual em geral. Isso significa que tudo o que dissermos aqui deverá ser visto no contexto do que já foi exposto. Frank Putnam, chefe da Unidade de Transtornos de Dissociação no Instituto Nacional de Saúde Mental (NIMH), divide o tratamento em três fases que são muito semelhantes às três fases de tratamento que apresentamos anteriormente. Ele diz que a primeira fase envolve o diagnóstico, a estabilização, a comunicação e a cooperação. A fase dois implica trabalhar o trauma, e a fase três é a resolução e integração do material traumático, bem como o desenvolvimento de aptidões de enfrentamento após a integração.[46]

---

46 Frank W. Putnam. *Diagnosis and Treatment of Multiple Personality Disorder*. (Nova Iorque: The Guilford

Primeira fase: segurança, estabilização e alívio temporário de sintomas

A primeira fase do tratamento se preocupa com a segurança, estabilização e o alívio temporário de sintomas traumáticos. Durante esse tempo a cliente frequentemente se sente agitada de um lado para outro por emoções imprevisíveis, retrospecções e fenômenos descontrolados de dissociação, como alternância de personalidade e amnésia.

É geralmente durante essa fase que o diagnóstico do TDI é apresentado à cliente. À medida que ela revela lentamente o que acredita serem os sintomas que provam que ela deve estar "sem saída", proponho o TDI como uma possível estrutura para entender a vida dela. É um diagnóstico que apresento como uma tentativa e com cuidado. Também é um diagnóstico que ofereço somente depois de testemunhar sinais claros de que o TDI é uma opção viável (anos em branco, apresentação de uma identidade diferente) ou quando a cliente informa continuamente sintomas como "esquecer o tempo" ("Não tenho nenhuma recordação do que houve quarta-feira à tarde." "Tenho no guarda-roupa vestidos que não comprei"). Constatei que a possibilidade do TDI é acolhida com sentimento de alívio, humilhação e medo. Em geral as clientes ficam admiradas e surpresas por eu não pensar que elas estejam "loucas". É, com frequência, a primeira vez que obtêm um referencial que faça sentido para o modo como experimentam a vida.

Como acontece com todas as sobreviventes, o foco dessa fase é formar uma sólida aliança de trabalho entre o terapeuta e a cliente. É uma fase que terá ciclos de estabilização, crises e reestabilização. Constato, muitas vezes, que os terapeutas pensam equivocadamente que o objetivo principal do tratamento é evocar recordações traumáticas. Muitos parecem presumir que quanto mais rapidamente desvelarem a história, tanto mais rápido e eficiente será o tratamento. Nesse ponto é preciso ser muito cauteloso, porque uma abordagem dessas pode destruir, com grande facilidade, a qualidade de vida de uma cliente e até mesmo ameaçar sua segurança. Acredito que a essência do trauma não reside na dor experimentada, embora esta seja gigantesca, mas no medo gerado pelo trauma. Se for assim, é preciso que a história da cliente seja revelada com muito cuidado e no contexto de um relacionamento consolidado e seguro, do contrário resultará em uma desestabilização. A terapia precisa ser um lugar seguro, não um lugar no qual se gera mais medo.

Press, 1989): 131-166.

O TDI é um transtorno complexo com aspectos afetivos, cognitivos, comportamentais e interpessoais. Cada uma dessas esferas requer uma atenção específica. No nível afetivo as clientes lutarão contra medo, ansiedade, vergonha, culpa, raiva e autorrejeição. Em termos cognitivos, experimentarão perturbações de memória e identidade, bem como distorções cognitivas específicas (pensamentos como: "Eu sou má", "Ninguém jamais poderá me amar"). Perturbações de comportamento se evidenciam na automutilação, em tentativas de suicídio, abuso de drogas e álcool e destruição de bens. Dificuldades de relacionamento podem variar de uma instabilidade nos relacionamentos até a impulsividade e intensa necessidade de executar ou realizar com perfeição.

Outro componente da primeira fase do tratamento do TDI é que tanto o terapeuta quanto a cliente cheguem a um entendimento sobre o sistema particular do indivíduo. Isso será singularmente útil na administração de crises que acontecerem. Quanto maior a cooperação existente entre as diversas configurações da personalidade, tanto maiores as chances de estabelecer e manter diretrizes de segurança com a cliente. Uma vez que são comuns as tendências de autodestruição e suicídio, isso se reveste de grande importância. Minha experiência é que os contratos terapêuticos mais típicos entre a cliente e o terapeuta são menos úteis ou confiáveis que acordos internos entre as identidades.

É importante notar que quando as clientes passam a entender seu sistema particular, desde as fases iniciais do tratamento elas precisam ser encorajadas a aceitar a unidade fundamental de sua individualidade. Muitas rejeitarão isso como impossível de captar, em virtude de sua experiência. Porém, o TDI *não* é ter muitos indivíduos em um só corpo. Pelo contrário, é ter muitas identidades próprias discretas em um mesmo corpo, todas compartilhando o mesmo DNA e a *mesma* história de vida. Ao contrário do que se pensava anteriormente, Frank Putnam do NIMH propõe que, em lugar de haver uma personalidade "de nascença" ou "central" da qual as outras se separam, há identidades que evoluem de um trauma severo repetido antes que haja a capacidade da criança para manter um senso estável de si própria ao longo de mudanças extremas.[47]

Percebo que quando minhas clientes chegam a entender o TDI do ponto de vista de sua história de vida, elas começam a vê-lo simplesmente como um método que usaram para enfrentar circunstâncias intoleráveis e o medo insuportável. Isso as ajuda a evitar o sentimento de que não têm poder algum sobre o funcionamento de sua mente, como se, de algum modo, tivessem que

---

47 Frank W Putnam. "Discussion: Are Alter Personalities Fragments or Figments?", in: *Psychoanalytic Inquiry* 12 (1992): 95-111.

coexistir com algo estranho a elas. Igualmente podem começar a ver que essa mente que, criativa e corajosamente, enfrentou o impossível agora está sendo liberta dessa história, de maneira que pode ser usada como uma mente inteira, plenamente presente, com acesso a todas as partes, e crescendo em direção de uma harmonia maior com a mente de Cristo.

Segunda fase: Estabelecendo uma sólida aliança terapêutica

A entrada na segunda fase do tratamento se caracteriza pelo estabelecimento de uma sólida aliança terapêutica. É importante que, a essa altura, o terapeuta e a cliente tenham encontrado um modo de colaboração no ritmo e no trabalho das questões terapêuticas. A segunda fase consiste em trabalhar para a solução de sintomas de dissociação e integrar aspectos dissociados do "si-próprio". Também prestamos atenção na alternância de personalidade e na amnésia resultante, em recordações dissociadas e em estados dissociados de identidade. Embora um trabalho desses provavelmente tenha acontecido, de certo modo, na primeira fase, os esforços sistemáticos começam depois que uma aliança sólida e segura foi bem estabelecida.

É preciso iniciar o processo de encarar as recordações traumáticas em forma de colaboração. Considero vital programar encontros mais frequentes durante essa fase. Muitas vezes reservamos determinado tempo e concordamos em lidar com um grupo específico de recordações. Várias identidades em colaboração tornam-se algo importante quando outras pessoas talvez tenham que assumir a responsabilidade por atividades do cotidiano enquanto a cliente lida com as recordações. Muitas vezes também é útil (e necessário) durante esse período organizar algumas sessões prolongadas. Uma maneira de adensar o trabalho de memória de forma que a cliente não fique arrasada é lidar com um segmento particular, dar uma pausa à observação de como se reestabilizam recordações traumáticas e, então, concordar em retornar a outro segmento. De maneira lenta, mas segura, levando sempre em consideração as necessidades de segurança, ocorre o trabalho de integrar o trauma na vida da cliente.

Esse método é extremamente importante porque, no cerne de todas as recordações traumáticas, reside o terror total. Como dissemos em nossa discussão anterior referente ao trabalho de memória, quando a cliente encara recordações, ela, muitas vezes, não consegue diferenciar entre passado e presente, e qualquer pensamento para o futuro é considerado absurdo.

O terror somente diminui quando a voz da terapeuta lembra repetidamente a cliente de que o que aconteceu é passado, que ela está em um lugar seguro e que não há ninguém presente para feri-la. Ela também precisa ouvir seguidamente que seus piores temores não se concretizaram. Ela achou que não sobreviveria. O fato de que está presente e, finalmente, consegue articular o trauma constitui a prova de que sobreviveu.

O relato do trauma não se refere apenas à memória dos eventos que aconteceram, mas também inclui as reações emocionais a esses eventos. Com grande frequência os eventos e a emoção que causaram são armazenados em separado. Para o processo de integração é vital que todos os aspectos sejam unificados na narrativa.

Seguindo o modelo de Kluft, diferencio entre fusão e integração de identidades.[48] Na fusão, as diversas partes se juntam e perdem a experiência de ser separadas. É um passo no qual ruem as barreiras de dissociação. Ele acontece frequentemente quando um grupo específico de identidades fica muito semelhante ou quando está em andamento a comunicação e colaboração entre elas. Kluft o chama de um processo inicial de compactação que constitui o alicerce para a integração.[49] A integração, que acontece ao longo de um período de semanas ou meses, se caracteriza pela capacidade das clientes de viverem de modo congruente e na presença de todos os fatos de sua vida. A integração pode acontecer tanto espontânea quanto intencionalmente. Não é algo que acontece em uma hora momentânea, e sim em um processo de aprendizagem de como viver com recordações, sentimentos, impulsos e pensamentos que, inicialmente, parecem alheios, mas que no final das contas são "possuídos" e administrados adequadamente.

Terceira fase: Trabalho pós-integração

A fase três da terapia com clientes de TDI constitui o trabalho necessário pós-integração. Nessa fase é proeminente o trabalho de luto, por duas razões. A primeira é porque a cliente finalmente compreende, pela primeira vez, as perdas, muitas vezes substanciais, que sua história traumática causou. O impacto disso sem o uso de defesas de dissociação pode ser devastador. Com frequência é a primeira vez que uma cliente se apercebe integralmente que sua vida, de fato, foi tão ruim quanto ela pensava que tinha sido.

---

48 Richard P. Kluft. "Varieties of Hypnotic Intervention in the Treatment of Multiple Personality", in: *American Journal of Clinical Hypnosis* 24 (1982): 230-240.

49 Richard P. Kluft. "An Introduction to Multiple Personality Disorder", in: *Psychiatric Annals* 14 (1984): 19-24.

Não apenas estão presentes todas as recordações, mas concretiza-se de um modo novo a capacidade de dar um passo para trás e olhar com mais objetividade para a vida. Às vezes isso demandará um novo trabalho de algumas experiências com que lidou previamente na terapia. Um trabalho desses não representa um indício de insuficiência nas fases prévias, pelo contrário, indica uma absorção do material em sua unidade.

O luto também pode acontecer porque a cliente, acostumada a ser um "nós" agora é um "eu". A saudade pelos "outros" pode ser experimentada porque, frequentemente, eles proporcionavam uma sensação de companhia. Desfez-se um mundo muito familiar, embora interior. A sobrevivente requer um tempo de transição antes de ficar à vontade com a vida e os relacionamentos vivenciados do lado de fora dela ao invés de em seu interior. Ela também teme como lidará com situações difíceis que previamente eram controladas por outras identidades.

Sob muitos aspectos a terapia pós-integração é uma simples terapia individual, de modo que varia de acordo com a pessoa tratada. Os assuntos da terapia são basicamente os analisados em capítulos anteriores, em grande parte centrados no fortalecimento da voz e da capacidade de escolher, enquanto se fomenta a conexão relacional externa.

Acredito firmemente que terapeutas que se deparam com o que pensam ser transtornos dissociativos e que não receberam treinamento algum nesses transtornos precisam buscar a supervisão de um terapeuta que seja perito nessa área. Também há vários textos bons acerca do assunto (veja Sugestão de Bibliografia), embora não sejam substitutos para a supervisão.

É desnecessário dizer que a memória dissociadora se tornou um assunto controvertido nos últimos anos. É crucial que os terapeutas não ignorem as descobertas básicas quanto à memória e sua reconstrução, bem como o poder da sugestão, do contexto e da expectativa para afetar a evocação de memória. Tais fatores também ressaltam a necessidade de supervisão, pois é crucial não conduzir uma cliente ou supor a capacidade de verificar memórias.

O tratamento de pessoas com TDI constitui um trabalho intensivo e desafiador. É imensuravelmente recompensador. Constatei que minhas clientes com TDI eram pessoas corajosas e criativas que sobreviveram contra todas as chances. Elas são para mim uma ilustração viva do fato de que fomos formados *de modo assombrosamente maravilhoso* (Sl 139.14). Fico admirada diante do Criador de uma complexidade tão maravilhosa e do Redentor de um horror desses. Ambos os feitos são motivo de adoração!

21

A Síndrome das Falsas Memórias

Constituem questões controvertidas a natureza e confiabilidade de recordações traumáticas. Essas recordações são muito difíceis de estudar visto que não podem ser aferidas em um contexto de laboratório. O trauma pode ser definido como um evento inevitavelmente estressante que arrasa a capacidade de enfrentamento da pessoa. Obviamente, por mais revoltante que uma fita de vídeo de um estupro possa ser, ela não é a mesma coisa que ser estuprada repetidamente quando criança pequena pelo próprio pai. Pressupor que a reação e a capacidade de uma pessoa de se lembrar de um vídeo desses são as mesmas que a reação de uma menina pequena e a memória que ela tem do pai estuprando-a constitui um raciocínio precário. Com certeza podemos aprender muito sobre a memória a partir de pesquisas em laboratório, mas elas dificilmente serão equivalentes ao verdadeiro trauma da infância.

Ao mesmo tempo, é extremamente desafiador trabalhar com casos de recordação postergada e de amnésia traumática porque, em grande parte, foram desenvolvidos poucos ou nenhum parâmetro. O grupo de trabalho da American Psychological Association (Associação Americana de Psicologia) para a pesquisa de recordações de abuso na infância publicou um relatório em fevereiro de 1996. Esse relatório declarou basicamente que sobreviventes de abuso na infância podem esquecer recordações e mais tarde são capazes de se lembrar delas e que um terapeuta pode sugerir uma "recordação" de que a sobrevivente posteriormente se lembra como verdadeira. Tanto os pesquisadores quanto os terapeutas disseram que a maioria das pessoas que foram abusadas sexualmente quando eram crianças recorda-se do que aconteceu, pelo menos até certo ponto. Os psicoterapeutas, muitas vezes, deixam de reconhecer o limite entre dados da experiência ou dados anedóticos, enquanto os pesquisadores de psicologia, com frequência, deixam de admitir qualquer coisa que não seja obtido mediante estudo experimental.

Obviamente não solucionarei aqui o debate. Penso, no entanto, que é importante levar em consideração algo da pesquisa mais recente sobre trauma e memória. Também parece crucial responder em determinado nível às pessoas da False Memory Syndrome Foundation (Fundação da Síndrome das Falsas Memórias). Por fim, gostaria de propor algumas orientações para aqueles entre nós que trabalham com pessoas sexualmente abusadas e suas recordações.

De acordo com a definição de transtorno de estresse pós-traumático (TEPT) do *Manual Diagnóstico e Estatístico de Transtornos Mentais (DSM-IV)*, o trauma pode produzir os extremos tanto de reter quanto de esquecer. Experiências aterrorizantes podem ser vividamente lembradas, sendo altamente resistentes à integração, ou a alguma combinação decorrente. Uma sobrevivente pode se recordar vividamente de experiências terríveis, ou essas experiências terríveis, às vezes, podem ser altamente resistentes à integração na memória consciente. Algumas vezes essas duas dinâmicas acontecem simultaneamente. Bessel A. van der Kolk, que realizou extensas pesquisas sobre a natureza da memória traumática constatou que pessoas com pesadelos pós-traumáticos disseram que viram cenas idênticas repetidas por um período de quinze-anos.[50] Diferentemente de recordações comuns facilmente assimiladas, alguns aspectos de eventos traumáticos parecem ficar fixos na mente.

Muitas das pessoas que estudaram o trauma observaram que a mente parece lidar com recordações de eventos traumáticos de maneira diferente do que lida com recordações de eventos comuns. Clientes repetidas vezes afirmam que os componentes emocionais e de percepção do trauma destacam-se mais do que os componentes narrativos.[51] Essas observações conduziram ao pensamento de que a mente pode codificar recordações traumáticas de maneira diferente das comuns. Postula-se que essa diferença pode ocorrer porque a atenção tem um foco diferente quando acontece o

---

50 Bessel A. van der Kolk, R. Blitz, W. A. Burr e E. Hartmann. "Nightmares and Trauma: Lifelong and Traumatic Nightmares in Veterans", in: *American Journal of Psychiatry* 141 (1984): 187-190.
51 Lenore Terr. "What Happens to Early Memories of Trauma?", in: *Journal of the American Academy of Child and Adolescent Psychiatry* 1 (1988): 96-104.

trauma e/ou talvez porque a estimulação emocional extrema interfere nas funções da memória do hipocampo.[52]

Ao lidar com recordações de um trauma da infância, é importante ter em mente diversas coisas. Em primeiro lugar, crianças possuem menos capacidades mentais que os adultos para construir uma narrativa coerente a partir de eventos traumáticos. Em segundo lugar, o uso da dissociação no momento do trauma torna muito difícil expor um relato preciso dos eventos traumáticos, porque a dissociação tem o efeito de fragmentar as recordações. Em terceiro lugar, recordações de um trauma muitas vezes não têm nenhum componente verbal. Isso ocorre frequentemente porque as crianças tinham pouca ou nenhuma capacidade verbal quando o trauma aconteceu. Em vez disso, as sobreviventes tendem a experimentar essas recordações como fragmentos dos componentes sensórios do evento, e quando esses fragmentos são recuperados, apresentam poucos ou nenhum componente linguístico. Piaget disse que um fracasso da memória semântica faz com que a memória seja formada em níveis somático-sensórios.[53] Em quarto lugar, a memória parece consistir de redes de informações relacionadas. Quando se ativa um aspecto de uma rede em particular, isso resulta muitas vezes na recuperação de memórias associadas. Com frequência as emoções e sensações servem de dicas para essa recuperação. Em consequência, a excitação fisiológica generalizada pode provocar memórias relacionadas ao trauma, e vice-versa.

Van der Kolk salienta que o trauma pode deixar uma marca indelével na forma das sensações ou nos estados sensórios. Uma vez que as pessoas começam a falar sobre o trauma, seus relatos estão sujeitos a interpretação, condensação e embelezamento. Proferir a narrativa do trauma sujeita-o à distorção. Portanto, até mesmo quando a memória traumática é codificada com vivacidade e precisão diferentes da memória comum, tão logo que uma cliente começa a contar a história, esta é um pouco alterada.[54] Em última análise, continua sem resposta a pergunta: Imagens e sensações podem ou não ser cauterizadas na mente e permanecer ali inalteradas?

Diante do pano de fundo de números crescentes de pessoas que contam suas histórias de abuso sexual na infância, em 1922 foi formada a The False

---

52 Bessel A. van der Kolk. "The Body Keeps Score: Memory and the Evolving Psychobiology of Posttraumatic Stress", in: *Harvard Review of Psychiatry* 1, nº. 5 (1994): 253-265.
53 Jean Piaget. *Play, Dreams and Imitation in Childhood*. (Nova Iorque: Norton, 1962): 98.
54 Bessel A. van der Kolk. "Trauma and Memory", in: *Traumatic Stress: The Effect of Overwhelming Stress on Mind, Body and Society*. (Nova Iorque: The Guilford Press, 1990) 296-297.

Memory Syndrome Foundation (Fundação da Síndrome das Falsas Memórias) na cidade de Filadélfia, Pensilvânia. A diretora executiva Pamela Freyd diz que a fundação foi criada para ajudar as vítimas do que está sendo chamado de Síndrome das Falsas Memórias. Essa síndrome se baseia na ideia de que clientes que dizem ter recuperado recordações de abuso sexual na infância são, frequentemente, vítimas infelizes de terapeutas irresponsáveis. De acordo com a fundação, muitos adultos (principalmente as mulheres) tiveram recordações implantadas por terapeutas e depois, com base nessas falsas memórias, foram pressionadas confrontar e processar seus pais.

Infelizmente muitas pessoas envolvidas no debate decorrente se tornaram cáusticas e altamente emocionais. Há as que, de um lado, sugerem que a fundação não passa de um porto seguro para perpetradores. Outros indicam que a maioria dos terapeutas, ou todos, são maus, motivados por dinheiro, excessivamente fervorosos e até mesmo antiéticos. Embora possa haver uma partícula de verdade nos extremos, a maior parte de ambos não constitui uma representação precisa da situação.

Em primeiro lugar, qualquer pai pode telefonar à fundação, dizer que foi acusado falsamente por uma filha adulta com recordações "implantadas", e tornar-se um associado dessa fundação. Eles não são submetidos a qualquer interrogatório rigoroso nem a qualquer forma de testes, e não é exigido que "provem" que as *suas* recordações são corretas. Ao mesmo tempo, qualquer adulto pode entrar no consultório de um terapeuta e apresentar uma narrativa de abuso hediondo, e o terapeuta provavelmente não duvidará dela, não a testará, nem exigirá dela que prove a exatidão dessas memórias.

Em segundo lugar, para a maioria o debate não acontece entre os que se preocupam com vítimas e os que se importam com a verdade. Esta é uma falsa dicotomia e tende a fazer com que cada lado veja o outro como inimigo. Acredito que ambos os lados se importam com as vítimas e a verdade. Suponho que estou afirmando o óbvio quando digo que nenhuma das partes possui o monopólio da verdade, e que em nenhum dos lados estão envolvidos apenas vítimas e não perpetradores.

Uma parte do que alimenta a dicotomia citada acima é que advogados da falsa memória pintam o quadro de uma família ideal vitimada por um terapeuta não ético e um cliente iludido ou mentiroso. Deixam de discutir coisas como sociopatia, mentira, amnésia, dissociação, apagão por álcool, e o fato de que perpetradores são conhecidos por negar a verdade. Suspeito que alguns dos membros da fundação FMS de fato foram acusados injustamente. Ao mesmo tempo, uma das características fundamentais de um perpetrador é negar, de modo que suspeito que alguns dos que gritam a favor da falsa memória foram acusados corretamente.

Defensores da memória reprimida representam a possibilidade única para que uma adulta que foi vitimada sexualmente quando criança e que antes tinha medo ou era incapaz possa dizer a verdade sobre sua vida. Em geral deixam de mencionar a manipulação, a ignorância, a procura de engrandecimento pessoal e a falta de ética entre terapeutas. Por mais raros que esses terapeutas possam ser (e *acredito* que são raros), seremos tolos em supor que não existam. Não apenas houve alguns terapeutas que agiram sem ética ao insistir que uma cliente sem memórias havia sofrido abuso sexual, mas houve outros que contribuíram para a confusão ao insistir em uma confrontação familiar que não foi preparada de modo adequado ou que, de fato, não foi escolhida pela cliente.

Se a polarização entre esses dois grupos não for reduzida, será impedido o progresso no aprendizado sobre a memória e serão "criadas" vítimas em ambos os lados. É absolutamente vital para ambas as partes manter o diálogo e praticar a precaução na aplicação de suas teorias, convicções e pesquisas a casos individuais.

Aqueles de nosso meio que são psicólogos e conselheiros para vítimas de abuso sexual precisam monitorar a área e a nós próprios com sabedoria e cuidado. Não fazê-lo é agir sem ética para com os que dizemos que tentamos ajudar. A prática eficaz do aconselhamento requer atenção máxima a princípios éticos. Em todos os grupos, essa deveria ser a característica de cristãos nessa área. O Dr. Sam Knapp, dirigente de questões profissionais da Pennsylvania Psychological Association (Associação de Psicologia da Pensilvânia) observou que as técnicas comumente associadas a reclamações de memória implantada incluem a regressão de idade, "trabalho corporal", escrita em transe, grupos de "apoio" de alta pressão, "reparação" (o terapeuta assumindo o papel de figura parental substituta) ou o uso impróprio de hipnose e biblioterapia.[55] Temos que ser muito cautelosos quanto ao tipo de técnicas de tratamento que usamos e às promessas de ajuda que fazemos com base nessas técnicas.

---

55 Samuel Knapp e A. Tepper. "Risk Management Issues in the False Memory Debate", in: *The Pennsylvania Psychologist* 55, nº 3 (maio de 1995): 26-27.

No esforço de sugerir algumas diretrizes para o trabalho com memórias traumáticas, temos que ter em mente as características que são típicas de clientes que sofreram abuso sexual. Muitas sobreviventes terão maior probabilidade de *não* revelar seu segredo e de minimizar o que lhes aconteceu. Frequentemente os abusadores intimidam as vítimas para se calarem. As sobreviventes normalmente carregam grande vergonha e humilhação por causa do abuso e hesitam em contar a qualquer um a respeito dele. Elas também temem que ninguém acredite nelas. É muito incomum encontrar alguém que tenha fabricado uma história de abuso e que a ostente com esperança de alguma vantagem. Há muitos anos encontrei uma jovem mulher que fazia exatamente isso, em um esforço de castigar seu pai politicamente proeminente. É desnecessário dizer que uma cliente dessas se apresenta de modo muito diferente do que alguém que sempre soube ou que acabou de descobrir que sofreu abuso sexual.

Se no meio desse debate nós, conselheiros, devemos cuidar, com preparo e ética, das pessoas feridas que vêm a nós, que diretrizes poderíamos seguir? Segundo nossas melhores capacidades cumpre-nos assegurar que não prejudiquemos ainda mais alguém cujo sofrimento é suficientemente grande para fazê-lo entrar no consultório de um estranho para pedir ajuda.

1. Um diploma em aconselhamento não qualifica automaticamente alguém para trabalhar com sobreviventes de trauma.

O tratamento eficaz de qualquer dificuldade específica requer estudo, treinamento e supervisão. Essa área não constitui exceção.

2. Na medida do possível todas as perguntas devem ser feitas a partir de um ponto de vista imparcial.

Não é possível para nenhum ser humano ser completamente neutro ou até mesmo evitar fazer perguntas que pareçam conduzir em determinada direção. Porém, perguntas com base na presunção de que o terapeuta "sabe" sobre a vida de uma cliente algo que a cliente não sabe são arrogantes e antiéticas. Não importa quanta terapia tenhamos feito ou quanto conhecimento possuamos, não temos a capacidade de ler a mente de outras pessoas em lugar delas. Francamente, acredito que uma experiência maior traz consigo uma consciência maior da complexidade da mente e do pouco que sabemos.

Uma saudável dose de humildade será correta quando "atropelamos" a cabeça de outras pessoas.

3. *Nenhum conjunto simples de sintomas indica automaticamente que uma pessoa é vítima de abuso sexual na infância.*

Algumas das listas de aferição são tão genéricas que poderia parecer provável que nenhum ser humano escapou de ser molestado na infância. Não há evidência científica alguma que sustente a conclusão de que pessoas com determinado conjunto de sintomas foram inequivocamente vítimas de abuso sexual quando crianças. Qualquer estudioso competente conhece a diferença entre uma correlação de causa e efeito. Duas pessoas podem apresentar uma constelação quase idêntica de sintomas e, ainda assim, ter causas bem diferentes para esses sintomas.

4. *Terapeutas éticos não oferecerão uma imediata explicação de abuso sexual infantil para um grupo de sintomas nem descartarão informes de abuso sexual sem uma investigação séria na terapia.*

Terapeutas éticos perguntarão a uma cliente se ela pensa que seria possível que o abuso sexual na infância fosse uma questão subjacente. Eles perguntarão, e não afirmarão. Até mesmo no caso de uma sobrevivente reconhecida, insistir em encarar a verdade do abuso quando a cliente escorregou de volta para a negação ou não está pronta para avançar constitui uma reativação de dois dos principais fatores do abuso: coerção e negação daquilo que ela sente.

5. *Uma compreensão do ser humano incluirá uma consciência aguçada de que há algumas pessoas muito dependentes capazes de sugestionabilidade e graves distorções.*

Como terapeuta, você está em uma posição de poder e influência. Suas palavras e sugestões exercem grande impacto. Escolha-as bem e sabiamente. Os terapeutas precisam ter um profundo respeito pela confiança depositada neles, particularmente em relação à necessidade de uma pessoa que sofre de compreender um mundo interior muitas vezes confuso e amedrontador.

6. *Já estabelecemos o fato de que uma recordação é armazenada e/ou narrada com as interpretações da pessoa que a percebe.*

Qualquer pessoa que retornou a um lar da infância depois de adulta sabe disso, porque é surpreendente descobrir como as coisas ficaram pequenas em um período de vinte anos! Lembre-se de que o foco da terapia não é obter todos os detalhes de modo absolutamente correto, mas contar a história no contexto de um relacionamento que permitirá ao cliente crescer em sua capacidade de viver livre das sequelas do trauma.

7. *Um entendimento preciso do coração humano, claramente dado a nós na Bíblia, afirma que todo coração, não importa o quão agradável ou ferida seja a pessoa na qual ele habita, é capaz de enganar, odiar e difamar.*

Se o coração humano é capaz da atrocidade do abuso sexual de meninos e meninas pequenos, ele certamente é capaz de mentir sobre esse abuso.

8. *O tratamento biblioterápico e/ou a terapia de grupo não devem ser sugeridos a menos que a cliente tenha uma razoável certeza de que sofreu abuso sexual.*

Não penso que a terapia de grupo com sobreviventes conhecidas ou a leitura de histórias de outras sobreviventes seja um método vantajoso para descobrir um eventual trauma oculto. Parte da razão é que normalmente as clientes ingressam na terapia motivadas pela dor que estão experimentando, e muitas estão desesperadas para encontrar uma razão para essa dor. Isso é compreensível, porque a maioria de nós anseia saber por que estamos sofrendo. Pegar uma pessoa que não tem certeza da causa de seu sofrimento e colocá-la em um recinto cheio de pessoas que sabem que sofreram abuso e que até podem apresentar sintomas semelhantes representa algo que impressiona e condiciona.

9. *Quando se suspeita fortemente de um trauma oculto com base em critérios objetivos (amnésia, tendências dissociativas, pesadelos) e o sofrimento da cliente é severo, métodos de investigação podem ser justificáveis.*

Eles não são recomendados para provar o abuso sexual, mas para tentar entender o que está subjacente aos sintomas da cliente. As pistas do contexto podem ser relativamente neutras. Por exemplo, a terapeuta pode pedir à cliente que olhe antigos álbuns de fotografia, que visite um bairro da infância, reveja registros escolares ou médicos, ou que fale com irmãos ou ex-colegas de escola. Em vez de requerer que a cliente "produza" um trauma de qualquer espécie, o terapeuta simplesmente a encoraja para que aprenda mais sobre si mesma do que ela se lembra no momento.

Resumo

Nos últimos vinte anos cresceu dramaticamente a consciência pública e profissional da existência de vítimas sexuais. Em uma época tão recente quanto os anos 70, o estupro era considerado uma ocorrência rara e o incesto um tabu universal. Denegria-se o caráter das vítimas e questionava-se rotineiramente a credibilidade de mulheres que alegavam ter sido molestadas. O clima social mudou tremendamente nas últimas décadas.

No meio dessa mudança surgiu um debate sobre se muitas pessoas que dizem ter sido abusadas sexualmente quando crianças estão se recordando de eventos verdadeiros ou apenas recitando histórias baseadas em recordações implantadas por terapeutas antiéticos. É extremamente crucial que terapeutas e pesquisadores não permitam que a atual polarização comprometa a pesquisa sobre a memória traumática nem a discussão clínica em torno do trabalho de memória com sobreviventes adultas. Devemos àquelas que sofreram muito nas mãos de outros que trabalhemos em colaboração e com ética quando buscamos aumentar nosso entendimento desses assuntos. Aqueles que aconselham e se chamamos de cristãos certamente devem ser caracterizados por um apego a padrões éticos, humildade, sabedoria e uma dependência cada vez maior do Espírito Santo. Quando essas características estiverem presentes, nossa contribuição para o debate e para nossas clientes será valioso e benéfico.

22

Sobreviventes do sexo masculino

A pesquisa sobre vítimas do sexo masculino de abuso sexual na infância não foi tão extensa quanto sobre vítimas do sexo feminino. Os resultados da pesquisa foram mesclados. Em 1979, David Finkelhor descobriu que 5 a 9 por cento dos homens interrogados informaram ter sido vítimas sexuais na infância.[56] Mais recentemente, em um estudo com 595 estudantes universitários do sexo masculino na área de Boston, 29 por cento informaram abuso sexual na infância.[57] Nielsen constatou que vítimas masculinas perfazem de 25 a 35 por cento dos casos de terapeutas que trabalham na área do abuso sexual na infância.[58]

Com base em dados recentes e na experiência clínica, John Briere, bem conhecido por sua pesquisa sobre violência interpessoal, afirma que "muito do trauma pós-abuso sexual se manifesta igualmente em homens e mulheres, e que enfoques terapêuticos destinados para um dos sexos normalmente são aplicáveis ao outro".[59] Embora se pense que rapazes informam o abuso sexual com menor frequência do que as moças, eles evidentemente não são mais imunes do que elas a seus efeitos negativos.

Finkelhor e outros demonstraram que a maioria dos meninos, diferentemente das meninas, sofre abuso sexual fora da família.[60] Contudo, muitos clientes do sexo masculino parecem ter dificuldades para admitir que esses

---

56 David Filkelhor. *Sexually Victimized Children*. (Nova Iorque: Free Press, 1979): 79.
57 D. Liask. "Research on Male Victims of Childhood Sexual Abuse: What do We Know and What do We Need to Know?" (Conferência apresentada no quinto congresso anual sobre sobreviventes do sexo masculino, Bethesda, Maryland, setembro de 1993).
58 T. Nielsen. "Sexual Abuse of Boys: Current Perspectives", in: *Personnel and Guidance Journal 62* (1983): 139-142.
59 John Briere. *Therapy for Adults Molested as Children: Beyond Survival*. (Nova Iorque: Springer Publishing, 1989): 152.
60 David Finkelhor. *Child Sexual Abuse: New Theory and Research*. (Nova Iorque: Free Press, 1984): 82.

encontros foram um abuso. Frequentemente o perpetrador era um conselheiro de acampamento, um professor, um religioso ou um líder de jovens. Sobreviventes do sexo masculino, muitas vezes, consideram esses encontros como "não sendo um grande problema". Há também uma grande ambivalência em relação à experiência quando o pai do menino era distante, não se importava ou estava ausente. O menino apreciava a atenção por parte de uma figura masculina respeitada, até mesmo quando essa atenção era abusiva. Outra causa da ambivalência é que nossa cultura considera o tornar-se vítima como uma posição feminina ou fraca. Ela socializa os homens para serem sexualmente agressivos, não passivos e facilmente vitimados. Não é fácil admitir uma fraqueza dessas, e o reconhecimento, muitas vezes, vem acompanhado de grande autorrepúdio e humilhação.

A vitimização, em geral, traz consigo um efeito muito destrutivo para o senso de masculinidade de um menino em crescimento. Ser vítima significa que algo foi "feito" a você, um conceito abominável para muitos homens em relação a tudo que for sexual. Além disso, muitos sobreviventes do sexo masculino se debatem e estão confusos pelo fato de que foram molestados por outro homem. A combinação de percepção da fraqueza e do contato sexual com outro homem, muitas vezes, leva a confusão quanto à identidade sexual. Muitos homens falam da terrível ansiedade quanto à sua identidade sexual resultante do abuso.

Pesquisas revelam que a grande maioria dos abusadores sexuais do sexo masculino também é vítima de abuso sexual. Postula-se que isso acontece porque homens enfrentam o abuso identificando-se com o agressor. Talvez seja um modo de rejeitar a posição de vítima e assumir uma posição de poder. Contudo é importante notar que, embora muitos agressores sexuais apresentem histórias de abuso sexual na infância, a maioria dos sobreviventes do sexo masculino *não* se tornam perpetradores.[61]

No entanto, por causa de seu maior potencial de agressão sexual, é importante informar aos sobreviventes do sexo masculino sobre o dever do terapeuta de preveni-los. Isso deve ser feito na hora de selecionar e no momento de qualquer revelação no percurso da terapia. Igualmente penso que terapeutas que não têm preparo para trabalhar com perpetradores deveriam remeter esses clientes a um indivíduo ou programa que não apenas seja capaz

---

61 John Briere e K. Smiljanich. "Childhood Sexual Abuse and Subsequent Sexual Aggression against Adult Women." (Conferência apresentada na 101ª convenção anual da *American Psychological Association*, Toronto, Canadá, agosto de 1993.)

de lidar com a história de abuso do próprio cliente, mas que também possua especialização em trabalhar com abusadores. Não basta ter experiência com sobreviventes.

À semelhança de sobreviventes do sexo feminino, muitos sobreviventes do sexo masculino têm grande dificuldade de admitir o sentimento doloroso e aterrorizador gerado pelo abuso sexual. Isso parece ser mais complicado para homens porque a cultura os julga mais masculinos quando são capazes de controlar ou nem mesmo experimentar sentimentos de fraqueza, medo e submissão. Muitas vítimas do sexo masculino lutaram tão arduamente para lidar com esses sentimentos "inadmissíveis" que são quase destituídos de qualquer expressão emocional. Outros administram essas emoções reagindo de maneira agressiva ou abusando de substâncias químicas.

Um terapeuta que trabalha com sobreviventes do sexo masculino pode pensar que a necessidade de normalizar sentimentos como tristeza e medo seja maior com homens do que com mulheres. Por outro lado, esses terapeutas também precisam ser capazes de controlar expressões fortes de raiva. Muitos se sentem mais à vontade respondendo a expressões de tristeza e medo, tanto em vítimas do sexo masculino quanto feminino, do que a expressões de raiva.

Independentemente de o terapeuta ser homem ou mulher, a dinâmica de poder também desempenha um papel importante no trabalho com sobreviventes do sexo masculino. Briere observa que clientes homens atendidos por terapeutas homens frequentemente tentarão ficar "por cima" (verbalmente agressivos, desafiadores) ou "por baixo" (passivos, ansiosos em agradar) com o terapeuta.[62] Quando a terapeuta é uma mulher, o cliente pode tentar colocá-la na posição subordinada de objeto sexual ou elevá-la a mãe ideal.

Em minha prática, provavelmente atendi sobreviventes do sexo masculino em uma proporção de um para dez sobreviventes do sexo feminino. A maioria dos homens com que trabalhei foi molestada por pessoas de fora da família, embora alguns tenham sido abusados por irmãos mais velhos e outros pela mãe. Vários desses homens sofreram o abuso por parte de homens extremamente violentos e cuja violência havia resultado na morte de outros meninos. Quando a mãe era a perpetradora ela normalmente era o único progenitor ou dominava o lar. Em minha experiência, uma proporção alta de sobreviventes homens luta contra o vício da pornografia, do voyeurismo,

---
62 Briere, *Therapy for Adults Molested as Children*: 159.

fetichismo transexual (travestismo), exibicionismo e fetichismo. Não sei se é assim em geral ou se simplesmente foi o caso na minha prática.

Resumo

Segundo minha experiência o abuso sexual na infância geralmente afeta homens e mulheres de modo semelhante. Em razão disso o tratamento é similar para ambas as populações. Contudo, pelo fato de que o abuso sexual acontece em um contexto cultural, algumas questões clínicas específicas predominam mais em sobreviventes do sexo masculino: negação do abuso, dificuldade de expressar tristeza e medo, identificação potencial com o perpetrador, confusão de identidade referente à preferência sexual e incidência de comportamentos agressivos e expressões de raiva.

SEÇÃO VI

A PESSOA DO TERAPEUTA

23

O impacto do trabalho de trauma no terapeuta

Entrar em uma aliança terapêutica com uma sobrevivente de trauma como o incesto significa ser tocada por esse trauma. Não precisamos ser o receptor direto de um evento traumático para ficar traumatizados. O conceito de traumatização secundária está incluído na descrição do *Manual Diagnóstico e Estatístico de Transtornos Mentais (DSM-IV)* do transtorno de estresse pós-traumático. Nos é dito que os sintomas característicos decorrentes da exposição a um estressor traumático podem acontecer como resultado de *"saber sobre* morte inesperada ou violenta, ferimento grave ou ameaça de morte ou maus tratos experimentados por um membro da família *ou outras pessoas próximas*" (itálicos adicionados).[63]

O processo de ficar sentado horas e mais horas, muitas vezes durante meses ou anos, ao lado de pessoas com quem nos importamos e prestar atenção à sua experiência traumática exerce um impacto profundo em nós como ouvintes. A dinâmica de sermos afetados pelo sofrimento de outra pessoa predomina até mesmo em relacionamentos menos intensos nos quais ouvimos frequentemente alguém dizer: "Ela simplesmente terá que parar de falar sobre isso porque não aguento mais". Uma declaração dessas é feita quando o receptor não consegue tolerar mais qualquer exposição adicional ao trágico evento que está sendo recontado.

Ao longo dos anos notei que muitos de meus colegas abandonaram o trabalho com clientes traumatizados. Talvez isso tenha acontecido porque não aprenderam a aguentar a longo prazo. Muitos iniciaram ansiosos para ajudar e caíram à beira do caminho depois de cinco ou sete anos. Se você

---

[63] *Manual Diagnóstico e Estatístico de Transtornos Mentais*. (Porto Alegre: Artmed, 2014 – original: Washington, D.C. American Psychiatric Association, 1994: 424).

e eu esperamos correr essa corrida com perseverança, temos que dedicar uma reflexão cuidadosa ao que ela abrange.

Antes de tratarmos de ideias específicas quanto ao que capacita um terapeuta a perseverar, quero olhar primeiramente para o quadro mais amplo. Você e eu nos chamamos de cristãos, e escolhemos trabalhar no que referimos como "profissões de ajuda". Dizer que somos *cristãos* significa muitas coisas. Pelo menos em parte significa que conhecemos e amamos Jesus Cristo e somos chamados a viver em obediência a ele. Dizer que estamos nas *profissões de ajuda* não apenas significa que nos cabe conhecer e amar as pessoas, mas também que o conhecimento e o amor devem ser evidentes no trabalho que realizamos com elas. Dizer que somos cristãos *nas* profissões de ajuda deve significar que o amor e a obediência que devotamos a Jesus Cristo são demonstrados claramente no conhecimento e amor que dedicamos às pessoas.

Ainda outro fator significativo entra em cena porque somos cristãos que vivem dentro *deste mundo perverso* (Gl 1.4). Tantas vezes nós, cristãos, parecemos propensos a ficar "no lado agradável" das coisas. Ninguém pode duvidar que a vida em Cristo tem um lado aprazível. Sim, cultuamos um Deus que nos ama infinitamente e traz alegria, paz e esperança a toda alma em que ele habita. No entanto, também é verdade que vivemos em um mundo sombrio e que nossa vida é vivenciada no contexto da batalha das eras.

Como cristãos, vivemos no meio do conflito entre nosso grande Redentor e os principados, poderes, governantes das trevas, e de potestades desconhecidas e inimagináveis. Não apenas vivemos no meio desse grande conflito, mas também somos atores dos quais cada palavra e cada ação são importantes na batalha. Diariamente entramos em contato com o mal e o sofrimento, visível ou não. Como terapeutas cristãos, deparamo-nos com essas coisas de uma maneira intensa à medida que trabalhamos para servir a outros seres humanos fragilizados. Não podemos evitar que sejamos afetados profundamente. Não admitir nem entender o impacto disso é tolice.

A literatura recente na área da terapia de trauma salientou que, com o passar do tempo, terapeutas que trabalham com sobreviventes de um trauma podem começar a exibir o que foi chamado de transtorno de estresse traumático secundário. Charles Figley define o transtorno de estresse traumático secundário (TETS) como "comportamentos naturais e as emoções consequentes que decorrem do fato de se saber acerca de um evento traumatizante experimentado por outra pessoa significativa".[64] Os sintomas do TETS são praticamente iguais aos do TEPT. A diferença reside na exposição ao trauma. No TETS a pessoa é exposta ao *conhecimento* do trauma, enquanto no TEPT o sofredor *experimentou* a tensão traumática primária.

Laurie Pearlman e Karen Saakvitne, no excelente livro *Trauma and the Therapist* (O trauma e o terapeuta), referem-se a um fenômeno que elas denominam "traumatização vicária". A construção da traumatização vicária é definida como "a transformação na experiência interior do terapeuta que emerge como resultado do engajamento empático com o material do trauma das clientes".[65] As autoras discutem o impacto de descrições gráficas da violência e crueldade sobre o terapeuta que ouve com empatia na posição de testemunha impotente de eventos históricos e, muitas vezes, de atualizações no presente. Essas autoras também fazem a importante distinção de que não é a *pessoa* da cliente que é traumatizante, e sim o material trazido por ela.

Em essência, o trauma é contagioso. Jung falou do perigo de contágio quando se trabalha com psicóticos. Um contágio desses parece ser ainda maior no trabalho com traumas. Esse fenômeno, com certeza, não se limita à terapia. Constatamos sintomas semelhantes em pessoal de prontos-socorros, em funcionários de centros de crises por estupro e em trabalhadores que atendem pessoas afetadas por catástrofes naturais. Ser testemunha de uma atrocidade possui um profundo impacto sobre o ser humano. A Dra. Judith Herman, no livro *Trauma and Recovery*, diz que se engajar no trabalho de trauma "apresenta certo risco para a saúde psíquica do próprio terapeuta".[66] Muitos terapeutas começam a sentir sintomas de um transtorno de estresse traumático, como insônia, pesadelos, imagens intrusas, ansiedade; entorpecimento, hipervigilância e irritabilidade.[67] Além disso, terapeutas podem experimentar desafios à fé, um crescente cinismo, o aflorameto de pessimismo, bem como um sentimento aguçado de vulnerabilidade ao desastre e malefício.[68] A conclusão, penso eu, é que quando alguém vai trabalhar com explosivos, corre o risco de se queimar.

---

64 Charles R. Figley. "Compassion Stress and the Family Therapist", in: *Family Therapy News* (fevereiro de 1993): 1-8.
65 Laurie A. Perlmann e Karen W. Saakvitne. *Trauma and the Therapist: Countertransference and Vicarious Tramatization in Psychotherapy of Incest Survivors*. (Nova Iorque: Norton, 1995): 31.
66 Herman, *Trauma and Recovery*: 141.
67 Charles R. Figley. *Compassion Fatigue*. (Nova Iorque: Brunner/Mazel, 1995): 8.
68 Herman, *Trauma and Recovery*: 8.

É comum que terapeutas experimentem uma sensação avassaladora de impotência quando confrontados com um trauma, não apenas reagindo com sintomas de estresse traumático, mas também se precipitando no papel de salvadores ou resgatadores. Confrontados com a realidade da crueldade e do mal, deparam-se com a incapacidade de interrompê-lo e sentem-se expostos a repetidas reencenações do fenômeno na vida da cliente, muitos terapeutas começam a desconsiderar os limites terapêuticos, vivem uma vida governada por telefonemas de crises e assumem um papel semelhante ao do advogado que se encarrega de tarefas que seriam melhor administradas pela cliente (por exemplo, encontrar um lugar para a cliente viver). Essas tentativas de fazer o papel de Deus são destrutivas tanto para a cliente quanto para o terapeuta. Ensinam à cliente que ela não é capaz de agir por conta própria (uma mensagem que ela já aprendeu nas mãos de seus abusadores), e esmagam o terapeuta com o fardo de calçar um par de sapatos de tamanho infinito.

Se quisermos saber como evitar as consequências potencialmente destrutivas da terapia do trauma, precisamos ter clareza quanto ao que as clientes nos trazem. Se o trauma é contagioso e nós corremos o perigo de ser "capturados" por ele, temos que captar qual é sua natureza, a fim de podermos descobrir o antídoto apropriado.

Já afirmamos que, como cristãos em uma profissão de ajuda, entramos diária e intensamente em contato com o mal e o sofrimento. Acredito que, como conselheiros, muitas vezes nos tornamos cegos para o impacto desse mal e sofrimento ao nos referirmos ao que fazemos apenas em termos clínicos. É claro, sou plenamente a favor do uso de termos clínicos. Considero-os úteis para conceituar muitas coisas. Contudo, também penso que eles podem nos impedir de perceber verdadeiramente com o que estamos interagindo dia após dia, hora após hora, em nossos consultórios.

Pretendo arrolar para você algumas das coisas que o tocam diariamente quando você está envolvido em uma prática clínica de algum tipo. Você presencia ou interage com mentiras e enganos, imoralidade, ódio, violência, ciúme, explosões de raiva, feitiçaria, disputas, morte, ocultismo, sedução, dissensões, crueldade, maus-tratos, maldições, medo, fúria, amargura e opressão. Que cardápio arrasador!

Se olharmos honestamente para a lista, poderemos ver que estamos falando sobre um mal terrível e um sofrimento incrível. Para entender como isso poderia nos afetar quando estamos sentados tão perto disso, precisamos compreender sua natureza. Estou ciente de que foram escritas inúmeras obras sobre a natureza do mal e do sofrimento. Se formos sinceros, é provável que nenhum de nós esteja satisfeito com as explicações e a sabedoria das eras sobre essas áreas difíceis. Eu certamente não estou iludida o suficiente para pensar que vou resolver o enigma do sofrimento e do mal para você. Pretendo simplesmente realçar alguns pontos para termos uma ideia daquilo com o que estamos lidando e como isso nos pode afetar.

Estou ciente de que, embora sejamos cristãos, no campo de psicologia raramente falamos sobre o mal. Falamos de patologia, deficiência orgânica, abuso e comportamento anômalo. Todos esses conceitos são realidades, e temos que falar sobre eles; porém o mesmo vale para o mal. De fato, o mal constitui a realidade maior e mais poderosa.

Quando discutimos o processo do perdão no capítulo 15, mencionamos quatro características do pecado, as quais são todas relevantes para a presente discussão. Dissemos que o mal é contrário a Deus, contrário ao nosso bem, é um veneno que se espalha e uma ofensa contra o próprio Deus. Como terapeutas, você e eu encontramos o mal todos os dias em nossa vida, tanto dentro quanto fora de nossos consultórios. Atrás de nossas portas fechadas estamos sentados com a decadência e a morte. No nome de Jesus, por causa dele e por causa de seu povo optamos por nos relacionar com as consequências do mal na vida de outras pessoas.

Além disso, precisamos encarar o fato de que não apenas encontramos o mal na vida de outras pessoas, mas também em nosso próprio coração. Isso é consideravelmente pior do que a ideia do contágio. Já não é algo que podemos simplesmente "pegar" de outros. Precisamos lutar com o mal não apenas pessoalmente, mas descubro frequentemente que o meu mal me deixa cego para o seu, e o seu pode alimentar o meu. Se formos pessoas que amam Cristo de verdade e ansiarmos pela luz, então vivemos em um mundo perigoso e estamos engajados em uma profissão perigosa. Convivemos, sentamo-nos, caminhamos, ouvimos e lidamos com coisas que visam destruir a vida para a qual almejamos e para a qual fomos chamados.

Sofrimento

Muitas vezes parece que os conselheiros se sentem mais à vontade falando sobre o sofrimento do que sobre o mal. No entanto, embora falemos sobre o sofrimento mais facilmente do que outros, não tenho certeza se entendemos como o fato de entrarmos no sofrimento de outros, dia após dia, pode nos afetar. Nenhum de nós gosta de sofrer. A maioria de nós tem medo disso. Não desejamos que o sofrimento entre em nossa vida pessoal se pudermos evitá-lo. Ao mesmo tempo o sofrimento pode representar certo fascínio para nós. Frequentemente ele parece tão misterioso, tão inexplicável que somos arrastados por nossa infindável tentativa de compreender as coisas. Contudo, em termos filosóficos e práticos, para a maioria de nós o sofrimento continua sendo um problema terrível e essencialmente um mistério inexplicável.

Apesar de ser misterioso, podemos afirmar diversas coisas sobre o sofrimento:

1. O sofrimento raramente faz sentido.

Sabemos que o sofrimento é absurdo, é irracional. Trabalhamos arduamente para compreendê-lo. Escrevemos livros e damos palestras que tentam tornar plausível o sofrimento. Embora essas tentativas possam ser muito úteis para nós, muitas vezes penso que a capacidade de explicar o sofrimento é o indicador mais claro de nunca ter sofrido. Quem pode explicar racionalmente por que dois pais estão, pela terceira vez, sepultando um de seus filhos adolescentes? Como podemos entender a morte de uma mãe de trinta anos de idade? Quem de nós consegue encarar diretamente o Holocausto e explicá-lo adequadamente? Não faz sentido. Parece incompreensível.

2. O sofrimento raramente parece justo.

Quantas vezes você se deparou com o sofrimento em sua própria vida ou na de outra pessoa e pensou que era totalmente justo? Nós nos esforçamos para equilibrar isso. Os discípulos também o fizeram. Quando passaram por um homem cego de nascença, perguntaram a Jesus: *Mestre, quem pecou para que este homem nascesse cego?* (Jo 9.2). Explique para nós. Diga-nos que é justo por causa de algo que alguém fez. Jesus não ajudou muito nessa questão. Respondeu: *"Nem ele pecou, nem os pais dele..."* (v.3). Você raramente consegue avaliar. Não há explicação equilibrada para o estupro de uma menina de onze anos perpetrado por uma gangue. Não há justiça alguma no brutal abuso sexual cometido contra uma criança. Não é justo que o dirigente de um grupo de jovens envolva um menino em atividades sexuais. Não há justiça alguma no sofrimento de um bebê com AIDS. Você não consegue fazer com que o sofrimento seja legítimo.

3. O sofrimento, em si, não é bom.

É errado. Não foi planejado para que existisse. A morte não é algo bom; o abuso sexual não é bom; a violência não é boa. Às vezes, como cristãos, falamos como se pensássemos que é algo bom. Sentamo-nos diante de um sofrimento indescritível e pronunciamos displicentemente que *todas as coisas cooperam para o bem daqueles que amam a Deus* (Rm 8.28). Contudo, não entenda mal. Acredito nesse versículo de todo o coração. Mas não é um versículo superficial, e não declara que o sofrimento é bom. Não diz: "Não se preocupe com o que você está suportando; no final tudo ficará bem". Na realidade, afirma que Deus, a quem adoramos, é capaz de redimir da mais profunda agonia, do sofrimento mais hediondo, da dor indescritível, proporcionando o que dá vida a outros e traz glória a ele. Contudo não cometamos erros, pois transfigurar a agonia em redenção custou um preço inestimável a Jesus. Normalmente a morte não se transforma em vida neste mundo sombrio. A redenção de Deus concretizada na vida de um de seus filhos sempre é onerosa. A beleza da redenção em uma vida jamais chega facilmente. Toda vez que acontece podemos ter a certeza de que adentramos a esfera do sobrenatural.

Resumindo, você e eu, sendo nós mesmos pecadores, estamos diariamente sentados com essas coisas que constituem um ataque direto a Deus. Testemunhamos aquilo que é contrário a ele e ao nosso bem. Pelo fato de também sermos pecadores, o perigo de contágio aumenta exponencialmente. Penetramos em circunstâncias irracionais e injustas que atormentam e deformam pessoas que chegamos a conhecer e amar. Não podemos controlar, interromper, administrar ou consertar isso. O que acontecerá conosco se ficarmos em um lugar desses?

Resultados da exposição ao trauma

Obviamente muitas coisas podem resultar do fato de nos permitirmos ser vulneráveis ao mal e sofrimento na vida de outras pessoas. Essencialmente, podemos facilmente acabar na imagem de nossas clientes e não na imagem de nosso Deus. Ao que estamos expostos como criaturas, isso nos moldará.

Uma parte de sermos humanos é a capacidade de sermos afetados pelas pessoas e circunstâncias de nossa vida. Se ser humano significa ser maleável, capaz de ser afetado, então aquilo que permitimos que nos molde torna-se um item crucial de preocupação.

1. Somos vulneráveis ao estresse secundário.

Já observamos que a literatura indica que terapeutas de traumas frequentemente manifestam sintomas semelhantes aos de seus clientes. A pesquisa diz que se você ficar tempo suficiente junto do trauma, ficará traumatizado também. Com certeza, o trauma que experimentamos como terapeutas difere do trauma experimentado pela sobrevivente. No entanto, a seu modo específico, tanto o terapeuta quanto a sobrevivente podem ser profundamente afetados pela brutalidade e violência que encontram.

2. Somos vulneráveis a lutas espirituais.

Os terapeutas não apenas podem evidenciar sintomas de transtorno de estresse secundário, mas também podem espelhar a luta de suas clientes para sustentar simultaneamente a realidade do mal e do sofrimento e a verdade eterna de um Deus amoroso e soberano. Muitos de nós, clientes e terapeutas, respondemos a essa tensão tentando negar de alguma maneira a realidade do sofrimento ("Não pode ter sido tão ruim. Se fizer estas três coisas, você se sentirá melhor."), ou encarando a profundidade do mal e perdendo Deus de vista.

Todos nós conhecemos pessoas que lutam arduamente tentando minimizar o mal e o sofrimento e que despendem grande energia para fazer com que sua teologia os ajude. Sempre considerei isso surpreendente, uma vez que nossa fé está centrada naquele que chamamos de Servo Sofredor. Contudo, sei que as pessoas agem assim, porque frequentemente vejo as casualidades de tal pensamento em meu consultório.

Muitos de nós falhamos no outro extremo e perdemos de vista quem Deus é na verdade. Encarar o sofrimento e não diluí-lo, especialmente na vida de alguém que amamos, é debater-se com a tentação de difamar Deus. Não conseguimos ser confrontados com um bebê de usuária de crack, o estupro de uma menina pequena, a morte sem sentido de uma moça do último ano do colégio, as devastações do câncer, e com milhares de outras coisas sem fazer perguntas. Se você não fizer perguntas, duvido que realmente tenha entrado no sofrimento do outro. Porém, essas perguntas facilmente conduzem à indagação se Deus é ou não é bom, se ele é ou não é amor. E como fica fácil sugerir que ele não é! Deus está oculto. Parece ser endurecido e indiferente. Jesus nos disse quem ele era, mas tudo ao nosso redor parece gritar o contrário. Sentar-nos ao lado do sofrimento é ser companheiros dessas coisas que guerrearão contra o âmago da nossa fé.

3. Podemos sentir nossa voz silenciada.

Falamos anteriormente sobre três aspectos da imagem de Deus no ser humano: voz, relacionamento e poder. Quando analisamos a voz, observamos que fomos criados à imagem de um Deus que fala. Coisas que distorcem a voz de Deus (confundem ou escondem a verdade) resultam na destruição a pessoa. A opressão, crueldade, abuso sexual e trauma são capazes de silenciar não apenas a voz da cliente, mas também a do terapeuta.

Nossa voz pode ser calada quando os sentimentos ficam entorpecidos e fazemos um esforço para evitar certos pensamentos e atividades. A voz pode ser calada quando temos que carregar sozinhos material intenso e difícil por causa da necessidade do sigilo e da falta de alguém para avaliá-lo conosco. A voz pode ser silenciada por meio de pensamentos como: "De qualquer maneira ninguém acreditaria nisso". Podemos ficar calados diante da afirmação de outros, de que a natureza extrema da informação torna improvável que ela seja verdadeira ou faz com que seja algo que não a desejam ouvir de maneira alguma. A voz é silenciada porque, muitas vezes, não conseguimos achar palavras para comunicar os sentimentos e as perguntas que o material do trauma produz em nós. Como isso se assemelha a nossas clientes!

4. Podemos nos sentir isolados.

O trabalho de trauma, como o próprio trauma, isola. Dissemos que um segundo aspecto da imagem de Deus é o relacionamento. Um relacionamento como planejado por Deus consiste em incluir o conhecimento e o amor recíprocos. Sem dúvida, a experiência do abuso sexual esfacela o relacionamento. Também é verdade que testemunhar o trauma pode resultar em isolamento.

O isolamento acontece quando um terapeuta que experimenta o TETS manifesta uma diminuição de interesse em atividades normais ou começa a se separar de outras pessoas. O isolamento pode ocorrer quando alguém mostra uma linda menina de quatro anos e você se debate com a pergunta se deve ou não revelar que seu primeiro pensamento foi: "Pergunto-me quem está abusando dela". O isolamento ocorre quando você percebe que esteve chorando enquanto dormia e nem sequer sabe explicar por quê. O pessimismo crescente e uma sensação mais intensa de vulnerabilidade oneram os relacionamentos. O isolamento torna-se intenso quando, impelidos a ajudar mais uma pessoa, ficamos tão absortos pelo trabalho que chegamos a um ponto no qual não temos vida além da terapia. O isolamento espiritual em geral surge por causa de dúvidas e lutas não compartilhadas e dos grandes desafios à nossa fé. Como é fácil que o terapeuta seja feito à imagem da cliente!

5. *Podemos nos sentir impotentes.*

O terceiro aspecto da imagem de Deus no ser humano foi que Deus nos deu poder para exercer um impacto. Fomos projetados para ter influência, criar, governar. Não fomos feitos para ser pessoas invisíveis e desamparadas que não deixam marca alguma. Contudo, a terapia do trauma pode nos subjugar com sentimento de impotência. Na supervisão é comum ouvir falar de terríveis lutas contra sentimentos de incapacidade. As habilidades e o conhecimento do terapeuta se parecem com ferramentas do tamanho de uma colher ao enfrentar a perspectiva de esvaziar o oceano. O sentimento de impotência da cliente também é contagioso, e é fácil para o terapeuta tratá-la como se ela fosse completamente desamparada diante das crises ou da dor. O sentimento de impotência do terapeuta muitas vezes sobe às alturas quando o autoabuso repetitivo é um problema para a cliente. Como nossas clientes, vemos e experimentamos coisas terríveis e nos sentimos impotentes para impedi-las.

Resumo

Acredito que as experiências de traumatização vicária são inevitáveis no trabalho com sobreviventes adultas de abuso sexual. Também é verdade que, se as lutas do terapeuta prosseguem sem ser nomeadas e tratadas, pode haver resultados desastrosos na vida da cliente e do terapeuta. Porém, embora o impacto de um trabalho desses seja inevitável, experimentar consequências destrutivas não é.

Oswald Chambers afirmou: "As ovelhas são muitas e os pastores são poucos, porque a fadiga faz cambalear, as alturas são vertiginosas e as vistas são terríveis".[69] Aceitando que a traumatização vicária é inevitável e que Chambers descreve nosso trabalho com precisão, como sobreviveremos a tais condições? Não podemos conviver com o sofrimento e o mal na vida de outras pessoas sem sermos contaminados, a menos que descubramos maneiras de nos proteger. Não podemos entrar em assuntos como depressão, abuso sexual, raiva, morte, desespero, luto e terror sem nos precaver. Se não o fizermos, não apenas seremos moldados por tudo isso, mas nossas reações, por sua vez, moldarão os outros de modo distorcido. Estamos rodeados por, e carregamos dentro de nós, coisas que, por natureza, são mortíferas. A menos que estejamos em forma para lutar, seremos tragados por essa morte ou acabaremos fazendo de conta que ela não existe.

Que significa estar em forma para lutar? Quais são as estratégias que nos capacitarão para perseverar a longo prazo? A palavra *perseverar* significa ficar firme contra algo, sustentar sem reveses, suportar com paciência. Se quisermos nos sentar com os que sofrem, ouvir empaticamente o trauma que nossas clientes suportaram e persistir como pessoas por meio das quais flui a vida redentora de Cristo, então teremos que aprender a arte da perseverança.

---

69 Oswald Chambers. *Christian Disciplines*. (Grand Rapids: Discovery House, 1995): 30.

24

Estratégias que promovem a perseverança

No capítulo anterior declaramos que não conseguimos eliminar a traumatização vicária ou sintomas de estresse secundário quando trabalhamos com sobreviventes adultas de abuso sexual. Tendo isso em mente, consideraremos quatro áreas estratégicas ou quatro técnicas que considero cruciais para perseverarmos como terapeutas eficazes.

Conhecendo a nós mesmos

A primeira estratégia é algo vital para todos os terapeutas, independentemente do tipo de trabalho que exercem. É crucial que saibamos quem somos. Precisamos estar cientes de nossas forças e fraquezas, nossas limitações e recursos, onde houve mudanças e onde há necessidade de trabalho constante. Quando não temos consciência de nossos limites, físicos ou emocionais, corremos o risco de prejudicar a nós e a nossas clientes. Quando não compreendermos a força de nossa personalidade, podemos facilmente atropelar outros. Quando não temos consciência de como nos sentimos emocionalmente carentes em uma situação particular, podemos cair na armadilha de usar outros para nos preencher. Se tivermos medo da confrontação, evitaremos dizer a verdade quando isso for difícil. Se temermos enfrentar a verdade sobre nós próprios, seremos incapazes de aceitar reações de nossos clientes e acabaremos negando a realidade de nossas clientes da mesma maneira que seus abusadores fizeram (i. é, qualquer problema que houver entre nós é sua culpa). Não ter consciência de nossas próprias ansiedades interpessoais, raiva, falta de compromisso, confusão ou falta de compreensão constitui potencialmente uma arma letal.

Estabelecendo limites

Uma segunda estratégia para lidar com o trauma que nossas clientes nos trazem é estabelecer limites. Podemos fazer isso de várias maneiras e nossa necessidade desses limites pode variar com o passar do tempo. Uma maneira básica de delimitar nossa exposição ao material traumático é fixar parâmetros quanto ao número de sobreviventes que assumimos em nossa clientela. Dependendo de sua personalidade, experiência, circunstâncias pessoais e capacidades de enfrentamento, isso pode variar desde lidar com um ou dois casos até ter entre sua clientela mais de cinquenta por cento de vítimas de trauma. Do mesmo modo que nossas clientes somente conseguem lidar com material traumático em parcelas, assim acontece também conosco. É possível que nos consideremos capazes de tolerar proporções consideráveis durante muitos anos e depois constatar que precisamos diminuir a quantidade durante um tempo significativo. Obviamente a capacidade de tomar essas decisões está intimamente ligada ao nível de nossa autoconsciência.

Outras maneiras específicas de limitarmos a exposição ao material traumático incluem selecionar o que lemos, monitorar os tipos de filmes a que assistimos, manter com rédea curta nossas conversas para que comentários sobre nosso trabalho não penetrem em todas as demais áreas e limitar a quantidade de supervisão que prestamos a outros terapeutas de trauma. Recentemente tive uma supervisionada que disse, por iniciativa própria, que somente me traria detalhes gráficos dos casos dela se isso fosse necessário para a supervisão. Apreciei imensamente a sensibilidade dela.

Mantendo fortes laços profissionais

Uma terceira estratégia é manter laços profissionais fortes com outros terapeutas. Considero isso útil em quatro sentidos. Em primeiro lugar, existem épocas em que simplesmente é necessário aconselhar-se. O processo de aconselhar-se envolve contar a outro terapeuta algo do que acabamos de ouvir por ser grande demais para lidarmos com isso sozinhos. Aconselhar-se poderá reduzir o tamanho daquilo que parece ser uma tragédia avassaladora e evitar que nos sintamos perdidos.

Um segundo aspecto de contato profissional é o benefício da supervisão contínua. A supervisão proporciona ao terapeuta um lugar para processar sentimentos sobre o conteúdo de sessões, obter um retorno quanto ao trabalho e trazer uma sensação de conexão no que pode ser um trabalho de muito isolamento. A supervisão pode acontecer em um relacionamento pessoal ou em um grupo de terapeutas.

Em terceiro lugar, também é sábio encontrar maneiras de nos lembrarmos de que há outros aspectos de nossa identidade profissional além do trabalho de trauma. Isso se consegue, em parte, conduzindo outros trabalhos terapêuticos que não sejam terapia de trauma. Também é benéfico comparecer a conferências e palestras que discutem aspectos da terapia não centrados em material traumático.

O quarto aspecto dos laços profissionais implica em alargar nossa base de trabalho. Muitos terapeutas consideram útil e saudável contrabalançar o trabalho de terapia com o ensino, com exposições em seminários, escrevendo ou pesquisando. Isso nos pode conferir um senso de maior eficácia, porque nos vemos em condições de alcançar uma audiência mais ampla com nosso conhecimento e nossas capacidades. Igualmente equilibra o isolamento que sentimos muitas vezes quando trabalhamos com uma pessoa de cada vez atrás de portas fechadas. O trabalho que traz consigo a interação com o público igualmente resulta em retornos mais imediatos do que seria provável na terapia individual. Tudo isso colabora para nos manter alicerçados e nos faz lembrar que somos mais que terapeutas de trauma e que o campo no qual trabalhamos é rico em diversidade e contribuições.

Mantendo uma vida pessoal saudável

A estratégia final que foi útil e necessária para mim implica em descobrir modos para manter uma vida pessoal saudável. No livro *Trauma and the Therapist* (O trauma e o terapeuta), Laurie Pearlman e Karen Saakvitne afirmam: "Provavelmente a recomendação mais importante que fazemos a nossos colegas sobre sua vida pessoal é que tenham uma".[70] Prosseguem enfatizando a importância do lazer e descanso na vida do terapeuta.

É interessante notar que uma área problemática comum para muitos terapeutas de trauma é cuidar de seu corpo. A falta de cuidados físicos com o

---
70 Pearlman e Saaktvine, *Trauma and the Therapist:* 292.

nosso corpo é uma maneira muito elementar pela qual podemos nos tornar a imagem de nossos clientes. Frequentemente a vida de terapeutas fica reduzida a *fazer* terapia de trauma, *ler sobre* terapia de trauma e *pensar em* terapia de trauma. Não dão atenção a uma dieta apropriada, a descanso e a exercícios, e torna-se fácil ficar fisicamente esgotado.

Da falta de atenção ao nosso corpo há um passo muito curto até a falta de atenção aos nossos sentimentos. A experiência de entorpecimento e esgotamento pode facilmente conduzir a um abuso de drogas, álcool e/ou comida. Paramos de ouvir nosso corpo e nossas emoções. Arrastamo-nos mais um dia e acabamos vivendo em modo de sobrevivência. Quando isso acontece, somos reflexos de nossas clientes, em vez de exemplificar para elas o fato de que é possível optar por estar em forma, saudável e conectado com a vida.

Quando trabalhei com material de trauma durante anos, constatei que era necessário buscar ativamente aquelas coisas que, a meu ver, são antídotos para o mal e o sofrimento que ouço todos os dias. Como minhas clientes, preciso de meios de me manter alicerçada, a fim de não me perder no material traumático. Faço isso de várias maneiras, desde passatempos até o envolvimento na vida do meu marido e dos meus filhos. Descobri que três atividades específicas e facilmente praticáveis são continuamente fortalecedoras. Depois de prestar atenção ao mal e ao trauma durante horas é maravilhosamente benéfica uma caminhada pelas montanhas ou ao longo de um riacho. O silêncio e a beleza são indicadores diretos para a beleza de Deus, meu Salvador. Depois que as clientes expeliram o caos, passado e atual, em meu consultório, ouvir música de Bach e Mozart me lembra a ordem e a harmonia. Quando sentimentos de desconexão e isolamento se instalam, as risadas e as orações de amigos e colegas muitas vezes me cercam e me confortam. Essas são coisas que me sustentam e me permitem perseverar e manter o prazer de viver.

Não basta assumir um compromisso profissional com o trabalho da terapia de trauma. Se nosso compromisso não se estender igualmente à nossa própria pessoa, nossa eficácia terá vida curta, aumentará nosso potencial de prejudicar os que buscam nossa ajuda e nossa capacidade de perseverar irá se desvanecer. Não posso enfatizar o suficiente as riquezas que obtive do trabalho com sobreviventes. Fui desafiada pela coragem e perseverança delas. Caminhar com elas requer o mesmo de mim. Eu as desonro quando deixo de preservar minha pessoa de maneira que possamos continuar juntas até o fim.

25

A vida espiritual do terapeuta

Constatei que as estratégias arroladas no capítulo anterior são vitais para meu trabalho como terapeuta de trauma. Contudo, elas sozinhas não são suficientes. Essas estratégias propiciam vida, sim, mas, no final das contas, propiciam vida apenas como auxiliares. Elas secariam rapidamente se não fosse pelo próprio Doador da Vida.

Ser cristã neste mundo é conviver com morte e trevas. Trabalhar com clientes traumatizadas significa deparar-se intensamente com morte e escuridão. Dissemos que esse trabalho exercerá um impacto sobre nós. Posso afirmar pessoalmente que fui mudada para sempre. Igualmente posso dizer que comecei a captar algumas verdades maravilhosas. Jesus disse em Mateus 10.27: *"O que lhes digo às escuras, repitam a plena luz; e o que é dito para vocês ao pé do ouvido, proclamem dos telhados"*. Ao longo dos anos comecei a aprender algumas coisas daquele que trouxe luz e vida a este mundo. Gostaria de passar a você o que Deus sussurrou em meu ouvido durante o percurso de meu trabalho.

Em Isaías 45.3 Deus anuncia: *Darei a você os tesouros escondidos* [nas trevas] *e as riquezas encobertas, para que você saiba que eu sou o* SENHOR, *o Deus de Israel, que o chama pelo seu nome.* Este livro não estaria completo se eu não tentasse articular para você alguns dos tesouros e a riqueza oculta que encontrei na escuridão.

Afirmamos anteriormente que, no final das contas, a terapia precisa ser de encarnação e redenção. Pela encarnação Jesus entrou neste mundo para explicar o Pai a nós. Como Jesus, somos chamados a demonstrar em realidades de carne e sangue a natureza do próprio Deus. Nossa vida deve ser uma epístola viva que explica quem é Deus aos que nos leem. Os que estão sentados diante de nós em nosso consultório ou que moram conosco em nossa casa devem poder dizer: "Agora entendo melhor quem é Deus por causa do modo como você viveu diante de mim".

Também dissemos que Jesus se encarnou com a finalidade de realizar a redenção. Ele veio comprar de volta o que foi perdido, fazer novas todas as coisas, pôr em liberdade os cativos. Somente uma vida que manifesta a natureza de Deus pode ser redentora. Se quisermos que o trabalho que realizamos seja restabelecido e renovado, então nós mesmos devemos encarnar quem Deus é.

Finalmente, afirmamos que, desde o início, a vida gera sua própria semelhança. Como seres humanos, somos capazes de moldar e ser moldados. Reproduzimo-nos de acordo com nossa própria espécie, geneticamente e de muitas outras maneiras. Observamos no capítulo 23 que é muito fácil um terapeuta de trauma tornar-se a imagem de suas clientes. Se você e eu nos sentarmos tempo suficiente com críticas, podemos facilmente nos tornarmos críticos também. Se nos sentarmos tempo suficiente o trauma, também começamos a parecer traumatizados.

Se você e eu tivermos o desejo de explicar o Pai a outros e servir como instrumento da redenção da vida deles, então, claramente, precisaremos encontrar uma maneira de parecer como Jesus, em vez de sermos moldados pelas muitas outras forças que nos cercam. Com certeza não possuo a resposta final quanto ao que significa parecer-se com Jesus neste mundo. O que posso fazer é expor diante de você os tesouros que recolhi – tesouros que espero estejam começando a me moldar.

Antes e acima de tudo há um princípio fundamental do qual se deriva todo o restante. Se olharmos para a vida de Jesus, veremos que a encarnação levou à redenção por meio da Cruz. Se o Filho perfeito de Deus teve que trilhar esse caminho, é improvável que você e eu sejamos dispensados. O caminho da Cruz envolve muitas coisas: a Cruz nos mostra a verdade sobre o que Deus pensa. A Cruz nos ensina que este mundo e nós, que habitamos nele, somos tão horrivelmente sombrios e maus que somente a morte do próprio Cristo pôde reparar isso. A Cruz também demonstra ao que é indigno do amor uma profundidade de amor que transcende totalmente nosso entendimento. É uma mostra surpreendente do coração de Deus. Na Cruz temos um símbolo eterno do ponto de vista de Deus. Aprendi a reconhecer que a única maneira pela qual consigo ter esperança de me parecer com Jesus e trazer vida para outros é por meio da Cruz. Se eu não seguir o caminho da Cruz e não levar à morte em mim as coisas que não são de Deus, então elas levarão à morte as coisas que são de Deus, em mim e naqueles cujas vidas eu tocar.

Disciplinas espirituais

Deus usa cinco ferramentas para criar sua vida em mim e em outros. Vou me referir a elas como disciplinas. Optei por essa palavra porque sou uma discípula em fase de treinamento. Esses são simplesmente os métodos de instrução que Deus está usando.

A disciplina da adoração

Deus começou a me ensinar sobre adoração quando cheguei a uma encruzilhada crítica com uma cliente e simplesmente não sabia o que fazer. Naquela época minha tendência era ir para Deus e perguntar-lhe: "Que devo fazer?" Não sei como é com você, mas quando eu vou até Deus com uma pergunta, fico frequentemente surpresa com a resposta dele.

Naquela ocasião eu sentia uma grande necessidade de resposta e esperei ardentemente por uma. Eu tinha que saber o que fazer e o que dizer. Até mesmo ouvir a resposta de Deus naquele momento demandou uma mudança radical para mim. Eu pensava que era necessário agir imediatamente. A resposta inicial de Deus foi um silêncio muito "eloquente". Normalmente, minha reação ao silêncio é entrar e tentar descobrir por mim mesma. Como terapeuta jovem, respondi muitas vezes ao silêncio de minhas clientes enchendo-as de palavras. Era sempre errado agir assim. Como eu estava disposta a aprender, embora fosse um pouco lenta espiritualmente, me ocorreu que, se era errado preencher esses silêncios entre pessoas com palavras ou ações, então talvez a mesma coisa pudesse ser verdade em meu relacionamento com Deus.

Quando esperei, a resposta veio. Não era uma resposta que dizia: "Faça isso ou aquilo". Foi uma resposta que me pegou de surpresa. Pude perceber que os cristãos vivem sua vida no contexto da batalha mais importante do tempo e da eternidade. É uma batalha contra um maquinador implacável, enganador e brilhante com grandes poderes que não conseguimos ver. Em tal contexto, toda fibra do nosso ser requer ação. E ainda nesse contexto a resposta que obtive foi: "Adore a mim. Você quer ser mais esperta do que esse maquinador? Quer vencer essa batalha? Quer que aquilo que você faz seja imortal e redentor? Quer deixar um rastro do aroma de Jesus? Então me adore".

Seguir verdadeiramente o caminho da Cruz é prostrar-se e adorar. Que outra resposta viável existe diante da visão do grande Deus do Universo que se inclina para carregar o nosso pecado? É muito fácil, quando trabalhamos com pessoas feridas, pensarmos que falar a verdade de Deus possui importância primordial ou que amar o povo de Deus é o principal. Mas o mais importante, a fonte da qual brota tudo o mais, é o relacionamento pessoal de adoração a Deus. Nada – nenhuma crise, nenhuma necessidade, nenhum trabalho, nenhuma pessoa jamais poderá nos impedir de ser o que Amy Carmichael chama de "adoradores aos pés da Cruz".

A disciplina da adoração me lembra que Deus é Deus. A disciplina da adoração é o que me impede de ser moldada pelo mal e pelo sofrimento que encontro diariamente. Quem ou o que adoramos nos molda de maneira profunda. Ninguém merece nossa adoração exceto o Cordeiro que foi imolado. A disciplina da adoração me lembra que, embora este mundo esteja repleto do mal e de injustiças, Deus é santo e justo. A adoração me lembra de que ele, que é sublime e elevado, também habita com o humilde e quebrado, e que, por causa da Cruz, nenhum de nós, independentemente de quanto somos pequenos ou esmagados, precisa ter medo.

A disciplina da verdade

Há muitos anos, quando comecei a ouvir falar sobre abuso sexual por parte de minhas clientes, fiquei chocada e o considerei incompreensível – não inacreditável, mas simplesmente difícil de entender. Quando fui convidada a falar sobre o tópico do abuso, fiz o que faço com frequência – comecei meu estudo analisando o termo *abuso*. A palavra abuso vem do latim *abutor*, que significa "usar de maneira errada". As definições complementares incluem "insultar, consumir, violentar, espezinhar, macular".

Percebi que se o abuso acontece quando tratamos outros de maneira prejudicial, então tenho que admitir ser uma abusadora. Usei outros de maneira errada. Demonstrei parcialidade ou favoritismo. Tentei manipular outros para servirem a meus próprios objetivos. Espezinhei outros ignorando-os ou tratando-os como se eles não importassem.

A disciplina da verdade vista na Cruz diz que sou culpada de abuso. Eu, que reajo chocada, surpresa e com desdém pelo perpetrador, também abuso de outras pessoas ou as violento. Eu, que considero incompreensível o abuso de crianças com os órgãos genitais de alguém, abusei de outros com minha língua. O chão ao pé da Cruz com certeza está nivelado. A disciplina da verdade me ajuda a ver quem eu sou perante Deus para que não fique arrogante e obcecada por meus próprios maus-tratos cometidos contra outros. A disciplina da verdade evita que eu fique cheia de ódio ou condescendência para com perpetradores, a fim de que uma raiva arrogante não me leve a desencaminhar outros no modo com que enfrentam o mal. A disciplina da verdade sempre me mantém diante de Deus, pleiteando com o salmista: *Também da soberba guarda o teu servo, que ela não me domine* (Sl 19.13).

A disciplina do estudo

Deus declarou que os pensamentos dele e os meus não são iguais (Is 55.8s). Descobri que meus pensamentos são facilmente influenciados pelas pessoas e experiências com que me deparo. Se devo ter os pensamentos de Deus, preciso me engajar em um estudo disciplinado. Fracassarei em trazer luz e vida a outros, a menos que eu viva e reflita em meio aos fatos da maneira como Deus os vê.

Dois tipos de estudo precisam instruir minha vida e meu trabalho. O primeiro deles é o estudo da Bíblia. Todas as coisas com que eu estiver lidando na minha própria vida ou na de outra pessoa devem ser edificadas sobre e permeadas pelas verdades das Escrituras. Minha vida e minha mente precisam estar saturadas dos fatos do livro de Deus, vivendo no meio deles e rogando continuamente a Deus sobre como aplicá-los. Quando Jesus nos deu o primeiro e maior mandamento, disse que deveríamos amar Deus (adoração) com toda a nossa mente. Existe hoje muita discussão sobre o fato de que o pensamento cristão é uma coisa rara e difícil. Se uma parte do que a Cruz ensina for o ponto de vista de Deus, então uma parte de seu chamado a mim será obter a mente de Cristo, aprender a ter os pensamentos de Deus. A disciplina do estudo treinará minha mente a ver as coisas na ótica de Deus em vez de na minha própria. Quando me curvo diante disso, a disciplina de estudo concretizará as verdades de Deus em minha vida de maneira que não apenas *sei*, mas *vivo* o que ele diz. Enganamo-nos a nós mesmos quando pensamos que já estudamos a Palavra, quando somente a lemos e não lhe obedecemos. Ainda não estudamos realmente uma verdade da Bíblia que tivermos lido e não obedecido.

O segundo tipo de estudo que precisa instruir minha vida e meu trabalho é o estudo das pessoas. Se eu não for uma estudante de pessoas (não simplesmente de teorias), terei pouca utilidade quando chegar a hora de aplicar habilmente a verdade de Deus à vida delas. Na condição de terapeuta, Deus me coloca em contato com todo tipo de "material" humano sórdido. Se eu presumir, com arrogância, que sei como outras pessoas são, é muito provável que as entenda mal e também aplique ineptamente a Palavra de Deus à vida delas. O estudo dos seres humanos pode nos confundir e conturbar. Muitos de nós preferem estudar as teorias, teológicas e/ou psicológicas. Não estou propondo que as teorias não sejam úteis. Estou dizendo que, a menos que nos disciplinemos para viver entre os fatos de Palavra de Deus, bem como entre os fatos humanos, erraremos o alvo do nosso trabalho.

A disciplina de estudar me mantém sempre como uma estudante, alguém que ouve, examina e presta atenção. O estudo de Palavra de Deus em seu sentido correto me impede de adquirir cada vez mais apenas conhecimento, levando-me continuamente a reverenciar o que estou aprendendo para que meu Professor possa executar em mim o que me ensinaram a vida e morte dele. O estudo contínuo de seres humanos me mantém em uma escuta intensa, de maneira que minhas respostas – verbais e não verbais – possam ser sábias, amáveis e aplicações oportunas da verdade de Deus.

A disciplina da oração

Não parece que a oração seja algo que fazemos natural ou facilmente. É uma disciplina da qual Jesus foi nosso exemplo e a qual nos exortou a cumprir. Jesus estava constantemente em contato com Deus pela oração e somos chamados a fazer o mesmo. Com o transcurso dos anos, passei a ver a oração de modo bastante diferente do que fazia. Eu pensava na oração como um modo de obter coisas de Deus. No entanto, quando analiso a oração olhando para a Cruz, percebo que minha visão anterior é retrógrada. O propósito da oração não é que Deus favoreça minhas tendências espirituais, como se, de algum modo, eu precisasse de coisas para trilhar meu caminho de servir-lhe. Pelo contrário, o propósito da oração é que eu conheça Deus e lhe permita desenvolver sua vida em mim.

A oração de Jesus pouco antes da crucificação foi que *"todos sejam um. E como tu, ó Pai, estás em mim e eu em ti, também eles estejam em nós, para que o mundo creia que tu me enviaste"* (Jo 17.21). Seguramente essa oração, mais do que todas as demais, é a que Deus há de honrar. Ser um com ele significa pensar como ele, ser como ele, parecer-se com ele. Sendo essa oração de Jesus por mim, como, então, posso orar por algo diferente?

Acho que minhas orações tendem a percorrer dois canais diferentes. O primeiro é que estou constantemente pedindo que Deus me ensine como pensar algo do modo como ele pensa, amar alguém da maneira pela qual ele ama. Na essência, independentemente do que encontro, no consultório e fora, o pedido é: "Mostra-me como tu serias e, então, torna-me igual a ti". Por causa da obra de Jesus na Cruz, posso entrar audaciosamente na presença de Deus e lhe pedir que me faça igual a si próprio, de forma que seu nome seja glorificado onde quer que ele me coloque.

Como segundo ponto, em vez de simplesmente orar pelo que eu desejo, estou aprendendo que a terapia e o ministério de intercessão andam de mãos dadas. É verdade que, como conselheiros, exercemos um impacto profundo naqueles a quem aconselhamos. Também é verdade que nós, seres humanos, somos muito limitados no que somos capazes de fazer. Por isso, a oração não apenas me capacita a apreender a natureza de Deus e a começar a assimilar o pensamento dele, mas também me proporciona o privilégio inestimável de ser parte da obra invisível de Deus na vida de outra pessoa. Quando intercedemos, Deus realiza coisas que ele, muitas vezes, decide não nos mostrar durante um tempo muito longo. Ingressar na escola da intercessão significa aprender a crer que Deus fará a obra dele, embora não vejamos evidência alguma dela na vida esfacelada à nossa frente. É uma escola exigente. Nós preferiríamos muito mais pressionar e puxar as vidas diante de nós a fim de mudá-las, do que viver Cristo diante delas e esperar que ele usasse nossa intercessão como um meio de tocá-las.

A disciplina da obediência

Com certeza o conceito de obediência permeia tudo o que mencionamos acima. No entanto, encontro dentro de mim uma tendência para simplesmente expressar as verdades de Deus. Com isso refiro-me a adquirir conhecimento sobre Deus e sua Palavra, e até exercitar as disciplinas que mencionei, sem ser moldada e alterada por elas. Por essa razão considero útil lembrar a mim mesma da necessidade de obedecer ou de concretizar o que Deus fez na Cruz.

Não podemos ser transmissores da vida de Deus a menos que a vida dele permeie nosso ser. Somente pela obra do Espírito de Deus a morte é transformada em vida. Se as disciplinas da adoração, verdade, estudo e oração não resultarem em obediência, reinará a morte. Não seremos redentores na vida de outras pessoas, a menos que aprendamos a nos curvar perante a obra redentora de Deus em nós. A obediência redunda em vidas que explicam a outros a graça e a verdade do Pai. A obediência resulta em vidas que são usadas para resgatar outros do reino da morte em nome de Jesus.

Como terapeutas que viram o poder e as trevas ao redor e que viram e sentiram o enorme sofrimento de outras pessoas, nosso desejo é proporcionar vida. Como cristãos que tiveram vislumbres da magnitude de nosso Deus, que provaram do amor do Pai e experimentaram a beleza da redenção em Cristo, como podemos deixar de obedecer? A disciplina da obediência significa que nossa fidelidade a ele é demonstrada quando temos cuidado tanto por nós mesmos quanto por nossa doutrina (1Tm 4.6), de modo que apresentamos uma semelhança sempre crescente com a pessoa de Jesus.

Resumo

Tanto a pesquisa quanto a experiência atestam o fato de que, se não estivermos em uma condição saudável e vigorosa, seremos acometidos da doença da alma com a qual estamos trabalhando, em vez de ajudar a curá-la. Como terapeutas de pessoas devastadas pela maldade de terceiros, não sobreviveremos a menos que saibamos nos tornar como os cedros do Líbano. Sua característica mais notável é que, em vez de alimentar parasitas, a força da vida dentro dessas árvores mata os parasitas. Que Deus nos ensine a sermos tão plenos da vida dele que, como os cedros do Líbano, nossa simples existência destrua as coisas que são da natureza da morte. Que nosso trabalho nos lugares sombrios e dolorosos da vida de outros seja uma obra redentora porque a vida dele está sendo derramada constantemente por nosso intermédio.

SEÇÃO VII

PERFIL DE UMA IGREJA COMPASSIVA

26

A comunidade da igreja

Durante a última década o fato de que o abuso sexual acontece em lares cristãos veio à tona na igreja. É um problema que muitos negaram durante longo tempo e que até mesmo agora é calorosamente debatido quanto à ocorrência, à frequência e ao que cabe fazer em relação a ele quando aflora. Isso é particularmente verdade quando um membro ou líder da igreja é acusado de abusar sexualmente de alguém em sua própria casa ou na congregação, ou quando um adulto começa o doloroso processo de encarar seu próprio abuso sofrido na infância. Sabe-se que algumas igrejas culpam as vítimas, excluem-nas ou simplesmente as ignoram até que estejam "bem melhor". Ao mesmo tempo algumas comunidades eclesiais ou indivíduos se colocam ao lado e caminham com sobreviventes quando estão tentando encontrar cura para a violência e injustiça cometidas contra eles.

Durante meus anos de trabalho com sobreviventes, vi todas essas reações e mais. Presenciei muitos homens e mulheres profundamente feridos pela comunidade da igreja em um momento extremamente vulnerável. Alguns foram silenciados, negligenciados, criticados e abandonados. Outros foram apenas "gentilmente" ignorados. Também tive o grande privilégio de observar homens e mulheres que amam Deus fazendo um sacrifício de tempo e dinheiro para andar com compaixão ao lado de sobreviventes durante os dias mais sombrios de sua vida. Propiciaram um porto seguro a homens e mulheres que estavam sofrendo tormentos, bem como um belo exemplo de família como Deus a planejou. Fui abençoada pelo apoio deles. Em consonância com a maravilha de seus caminhos, Deus igualmente abençoou de modos indescritíveis essas pessoas compassivas.

Enquanto as igrejas começaram a enfrentar o problema do abuso sexual e todas as suas ramificações, o aconselhamento cristão veio a tornar-se um movimento crescente neste país e, igualmente, um tópico ardentemente debatido. Há discussões sobre a suficiência das Escrituras, os males da psicologia secular, a revelação geral e se há ou não qualquer coisa "cristã" no aconselhamento cristão. Infelizmente algumas das críticas eram justificadas. Algumas, com certeza, não. Porém, o ponto que nos interessa aqui é que, muitas vezes, houve um grande abismo entre o mundo de conselheiros cristãos e a comunidade da igreja. Acredito que tal divisão tenha permitido que muitas pessoas sofredoras caíssem no esquecimento ou fossem machucadas ainda mais. Francamente, lamento essa divisão. Quanto melhor seria para o corpo de Cristo se ambas as partes trabalhassem juntas, contribuindo com seus diferentes dons e habilidades para ajudar os que sofrem!

Uma razão pela qual fomos vulneráveis a tal divisão é que os seres humanos, de fato, caem em uma categoria bastante singular: são seres físicos e espirituais. Como resultado, algumas pessoas ignoram o aspecto espiritual e estudam os humanos somente como seres físicos redutíveis a categorias e explicações científicas. Outros ignoram o aspecto físico e tratam os humanos apenas como seres espirituais, alguns deles até mesmo avançam a ponto de desconsiderar qualquer necessidade de tratamento médico. Desconfio que a maioria de nós se encaixa em algum ponto intermediário. O problema surge quando decidimos que nosso lugar específico na gama de posições é a única atitude bíblica. Em vez de estabelecer essas dicotomias, seria melhor chamar o corpo *todo* para uma obediência radical que resultará em uma vida consagrada, em um pensamento santificado e em um amor sacrifical que produzirá uma comunidade terapêutica para todos. Tal chamado nos capacitaria a trazer nossos entendimentos teológicos, psicológicos e científicos perante Deus, pedindo-lhe para nos ajudar a pensar seus pensamentos sobre as criaturas que foram feitas "de um modo terrível e tão maravilhoso".

Tenho esperança de que um fruto deste capítulo seja um desafio claro ao corpo inteiro, tanto aos conselheiros quanto à comunidade da igreja, a unirem corações e mãos para servir às pessoas que sofreram além do compreensível. Que prova melhor haveria do poder redentor de Cristo e que exemplo melhor haveria de como deveria funcionar o corpo da igreja de Deus!

Antes de fornecer à comunidade de igreja algumas sugestões concretas referentes a uma resposta efetiva para sobreviventes de abuso sexual, penso que precisamos, primeiramente, de um entendimento de como foi previsto que a igreja funcionasse. Se não captarmos pelo menos basicamente o chamado de Deus para a igreja, cometeremos muitos erros no modo como respondemos aos que sofrem. Um fundamento sólido ajudará a nos mantermos longe de alguns erros comuns.

A igreja como um corpo

Porque, assim como o corpo é um e tem muitos membros, e todos os membros, mesmo sendo muitos, constituem um só corpo [...] os membros do corpo que parecem ser mais fracos são necessários, e os que nos parecem menos dignos no corpo, a estes damos muito maior honra. Também os que em nós não são decorosos revestimos de especial honra [...] para que não haja divisão no corpo, mas para que os membros cooperem, com igual cuidado, em favor uns dos outros. De maneira que, se um membro sofre, todos sofrem com ele; e, se um deles é honrado, todos os outros se alegram com ele (1Co 12.12,22s,25s).

De acordo com essa passagem das Escrituras, todos nós que conhecemos Cristo estamos interligados de uma maneira muito vital. Não apenas cada parte afeta as demais, mas também devemos funcionar demonstrando uma preocupação conjunta uns pelos outros. Ninguém deve ser ignorado ou negligenciado e, na realidade, os membros que parecem ser mais fracos são as partes que devemos revestir com honra especial. Como isso difere de nós, que caracteristicamente afastaríamos ou esconderíamos os mais fracos entre nós! Como isso se iguala a Cristo, que sempre inverteu a ordem natural das coisas e fez com que o último se tornasse o primeiro!

Paulo também está nos dizendo que, quando um membro do corpo sofre de alguma maneira, os outros membros também sofrem. Se é assim, então ser parte do corpo é ingressar em um relacionamento dispendioso. É um relacionamento que trará sobre nós o sofrimento de outros. Em geral, trabalhamos para evitar o sofrimento, mas entrar na comunidade de igreja é inclinar-se para carregar o peso dos fardos de outros. É permitir que entre em nossa vida um sofrimento diferente do nosso próprio. Um conceito desses é contrário à natureza humana. Claramente, tal comunidade é uma obra sobrenatural!

Se aceitarmos essa passagem bíblica como verdade, acredito que poderemos concluir o seguinte:

1. *Independentemente de que mal um membro do corpo tenha sofrido – se eu entendi, temi ou me senti desconfortável com ele – Deus me chamou para ter a mesma preocupação por essa pessoa que eu teria por mim.*

Pense como costumeiramente reagimos à dor em nossa própria vida. Quando algo nos fere (até mesmo algo tão pequeno como um minúsculo corte), concentramos nisso o cuidado e a atenção. Isso dá a entender que uma boa porção de tempo, esforço e interesse será dedicada a membros que sofrem.

2. *Os membros do corpo que consideramos mais fracos, menos merecedores de honra ou desprezíveis são precisamente os que devemos cercar de maior honra e mais atenção.*

Isso significa que, quanto maior a dor, quanto maior a destruição, quanto mais esfacelada uma vida seja pela enfermidade ou pelo trauma – tanto maior o cuidado e apoio que devem resultar.

3. *Quando qualquer membro do corpo sofre, eu sofro.*

Isso possui um tremendo potencial de impacto para a igreja, tanto interdenominacional quanto internacionalmente, mas para nossos propósitos analisaremos a implicação para um corpo local. A passagem de 1 Coríntios não parece afirmar que somente sofrerei quando estiver consciente de que você está sofrendo. Parece sugerir que eu sofro em decorrência do sofrimento na sua vida, independentemente de eu saber ou não a respeito. Sofrer com outra pessoa à maneira de Deus será redentor para ambas as partes porque é da natureza de Deus trazer luz e vida. Penso que também podemos dizer que ignorar o caminho de Deus é corroer ou pisotear o corpo, é trazer morte.

Essa conexão vital no corpo eclesial é um mistério muito além da nossa compreensão. Contudo, para lhe sermos obedientes não precisamos entender integralmente como ele funciona. Fazer de conta que podemos ignorar o sofrimento de outros e deixar de tratar o fraco com honra sem um custo tremendo é negar a verdade de Palavra de Deus.

A igreja como um santuário

No Antigo Testamento, os israelitas, nação eleita de Deus, receberam regulamentos tanto para a adoração quanto para um santuário terrestre. Deus instruiu Moisés para lhe fazerem *um santuário, para que eu possa habitar no meio deles* (Êx 25.8). Desde a vinda de Cristo temos agora um tabernáculo ou santuário vivo, porque Deus habita dentro do seu povo, individual e coletivamente. De maneiras distintas, tanto o velho quanto o novo santuário foram locais da habitação de Deus. A Bíblia é clara quanto ao fato de que o lugar em que Deus habita deve ser um lugar santo, como também um lugar de refúgio para o pobre e o oprimido da Terra. O salmista diz:

> SENHOR, *quem habitará no teu tabernáculo? Quem poderá morar no teu santo monte? Aquele que vive com integridade, que pratica a justiça, e, de coração, fala a verdade* [...] *não faz mal ao próximo* [...] [que] *tem por desprezível ao que merece reprovação* (Sl 15.1-4).

O santuário de Deus deve ser um lugar sagrado que propicia um refúgio diante do mal. Seguramente o que caracterizava o santuário feito por mãos deve ser manifesto no tabernáculo feito por Deus, o corpo de sua igreja.

Infelizmente, em vez de manifestar santidade e segurança, o lugar em que habita Deus algumas vezes espelhou o horror que encontramos na tribo de Benjamim. Em Deuteronômio 33.12 Moisés pronuncia a seguinte bênção sobre a tribo de Benjamim antes de morrer: *O amado do* SENHOR *habitará seguro com ele; todo o dia o* SENHOR *o protegerá, e ele descansará nos seus braços.* Poderíamos imaginar que um grupo de pessoas tão seguras e protegidas pelo próprio Senhor Deus oferecerá o mesmo refúgio e segurança aos que entrarem em suas fronteiras. Em vez disso, encontramos em Juízes 19 a terrível história do estupro e assassinato da concubina do levita.

Em Juízes nos é dito que essa concubina era particularmente infiel ao homem a quem estava legalmente ligada. Em sua raiva ela o abandonou e retornou à casa do pai. Depois de quatro meses ele a foi buscar. Após vários dias, o levita finalmente liberou a si e sua concubina e começou a viagem para casa. Era perigoso dormir na zona rural desprotegida, e o levita optou por ficar em Gibeá, onde viviam os benjamitas.

Embora a lei da hospitalidade fosse forte no Oriente Médio, demorou um pouco até que lhes fosse dado abrigo. Finalmente um senhor os alojou. Mais tarde vieram alguns homens maus da cidade, batendo na porta e exigindo fazer sexo com o levita. O dono da casa sentiu que isso lhe traria desgraça, porque o levita era seu hóspede. Em troca o dono ofereceu sua própria filha virgem e a concubina do levita. Os homens não atenderam, de modo que finalmente a concubina foi entregue a eles pelo próprio levita, e eles a estupraram e abusaram dela a noite toda. Ao raiar do dia quando a deixaram sair, ela se arrastou de volta para a casa em que estava seu amo e sucumbiu diante da porta, com as mãos sobre o limiar. A reação do amo ao encontrá-la ali foi dizer-lhe que se levantasse para que pudessem ir para casa. Não houve resposta. Estava morta. Ele a colocou sobre o burro, levou o corpo dela para casa, cortou-o em doze pedaços e os enviou a todos os distritos de Israel.

Poderíamos analisar diversos aspectos dessa narrativa: o fato de que o levita foi tão culpado da morte da concubina como os homens que a mataram; o fato de que, quando relatou a história aos israelitas, ele mentiu e disse que os benjamitas queriam matá-lo em vez de estuprá-lo; o fato de que nosso choque diante de histórias de abuso sexual é surpreendente em vista da maneira direta com que as Escrituras se referem aos horrores que os humanos cometem. Contudo, meu objetivo é que notemos dois pontos em relação a um entendimento da igreja como santuário.

Primeiro, dentro das fronteiras de uma tribo que devia compreender e experimentar o descanso e a segurança do próprio Deus, uma mulher foi brutalmente abusada. Ela morreu fora da porta com as mãos cruzando o limiar. Que cena! Quantas vezes nós, cristãos que conhecemos e experimentamos o descanso e a segurança de Deus em Cristo, permitimos que a pessoa vulnerável e abusada entre nós "morresse" fora da porta! Quantas esposas maltratadas foram "dispensadas" e voltaram a seu abusador? Quantas sobreviventes de abuso sexual foram "largadas" fora do santuário, ouvindo que deveriam levar sua luta para outro lugar, simplesmente "deixar pra lá" e, de fato, "se levantar e ir para casa"? Como ela deve ter se sentido ao ser entregue a um grupo de homens desvairados e estranhos e ser estuprada por todos durante toda a noite? Seus ferimentos e escoriações devem ter sido claramente visíveis. Como alguém poderia olhar para esses ferimentos e simplesmente dizer: "Levante-te; vamos embora"?

Se os benjamitas tivessem refletido o Deus que os havia abençoado com segurança, proteção e abrigo entre seus braços, essa mulher teria encontrado segurança e conforto como jamais havia experimentado. Ela, que era mais fraca e menos honrada, teria sido protegida da destruição e do mal. Os benjamitas perderam uma oportunidade fenomenal para dar a outra pessoa um sabor do Deus que é nosso refúgio! Que nós, que carregamos o nome de Cristo, jamais sejamos culpados de ter perdido uma oportunidade dessas!

Em segundo lugar, quando o restante de Israel soube da devastação que havia ocorrido, ficaram chocados, e todos se reuniram diante do Senhor em Mispa. Lemos que *os chefes de todo o povo e todas as tribos de Israel se apresentaram na congregação do povo de Deus* (Jz 20.2). Depois de ouvir a história do levita, uniram-se unânimes contra os benjamitas. Primeiro solicitaram aos benjamitas que entregassem os homens que tinham cometido o abuso. Eles não deram ouvidos e, em vez disso, optaram por protegê-los, demonstrando uma lealdade imprópria para com os abusadores em Gibeá. Optaram por lutar em defesa dos homens maus contra seus próprios *irmãos, os filhos de Israel* (Jz 2.13). Como resultado, Israel se dirigiu a Deus em Betel, a casa de Deus, perguntando-lhe o que deveria fazer. Deus os instruiu a ir contra os benjamitas.

Penso que esperaríamos que, se Deus orientou Israel a atacar os benjamitas, ele lhes concederia a vitória. Em vez disso, os israelitas perderam vinte e dois mil homens no campo de batalha naquele dia. Dirigiram-se a Deus e prantearam diante dele, perguntando novamente o que fazer. Deus os enviou outra vez para combater os benjamitas. Dessa vez perderam dezoito mil, todos armados de espadas. Em outras palavras, enviaram homens preparados e os perderam na luta. Pela terceira vez compareceram aos prantos diante do Senhor. Jejuaram e ofereceram sacrifícios. Novamente perguntaram se deveriam ou não atacar seus irmãos. Dessa vez Deus disse que sim e também lhes prometeu a vitória.

O pecado horrível dos benjamitas fez com que irmãos tivessem que combater irmãos, a um enorme custo para muitos. Foi a única maneira de "remover o mal" do meio deles. A santidade de Deus demanda que se trate do pecado. Agir assim requer uma busca perpétua por Deus, com lágrimas, jejum e sacrifícios (o que significava, em parte, lidar com seu próprio pecado). Em consequência, morreram milhares de homens inocentes. O custo foi grande. Deus continuou enviando-os para a batalha, sabendo desse custo. Não tornou as coisas fáceis. Os efeitos desse horrendo estupro e assassinato e da tentativa de proteção dos benjamitas aos malfeitores custaram milhares de vidas. Se tivessem permitido levar os perpetradores a julgamento, teria havido muito menos custos para a nação de Israel. Toda vez que o corpo de

Cristo, por negação ou opção real, ignora esses pecados em seu meio, o corpo todo sofre terrivelmente como consequência.

Obedecer a Deus em circunstâncias como essas é muito oneroso. Na igreja de Deus estamos engajados em uma batalha. As Escrituras deixam bem claro que a vida inteira é uma batalha para aqueles que amam Deus, contudo parece que poucos a assumem como uma atividade. Sim, seremos feridos. No capítulo 1 afirmamos que o sofrimento deixa uma marca em todos os que o têm que suportar. Inserir-se no sofrimento de outros também deixará uma marca. Deus não promete que essas batalhas não terão custos. Porém, quando o buscamos e pranteamos diante dele, ele nos capacitará a lutar. Ele dará sabedoria, de maneira que não mandemos pessoas saírem para que sejam abusadas. Ele nos concederá corações abertos para que ninguém morra em nosso limiar, pelo contrário, que todos sejam acolhidos e protegidos. Ele nos dará coragem para entrar na luta, sabendo que, independentemente do custo, o preço máximo foi pago pelo Filho dele, permitindo que todos nós encontremos em Deus nossa fortaleza, nosso libertador, nosso refúgio e nossa proteção. Possamos nós, como corpo de Cristo, proporcionar um santuário para outros, nunca levando alguém a clamar como Davi: *nenhum lugar de refúgio, ninguém que por mim se interesse* (Sl 142.4)!

27

Como a igreja pode ajudar sobreviventes de abuso sexual?

À medida que seguimos em frente para considerar como a igreja pode responder com eficiência ao problema do abuso, precisamos olhar primeiro para três princípios fundamentais para a ajuda de qualquer tipo. Observamos anteriormente que a igreja é um corpo de partes vitalmente interligadas, no qual cada uma afeta a outra. É uma vasta e complexa rede de relacionamentos, tanto celestiais quanto terrenos. No capítulo 3 dissemos que relacionamentos dizem respeito, em parte, a conhecer e amar um ao outro em verdade. É importante ter em mente esses componentes à medida que avançamos.

Afirmamos também que, se o ministério não for encarnado e redentor, no propósito e no processo, não traremos a vida verdadeira como encarnada em Cristo às pessoas a quem servimos. Salientamos que, por causa da natureza dos seres humanos, Deus teve que vir a nós na carne para que o entendêssemos e fôssemos restaurados. Como cristãos, somos chamados a vivenciar também o mistério da encarnação. Em nossos relacionamentos uns com os outros devemos trazer às realidades de carne e sangue a natureza do próprio Deus. Conforme a comunidade da igreja leva os fardos de outras pessoas, devemos fazê-lo de um modo que lhes explique Deus.

O propósito de Cristo ao entrar na presente realidade foi redimir, resgatar o que estava perdido. Quando nos relacionarmos de maneira que traga consigo o selo de Jesus Cristo, também veremos a redenção desabrochar na vida de outras pessoas. Veremos a luz substituir as trevas, a vida substituir a morte e a cura substituir o dilaceramento. Como trabalhadores na igreja de Deus, do que precisamos saber para que nossa vida seja encarnada e redentora?

Declaremos primeiro que, se nos cabe ajudar eficazmente outras pessoas, temos que impedir a todo custo que nós mesmos fiquemos ligados meramente a uma série de princípios. Não podemos reduzir o procedimento com vidas e almas de seres humanos a um conjunto de regras. Se o fizermos, nossos ouvidos deixarão de ouvir atentamente os indivíduos, aplicaremos a Bíblia como prescrição e culparemos o sofredor quando os resultados não acontecerem de acordo com nossos planos.

Não há atalho para lidar com os seres humanos e suas dificuldades. Deus é um Espírito vivo; a Palavra é viva e ativa; o Espírito habita almas vivas que, em troca, servem a outras almas vivas. Tentar reduzir a vida a uma série de regras nos leva a acabar como líderes religiosos que acharam que o estudo dedicado da Bíblia lhes traria a vida. Jesus lhes declarou que não eram as Escrituras apenas, e sim o fato de que elas testemunham dele, que é vida (Jo 5.39s). Não levamos a vida de Deus a seres humanos exaustos por intermédio de princípios. A vida de Deus é trazida por um caminho completamente diferente.

Três facetas do ministério encarnado

1. Precisamos confiar constantemente no Espírito Santo para obter orientação quanto ao que fazer ou dizer em todas as situações

Quando essa ligação vital não existe, somos reduzidos a fórmulas. Isso significa que não devemos confiar simplesmente na memória, em conhecimento de livro, no que funcionou com outra pessoa ou em algo usado por alguém que consideramos eficaz. Sistemas, princípios e regras podem ser úteis. Contudo, primordialmente temos que aprender a ouvir o Espírito. É ele quem entende o coração e a mente da pessoa que estamos tentando ajudar. Evitemos quaisquer métodos ou ensinamentos que não nos remetam primeiramente à confiança plena no Espírito de Deus. É nesse lugar, e somente ali, que você encontrará verdade, vida, sabedoria e conforto para outros.

2. Devemos constantemente buscar nas Escrituras

Toda reflexão que fizermos sobre pessoas deve ser feita por intermédio da Palavra de Deus e governada por seu Espírito. Aprender a ouvir a Bíblia

27 - Como a igreja pode ajudar sobreviventes de abuso sexual? **265**

profundamente, entendendo o tempo todo que, de acordo com essas Escrituras, o verdadeiro estudante é alguém que permite que as palavras entrem primeiro em sua própria vida. Estudar a Palavra como Deus a pensou é um estudo que transforma a vida do estudante. Quando isso não acontece, inclinamo-nos para um uso errado da Palavra de Deus. Alguém vem aconselhar-se conosco, nós deciframos o que imaginamos ser o problema e, então, disparamos um versículo como um projétil. Uma coisa dessas não traz fruto algum. Se não soubermos, por experiência, quem é Deus e se não formos governados pelo Espírito de Deus, aquilo que fazemos não se tornará redentor.

3. Devemos realmente entender o que significa ser carne

Temos que aprender a comunicar esse entendimento de um modo que leve outros a saberem que são ouvidos e conhecidos. Precisamos passar por um aprendizado entre as pessoas. Não poderemos aplicar a Palavra de Deus de modo hábil às pessoas se não as entendermos. Como pensam? Como foram afetadas por seu tipo específico de sofrimento? O que precisamos aprender acerca do que significa ser como eles? O que significa viver com dores crônicas? Como é ser maltratada diariamente pelo homem que prometeu idolatrá-la? O que significa ser usada sexualmente pelo homem que você chamou de papai?

Estamos rodeados de pessoas que seguramente não são como nós. Encontraremos pessoas cuja vida não é absolutamente igual à nossa. Suas dificuldades são coisas que nós jamais encontramos. Temos que deixar de lado nossa suposição de que todos são como nós, que são capazes de fazer o que nós fazemos. Uma mulher que cresceu com um pai que a amava e sustentava não é igual a uma mulher cujo pai foi seu maior medo, dilacerando diariamente o corpo e a alma dela. Precisamos manter a nós mesmos de fora no relacionamento com as pessoas. Temos que ouvir, aprender e observar. Precisamos permitir que o "material" da vida de outras pessoas nos toque. Previna-se contra a tendência de presumir que você já sabe e da tendência igualmente grande de viver uma vida separada do "material" de outros.

Sejamos pessoas governadas pelo Espírito de Deus, continuamente confiantes em sua condução. Que possamos viver entre os fatos da Palavra de Deus, transformados pela sua verdade e obedientes a ela. Que também aprendamos a viver entre fatos humanos, não nos ocultando atrás de fortalezas de teorias e princípios, mas estando dispostos, como Jesus, a mergulhar no meio do tormento e da enfermidade. Apenas se a igreja de Deus manifestar essas características a vida de Deus será evidenciada de uma maneira redentora!

Admitindo que tudo o que fazemos tem que fluir do fundamento exposto acima, como um corpo de cristãos poderá ajudar efetiva e compassivamente uma sobrevivente adulta de abuso sexual? Recentemente tive o grande privilégio de interagir com um grupo de mulheres que estavam reunindo suas ideias sobre como ajudar a igreja a responder a pessoas em crise. O grupo era formado por mulheres em posições de liderança na igreja, psicólogas cristãs, uma sobrevivente e uma mulher que havia aberto sua vida e seu lar para uma sobrevivente em recuperação. Nosso objetivo era discutir como poderíamos nos unir em nossos diversos papéis para proporcionar refúgio para pessoas que sofrem. Foi uma reunião preciosa e pretendo usar a discussão que ela gerou como base para expor alguns pensamentos sobre as necessidades de sobreviventes e alguns obstáculos para a satisfação dessas necessidades.

Necessidades de sobreviventes

Todos os sobreviventes de abuso sexual necessitam:

1. Um sentido significativo de pertencimento

Homens e mulheres que cresceram sob abuso sexual se sentem isolados e não desejados. Muitas vezes carecem de qualquer entendimento do que significa pertencer a um grupo familiar. A igreja pode proporcionar um lugar de apoio, amor e significado para sobreviventes. Ela não apenas pode proporcionar um lugar no qual o sobrevivente experimente amor e afirmação de uma família, frequentemente a igreja também é a única família que alguns sobreviventes têm. Muitos têm lares aos quais não podem retornar por razões de segurança ou famílias que não reconhecem a veracidade de sua vida. Uma sobrevivente me contou que interagir de perto com algumas famílias na comunidade da igreja lhe propiciou a primeira experiência de ver diretamente um homem amar a esposa e os filhos com fidelidade e segurança. Muitas mulheres disseram que não tinham a menor ideia de como deveria ser um matrimônio, até que observaram alguns casais na igreja.

2. Ser buscado

Uma das características do amor encarnado é ser um amor em busca. Deus veio para ficar conosco. Quando outros sofrerem, em geral esperamos que venham a nós, que nos procurem para o que precisam e que assistam a nossas atividades. Que diferença de Cristo, que morreu por nós quando ainda éramos pecadores! Precisamos tomar a iniciativa para manter pessoas que sofrem conectadas conosco. Quando dizemos a uma sobrevivente que nos telefone quando precisar de algo, provavelmente não teremos notícias dela. Nós precisamos buscá-la amorosamente com telefonemas, observações encorajadoras, e convites que sejam sensíveis às suas necessidades no momento.

3. Suprimento das necessidades físicas e/ou financeiras

Será que a sobrevivente está protegida do abusador? Está segura diante de seus próprios impulsos destrutivos? Tem tendências suicidas? Está viciada em alguma substância? Será que precisa de ajuda financeira? Será fisicamente capaz de cuidar de si? Consegue cuidar de sua família? Precisa de alguém a quem possa chamar no meio da noite? Ela vive sozinha? Viver assim é seguro para ela? Onde ela fica nos dias livres?

4. Esperança sem condenação

Nos períodos mais sombrios lutamos para ter esperança e fé. Às vezes não temos sucesso algum nisso. Muitas vezes pessoas que sofrem precisam de outros que tenham fé e esperança por eles. Exortações para que tenham esperança ou confiança apenas resultam em desespero; se conseguissem, os sofredores o fariam. É muito melhor colocar-se ao lado e dizer aos sobreviventes que, quando estiverem carentes e incapazes, nós preencheremos a brecha e creremos em Deus por eles.

5. Um equilíbrio entre ministério e diversão

Muitas vezes, quando nos voltamos para pessoas que sofrem, reduzimos nosso relacionamento com elas a mero ministério. Infelizmente isso tem o efeito de levar o sofredor a se sentir como nada mais do que um problema que precisa ser solucionado. Essa perspectiva também nos impede de levar coisas boas e divertidas para dentro de uma vida sombria. Quando levamos diversão à vida de sofredores, propiciamos um oásis que os ajudará a se sentirem amados simplesmente pelo que são. Também é importante que os sobreviventes sintam que os que se importam com eles precisam deles. Embora se deva respeitar um "não consigo fazer...", bem poucas pessoas querem ser simplesmente receptoras. Concedamos-lhes dignidade ao lhes permitir contribuir para nossa vida, até mesmo quando isso significa simplesmente deixá-los lavar a louça após a refeição.

6. A disposição de outros para testemunhar grande dor e acreditar no "inacreditável"

Acompanhar uma sobrevivente de incesto coloca você face a face com as coisas mais mórbidas, mais distorcidas e maldosas que os seres humanos praticam uns contra os outros. Adultos estupram e torturam sadicamente bebês e crianças. Muitos homens e mulheres viveram em terrível isolamento, pensando que seus segredos são horríveis demais para ser contados. Trazer à tona recordações que alguém nunca conseguiu formular é uma luta gigantesca. Ouvir essas coisas pode levar a uma intensa negação no ouvinte. Contudo, entre todas as pessoas, nós, que cremos que o pecado é tão horrível que demandou a morte do próprio Deus, devemos considerar o mal acreditável.

7. Um ouvinte, não alguém que conserta ou acusa

Como damos pouco valor ao ouvir! Prestar atenção à luta de outra pessoa ouvindo-a significa tratá-la com honra. Você não pode "consertar" uma história de abuso na infância. Você pode ficar ao lado de alguém enquanto ela, corajosamente, enfrenta a verdade de sua vida e amá-la enquanto ela luta para aprender a conviver com isso. Aprenda a ficar sentado e quieto. Quando não sabemos o que dizer, em geral é melhor não dizer nada em vez de permitir que nosso desconforto com o silêncio e a dor nos levem a tagarelar uma resposta. Uma das maneiras com que enfrentamos o horror é tentar explicá-lo ou descobrir o que o desencadeou. Procurar por essas explicações facilmente pode nos levar a culpar a sobrevivente. *Jamais* insinue que a sobrevivente deve ser culpada pelo abuso. *Nada* do que uma criança tenha feito, não importa o quanto tenha sido provocante, pode justificar o abuso. O incesto é um ato criminoso. O abusador *sempre* é responsável pelo abuso.

8. Recursos

Quando a sobrevivente precisa e deseja ajuda profissional, auxilie-a a encontrar aconselhamento competente. Ela pode precisar de você para que a ajude a saber que perguntas deve fazer ao conselheiro. Será que o conselheiro é um profissional autorizado? O conselheiro aceita pagamentos de terceiros? O terapeuta possui treinamento e experiência no tratamento do abuso sexual? Que tipo de experiência e de que origem? Talvez a sobrevivente precise de você para ir com ela nas primeiras consultas e que simplesmente aguarde na sala de espera. Para a maioria é completamente aterrorizadora a ideia de se sentar com uma pessoa bem estranha e contar-lhe pela primeira vez o segredo do incesto.

9. Toque

Esteja muito consciente de seu vocabulário, da utilização do tempo e de sua linguagem corporal. Uma sobrevivente foi abusada repetidamente pelo corpo e pelas palavras de outra pessoa. Ela terá medo do seu corpo e das suas palavras. Ao mesmo tempo, pode estar faminta de toque e afeto. Não a toque sem a permissão dela. Nunca a toque de modo sexual. Aprenda a ler e a admitir as indicações do corpo dela. É muitas vezes pela linguagem corporal, em vez de palavras, que ela comunicará emoções como medo ou raiva.

10. Amigos experientes

Se você for acompanhar alguém que está se tratando do problema de abuso sexual, precisa estar preparado sobre o assunto. Será sábio ler diversos livros acerca do tópico. Veja a sugestão de bibliografia no fim deste livro. Se você não entender o problema, é mais do que provável que cometa alguns dolorosos equívocos.

11. Solucionar problemas espirituais

Entenda que as ramificações espirituais do incesto são complexas e poderosas. Quando um pai, tio, avô, conselheiro de acampamento ou um pastor "cristão" abusam sexualmente de uma criança, esfacelam-se e não podem ser facilmente consertadas as crenças e os sentimentos sobre quem Deus é, seu amor e sua proteção. Um punhado de versículos não recolocarão as coisas no lugar.

12. Tempo

A cura das consequências devastadoras do abuso sexual na infância demanda muito tempo, em geral anos. Se você optar por caminhar lado a lado com alguém que está lutando nessa área, é importante reconhecer que está enfrentando um longo processo. A sobrevivente se debaterá com poderosos desejos de resistir à confrontação com a verdade; lutará árdua e longamente para se libertar de mentiras. Talvez suporte meses ou anos de pesadelos terríveis que a privam do sono muito necessário. Uma pequena rede de pessoas dignas de confiança muitas vezes funcionará melhor do que uma pessoa sozinha. Se a sobrevivente for casada, seu marido também precisará de uma rede de apoio que o acompanhará na longa estrada. A cura requer tempo. Deus nos criou para viver no tempo e, por isso, convalescemos com o passar do tempo. O abuso sexual esfacela muitos aspectos fundamentais da individualidade. Embora nosso Deus seja um Deus de redenção, ele normalmente concretiza essa redenção por meio de pessoas e ao longo do tempo.

13. Intercessão

O próprio Jesus está à mão direita do Pai, intercedendo por nós. O Espírito ora por nós quando as palavras não saem. Por isso, não devemos orar por aqueles que sofrem e, muitas vezes, são incapazes de orar sozinhos? A dor silencia e isola. Nós, que nos dispomos a ajudar, precisamos orar por e com aqueles que são silenciados e isolados.

É crucial ter em mente que às vezes uma sobrevivente apenas desejará que você ore *por* ela e não *com* ela. No entanto, também há ocasiões em que uma sobrevivente que passa pelas horas mais sombrias deseja e precisa de um pequeno grupo (talvez os da rede de apoio) que se reúna e ore por ela em sua presença. Lidar com o abuso sexual significa combater o príncipe das trevas. Ouvir outros orarem com fé e coragem ao Deus que pode e há de redimir é trazer um raio de luz e um jato de esperança para onde reinam as trevas.

Obstáculos para a ajuda eficaz

Quando você se coloca ao lado de sobreviventes de abuso sexual, tenha consciência de que diversas dinâmicas podem impedi-lo de prestar uma ajuda eficaz.

1. Atividades

A maioria das mulheres daquela reunião discutiu com que facilidade na vida da igreja as atividades podem ter precedência sobre as pessoas. Ficamos tão atarefados em "fazer" o próximo evento que não separamos tempo para conhecer as pessoas e amá-las. O sofrimento reduz o ritmo das pessoas e, se formos caminhar com outros em seu sofrimento, teremos que reduzir o ritmo também.

2. "Se você ao menos..."

Tornamo-nos um obstáculo e não uma ajuda quando dizemos a pessoas que sofrem coisas como: "Se você ao menos... frequentasse a igreja, lesse mais a Bíblia, tivesse mais fé, parasse de pensar em si, deixasse o passado para trás". Se fizermos isso em lugar de dizer: "Venha, deixe-me ajudar você a levar essa carga pesada", acabamos colocando pesados fardos sobre costas já vergadas. Lembremo-nos de que Deus, nosso Salvador, não nos tratou com: "Se você ao menos..." Pelo contrário, disse: "Venha, deixe-me mostrar-lhe como fazer. Deixe-me levar o fardo. Deixe-me ficar com você".

3. Falta de maturidade

Quantas vezes confidências são traídas sob o disfarce de partilharmos um pedido de oração! Se quisermos ajudar pessoas que lutam com coisas que as atemorizam, humilham e envergonham, então precisaremos ser pessoas confiáveis. Teremos que aprender que há coisas que não podemos compartilhar com ninguém, exceto com o Pai. Trabalhar com sobreviventes é servir a pessoas que conhecem bem a traição. Queremos que elas aprendam a confiar. A única maneira de ajudá-las nisso é sermos confiáveis nós próprios. A menos que uma vida corra perigo, *jamais* devem ser quebradas confidências.

4. Resistência

Com frequência deixamos de dar crédito a vítimas de abuso. Queremos acreditar que o incesto não pode acontecer em bons lares "cristãos". Pode, sim. Aconteceu na casa de pastores, de presbíteros, de dirigentes de corais e na casa de pessoas das quais se afirmava: "Ah, ele era um homem tão bom". Deixamos de conceder credibilidade quando alguém nos diz: "Não posso". Não tenho certeza por que isso é assim. Quando um paraplégico diz: "Não consigo caminhar", não temos dificuldade alguma para acreditar nele. De algum modo, mudamos as regras quando os males não são visíveis. Quando uma sobrevivente diz: "Não consigo... estar no meio de uma multidão, dormir, pensar com clareza, orar, etc." precisamos acreditar nela. Dizer: "É claro que você pode" significa: "Você não sabe do que está falando". É muito melhor responder: "Como posso ajudar você? O que você precisa que eu faça?" Se estivéssemos tentando ajudar um paraplégico, descobriríamos o melhor modo de ser as pernas dele. Precisamos fazer o mesmo com a sobrevivente.

5. Mentalidade de curto prazo

Como a assistência empresarial, a igreja parece pensar que o curto prazo é correto e sempre deve funcionar. Os mais espirituais entre nós se recuperam depressa. É evidente que quem luta por longo tempo não ama Deus o suficiente. E ainda dizemos que cremos que este é um mundo sombrio no qual o pecado é desenfreado e destrutivo. Cremos que Deus é longânimo e misericordioso. De onde tiramos nosso modelo de solução rápida? Felizes de nós que Deus não adere à santificação de curto prazo!

6. Liderança masculina

Pelo menos no mundo evangélico, a maioria das pessoas na liderança da igreja continua sendo masculina. Independentemente do que pensamos ou sentimos acerca disso, precisamos ter isso em mente quando lidamos com mulheres em crise. Uma mulher que passou a infância sendo abusada sexualmente por um homem terá todos os tipos de reações contra a liderança masculina. Uma dessas reações será medo. É possível que isso a impeça de buscar a ajuda que precisa tão desesperadamente. Muitas igrejas estão preparando mulheres para trabalharem com mulheres em crise, para que, quando uma mulher estiver lidando com um problema como o abuso, tenha um recurso diferente da liderança masculina. Precisamos responder com ternura e sensibilidade ao medo e à destruição resultantes do abuso.

7. Estrutura e expectativas

Em muitos aspectos a igreja parece estar estruturada como um lugar para os íntegros e saudáveis. Muitas vezes são projetadas atividades para casais e famílias intactas. As atividades pressupõem certo nível de capacidade para lidar com eventos e pessoas. Esperamos que as pessoas venham, aprendam, ouçam, cresçam e participem. Por um lado, não há nada de errado nisso. Por outro, essa perspectiva não corresponde a doença, sofrimento, trauma, morte, terror e tormento. Experimentar essas coisas significa não se adequar a essa estrutura. Quando isso acaba em reações de julgamento, humilhação, impaciência e negação, falhamos em ser a igreja para a qual Deus nos chamou. De acordo com o apóstolo Paulo, a igreja deve conceder honra mais abundante aos membros que carecem dela, em vez de aplaudir aqueles que não têm necessidade alguma disso (1Co 12.23s).

8. Descrença

Todas as mulheres nessa reunião falaram do grande número de pessoas na igreja que não acreditam que qualquer abuso tenha vitimado tantas vidas. Isso significa que ele é mantido em segredo porque muitas temem que não acreditarão nelas. A atenção ao problema não constitui uma prioridade porque se acredita que o problema é raro. Há vários anos falei com uma mulher na liderança e lhe sugeri que muitas das mulheres às quais ela ministrava provavelmente tinham experimentado algum tipo de abuso. Ela não acreditou. Pedi-lhe que, sempre que fosse falar, considerasse simplesmente o acréscimo da palavra *abuso* a qualquer lista de problemas com que mulheres lutavam. Pouco tempo depois recebi um telefonema dela. "Estão saindo do esconderijo! O que eu faço agora?" Novamente pergunto: Por que estamos surpresos, quando sabemos que vivemos em um mundo governado pelo príncipe das potestades do ar e que o coração humano é enganoso acima de todas as coisas?

9. Medo diante de expressões de dor

Uma sobrevivente disse que um obstáculo ocorre quando outros não conseguem distinguir entre um "rugido de dor" (desabafando uma verbosidade de cunho rebelde acerca de Deus) – como uma leoa com um espinho na pata – e a rebeldia verdadeira. Os Salmos contêm uma porção de "rugidos" (Onde está você, ó Deus? Por que me abandonou?). Ela disse que, quando um pensamento desses lhe ocorria repetidas vezes, ela sabia que estava acreditando em uma das mentiras de Satanás e precisava lidar com isso. Também aprendeu como podia ser perigoso expressar essas coisas na presença de alguém que não era capaz de distinguir heresia ou rebelião de indagações duras e de um "rugido de dor".

10. Falta de compreensão

Muitas vezes não compreendemos a natureza do mal e do sofrimento, as complexidades do desenvolvimento humano, os mistérios de como as crianças pensam e reagem, o fato de que o incesto constitui um delito criminoso e que a redenção de uma vida nunca chega com facilidade. Sim, o Deus ao qual adoramos é capaz de redimir da dor indizível para algo que propicia vida e traz glórias a ele. Contudo a transfiguração da agonia em redenção custou a

Jesus um preço inestimável. A morte (e o incesto tem a natureza da morte) não se transforma normalmente em vida neste mundo sombrio. A beleza da redenção em uma vida nunca chega facilmente.

Resumo

A Palavra de Deus afirma que a igreja deve considerar indispensáveis aquelas partes do corpo que são mais fracas. Como um pensamento desses contraria a ordem natural das coisas! Se isso for verdade, significa que você e eu, membros do corpo de Cristo, *não* podemos viver sem aqueles que tipicamente consideramos fracos ou menos honrosos. Nós precisamos deles. Pensamos que os que sofrem precisam de nós e que nós lhes concedemos honra interrompendo nossas ocupadas agendas para lhes dedicar um pouco de tempo. Um pensamento desses não é somente insultante, é errado.

Se aprendi alguma coisa de meu trabalho com pessoas que sofreram abuso sexual, é que, de fato, precisei delas. Elas me ensinaram muitas coisas maravilhosas sobre Deus. Talvez mais importante, à medida que permiti aos que vieram a mim pedindo ajuda que me ensinassem, o resultado foi que me transformei mais na semelhança de Cristo. Obtive uma maior compreensão da profundidade da minha própria pecaminosidade, da minha fragilidade, da minha grande carência de Deus, da sua infinita graça e amor, da maravilha da Cruz e de mil outras coisas. Jamais poderei retribuir a dívida que tenho com elas.

Se nós, como corpo de Cristo, atendermos a seu chamado e agirmos como pessoas tão unidas que sofremos sempre que um de nós sofrer, buscando outros como amor sacrifical e ação redentora, nós próprios seremos abençoados além da medida. Sim, é custoso andar o caminho do nosso Salvador. As forças do inferno se erguerum para pará-lo e nós não teremos um destino diferente. Nosso sofrimento deixou sua marca nele e o sofrimento de outros fará o mesmo conosco. Foi-nos dito que o servo deve esperar o mesmo que o mestre. Um corpo que não segue a cabeça é enfermo. Um corpo saudável vive conforme as instruções da cabeça. Representa uma grande perda para nós quando não seguimos nosso Cabeça nesses caminhos.

Somos pessoas que alegam que Deus é nosso refúgio e nosso auxílio. Somos pessoas chamadas a ser como o Deus ao qual servimos. Representamos a pessoa de Jesus Cristo para um mundo que nos observa. Quando deixamos de ser um santuário para o oprimido e sofredor, representamos mal a Deus, porque concluirão que ele não é confiável. Quando não damos crédito ao sofrimento de outros, confirmamos para eles que o poder está do lado de seus opressores e que não há ninguém para consolá-los (Ec 4.1), embora nossas palavras digam que Deus é consolador. Quando o sofrimento é recebido com impaciência, julgamento, distância e versículos lançados como projéteis, estamos mentindo sobre Deus com nossa vida enquanto tentamos dizer a verdade com nossa boca. Que Deus nos ajude!

A dor de uma pessoa ferida por uma igreja que preferiu que ela ficasse do outro lado do limiar foi expressa de maneira articulada no seguinte poema:

Sair da igreja que eu amava

Tuas feridas clamavam por vingança,

Aturdindo-me com a ferocidade de seu grito

Eu apenas havia – inconscientemente – contornado tua mágoa,

E lançaste toda a fúria de tua dor sobre minha cabeça

Como se eu fosse o culpado e violador de tua alma.

Meus perplexos protestos apenas aumentaram a ferocidade de teus gritos:

"Crucifiquem-na! Crucifiquem-na!"

Debati-me contra o espinho dolorido de Cristo

Que perfurava meu coração,

Tentando escapar de uma dor tão aguda.

Porém a graça de Deus subjugou meu humano senso de justiça

De maneira que não pude evitar ver-te com olhos de amor.

Eu te dei o que querias, e silenciosamente escapei.

Contudo, embora meu senso de justiça fosse

Domesticado pelo santo amor de Cristo,

O corpo dele agora ficou duplamente estigmatizado.

Lynn Brookside

Que nós, que nos chamamos pelo nome de Jesus, nunca dispensemos alguém para que sofra abuso, nunca deixemos alguém morrer no limiar da nossa porta, nunca causemos ferimento maior a esse corpo sagrado por meio do nosso medo, do nosso julgamento e da nossa falta de amor. Pelo contrário, que nós, que formamos seu corpo agora aqui na Terra, vivenciemos a verdade de que existe, de fato, um Redentor e um Refúgio para todos os que vierem a nós!

Sugestão de bibliografia

ALLENDER, Dan. *The Wounded Heart: Hope for Adult Victims of Childhood Sexual Abuse*. (Colorado Springs: NavPress, 2008.)

BRIERE, John. *Therapy for Adults Molested As Children: Beyond Survival*. (Nova Iorque: Springer, 1996.)

COURTOIS, Christine A. *Healing the Incest Wound*. 2ª ed. (Nova Iorque: W. W. Norton & Company, 2010.)

ROGERS, John Courtright e Dr. Sid. *Your Wife was Sexually Abused*. (Grand Rapids: Zondervan, 1994.)

FREYD, Jennifer. *Betrayal Trauma: The Logic of Forgetting Childhood Abuse*. (Cambridge, Mass.: Harvard University Press, 1998.)

GIL, Eliana. *Treatment of Adult Survivors of Sexual Abuse*. (Walnut Creek, Calif.: Launch Press, 1988.)

HEITRITTER, Lynn e VOUGHT, Jeanette. *Helping Victims of Sexual Abuse: A Sensitive Biblical Guide for Counselors, Victims, and Families*. (Minneapolis: Bethany, 2006.)

HERMAN, Judith Lewis. *Trauma and Recovery: The Aftermath of Violence – From Domestic Abuse to Political Terror*. (Nova Iorque: Basic Books, 2015.)

KUBETIN, Cynthia A. e MALLORY, James, M. D. *Beyond the Darkness: Healing for Victims of Sexual Abuse*. (Dallas: Word, 1992.)

LYNN, Steven Jay e RHUE, Judith W. *Dissociation: Clinical and Theoretical Perspectives*. (Nova Iorque: The Guilford Press, 1994.)

McDONALD, Arlys Norcross. *Repressed Memories: Can You Trust Them?* (Grand Rapids: Fleming H. Revell, 1995.)

PEARLMAN, Laurie Anne e SAAKVITNE, Karen W. *Trauma and the Therapist: Countertransference and Vicarious Traumatization in Psychotherapy with Incest Survivors*. (Nova Iorque: W. W. Norton & Company, 1995.)

PUTNAM, Frank W. *Diagnosis and Treatment of Multiple Personality Disorder.* (Nova Iorque: The Guilford Press, 1989.)

KOLK, Bessel A. van der; McFARLANE, Alexander C. e WEISAETH, Lars (eds.). *Traumatic Stress: The Effects of Overwhelming Experience on Mind, Body, and Society.* (Nova Iorque: The Guilford Press, 1996.)

WHITEFIELD, Charles L., M. D. *Memory and Abuse: Remembering and Healing the Effects of Trauma.* (Deerfield Beach, Fla.: Health Communications, Inc., 1995.)

DA MESMA AUTORA

GUIA PRÁTICO PARA O ACONSELHAMENTO DE MULHERES
40 tópicos, insights espirituais e etapas de ação fáceis de usar
Diane Langberg / Tim Clinton

Toda mulher tem uma história que é moldada exclusivamente por ser mulher. Para muitas, essa história está escondida, hermeticamente trancada dentro de um coração partido. Mas, por trás de paredes de medo, raiva e mágoa, estão as feridas abertas. Por trás da maquiagem e do sorriso, mulheres em todos os lugares estão sofrendo. Estão confusas, com medo, assustadas – e em silêncio.

Como corpo de Cristo, somos chamados para ministrar aos quebrados e feridos; não para ignorá-los, fazê-los calar e dizer a eles para superarem isso e seguirem em frente.

Este Guia prático para o aconselhamento de mulheres é a resposta a esse apelo legítimo das mulheres.

Este livro foi idealizado para conselheiros profissionais, bem como pastores e conselheiros leigos, que desejam entender melhor e ajudar mulheres. 408 pg.

NO LIMIAR DA ESPERANÇA
Abrindo as portas para a cura dos sobreviventes do abuso sexual
Diane Langberg

Uma vítima de abuso sexual declara: "Depois de trabalhar muitos anos com vítimas como você e eu, a Dra. Langberg entende seu sofrimento e respeita sua luta infinda. Porém a esperança dela vai muito além, porque ela sabe como é a verdadeira cura, e sabe que está disponível para você. Ela diz a verdade em face de mentiras e conduzirá você à Verdade, a única fonte da cura verdadeira."

"Ler este livro será um trabalho árduo. Aquelas entre nós que passaram por essa jornada antes de você, asseguram que ela vale qualquer esforço. Que mais posso dizer? Leia este livro. Dê esse passo em direção de seu próprio limiar da esperança." (Isabelle)

Um terapeuta diz: "como psicólogo posso prometer que este livro atingirá profundamente sua vida, independente de você ser uma vítima de abuso sexual ou alguém que optou por caminhar ao lado de uma vítima em sua trajetória de cura. Com sensibilidade e linguagem clara, a Dra. Langberg ajudará você a enfrentar o inferno da experiência do abuso sexual, porém ajudará igualmente a conhecer a presença e o poder do Redentor." (David Gatewood - Supervisor de aconselhamento familiar) 224 pg.

Sobre o livro:

Formato: 16 x 23 cm
Tipo e tamanho: Cambria 11/15
Papel: Capa - Cartão 250 g/m^2
Miolo - Polen Soft 70 g/m^2
Impressão e acabamento: Exklusiva Gráfica e Editora